Inhalt

Vorwort 7

Auf dem Weg zur Begegnung 9
Ein veränderter Alltag – eine veränderte Sprache? 14
Von Bewusstseinsebenen und dem
Dialogischen Handeln 17
Begegnung mit dem Leid anderer: *Mitleid, Mitgefühl*
und *Anteilnahme* 25

Wahrnehmungssensibilisierung 30
Selbst- und Fremdwahrnehmung als Inspiration
unserer Phantasie 32
Unsere Sinne in Raum, Zeit und Körperbild 34
Mit der Haut spüren? 38
Mit den Augen sehen? 42
Mit den Ohren hören? 48
Mit der Nase riechen und mit dem Mund schmecken? 52
Mit einer Körperhälfte die Umwelt erkunden 55
Mit stolpernder Zunge das Sprechen lernen 57
Von Einschränkung und Verlust der Sinneseindrücke 61

Sinn*volle* Kommunikation 67
Der ganze Körper plaudert mit 73
Der erste Augenblick, ein erstes Zeichen 78
Vom Atem im eigenen Takt 84
Von mimischen und gestischen Zeichen 88
Von sensiblen Händen 94
Von Wellen und Musik 99
Von Farben, Ton und Sand 113
Tiere als therapeutische Begleiter 122
Anregungen zur Stimulation der Sinne 130

Sensibler Dialogaufbau 141
   Phasen einer Begegnung 143
   Dialogformen einer sensiblen Kommunikation 149
   Hilfreiche Schritte zu einem gelungenen Dialog 154

Sehen Sie den schwarzen Raben? 174
   Begegnungen mit der Symbolsprache 175
   Wahrnehmen und Erkennen vom Symbolcharakter
   einer Rede 176
   Annehmen und Mitgehen in einem sensiblen Dialog 185

Literatur 188

Adressen 192

Vorwort

Sterbenden Brücken bauen. Wenn physische, psychische oder mentale Einschränkungen nach alternativen Kommunikationsformen verlangen, dann haben wir als Begleiter die Möglichkeit, den Betroffenen zu motivieren und mit ihm gemeinsam eine geeignete *Brücke*, eine gemeinsame Sprachebene zu entdecken. Wenn wir den Menschen nicht alleine lassen wollen, so kann das Ziel einer Begleitung von schwer kranken und sterbenden Menschen immer nur eine *dialogorientierte Begleitung* sein. Was ist ein Dialog, wann beginnt er, wann endet er und gibt es ein *dialogisches Handeln* auf alternativen Bewusstseinsebenen? (Kpt.1)

Dieses Buch möchte all jene Menschen ansprechen, welche Schwerkranke und Sterbende sowie ihr soziales Umfeld (Familie, Freunde, Kollegen, u. a.) begleiten: Pfleger, Ärzte, Physio-, Ergo- und Psychotherapeuten sowie Sozialarbeiter, Seelsorger und ehrenamtliche Kranken- und Sterbebegleiter (z. B. Hospizhelfer, Besuchsdienst), vor allem aber auch die Familienmitglieder selber, welche mit einem schwer kranken oder sterbenden Angehörigen leben. Das Buch bietet darüber hinaus sicherlich auch für Dozenten und andere Multiplikatoren viele Anregungen, das Thema *Kommunikation mit Schwerkranken und Sterbenden* differenziert und sensibel darzustellen.

Wie bereits in meinem Buch *Abschied gestalten bis zuletzt* (Herder) lade ich Sie als Leser wieder herzlich ein, mit Hilfe von kleinen Übungen und Rollenspielen sich schrittweise der Thematik zu nähern. In dem Kapitel *Wahrnehmungssensibilisierung* (Kpt.2) können Sie erfahren, wie Sie Ihre Umgebung mit Ihren Sinnen wahrnehmen. Diese eigenen Erfahrungen können Ihnen helfen, die individuelle Situation des Betroffenen besser einzuschätzen, vor allem aber einen sinn*vollen*, einen sinn*füllenden* und individuellen Dialog mit dem Betroffenen zu führen.

In den weiteren Kapiteln dieses Buches werden u. a. die vielfältigen und phantasievollen Möglichkeiten der körpersprachlichen Kommunikation vorgestellt. Neben einer Orientierung zum Dialogaufbau erhalten Sie zahlreiche Anregungen für die praktische Umsetzung in der Kranken und Sterbebegleitung. Mögliche Dialogformen mit Aphasie-, Demenz- und Koma-Betroffenen werden in Kapitel 4.3 speziell erläutert.

Das letzte Kapitel dieses Buches widmet sich ganz der Symbolsprache. Sie erfahren, wie Sie der Symbolsprache erkennen können. Die Symbolsprache ist für die Begleiter nicht immer einfach einzuschätzen. In welchem Zusammenhang erzählt der Patient diese Geschichte? Welche Gefühle und welche Intention steht dahinter. Es geht hierbei nicht um eine schlichte *Übersetzung* von Symbolen in unsere Sprache, vielmehr um die einfühlsame Annäherung im Umgang mit den Betroffenen und der Symbolkraft ihrer Bilder. Anhand von einigen Beispielen möchte dieses Buch den Leser mit möglichen Dialogsituationen vertraut machen. Als Begleiter sind wir nicht aufgerufen, die Rede der Betroffenen zu analysieren und zu interpretieren. Nehmen wir ihn aber in seinen Äußerungen ernst und in seinen Bedürfnissen wahr, dann wird der Betroffene uns verbal oder nonverbal signalisieren, wie er seinen weiteren Weg gehen möchte.

Jede Begegnung mit einem Menschen ist eine einzigartige Begegnung. Jeder Dialog ist ein individueller Dialog. So kann es kein allgemein gültiges Modell für einen Dialog geben, welches dem Begleiter an die Hand gegeben werden könnte. Aber dieses Buch möchte Ihnen Wege einer dialogorientierten Kranken- und Sterbebegleitung aufzeigen, welche Ihnen in ihrem eigenen dialogischen Handeln Anregung seien mögen. Darüber hinaus finden Sie selbstverständlich im Anhang wieder eine ausführliche Literaturliste zu den Themen dieses Buches sowie eine Reihe von hilfreichen Adressen.

Nehmen Sie sich für dieses Buch Zeit und Muße, damit Sie in Ruhe den Text lesen, die Übungen und Rollenspiele nachvollziehen können. Die Vielzahl der Anregungen möchte nicht zu einer Überaktivität in der Kranken- und Sterbebegleitung verleiten. Sehen Sie dieses Buch als ein Angebot, welches in kleinen Portionen zur passenden Zeit an den Betroffenen weitergegeben werden kann. Erlauben Sie es dem Betroffenen, das Angebot auch abzulehnen. Geben wir ihm diese Freiheit, wird er immer wieder auch offen für neue Angebote sein. Letztendlich ist es der Betroffene selber, der den Weg bestimmt, auf dem wir ihn ein Stück begleiten dürfen.

Auf dem Weg zur Begegnung

Auf dem Weg zu einer Begegnung, ob sie nun alltäglich oder herausragend sei, bereiten wir uns innerlich und äußerlich auf die Begegnung vor. Unsere Gedanken kreisen oft noch einmal um die letzte Begegnung, Wünsche und Erwartungen stimmen uns auf das bevorstehende Zusammentreffen ein. Instinktiv richten wir unsere Kleidung, unsere Haare, verändern unsere Körperhaltung, und oft geschieht all dies von uns ganz unbemerkt[1]. Professionelle Kranken- und Sterbebegleiter lernen im Rahmen ihrer Ausbildung, wie hilfreich eine bewusste Vorbereitung auf den Besuch sein kann. Eine kleine Meditation, ein Gebet, aber auch andere Rituale können uns die Kraft geben, uns für die Zeit des Besuches bei dem Patienten von alltäglichen Problemen zu lösen. Wir können uns so ganz auf den Betroffenen einstellen, uns für seine Bedürfnisse öffnen und nur für ihn *da sein.*

Vielleicht mögen Sie einmal eine Zeit lang Ihre Gedanken aufschreiben, welche Ihnen auf dem Weg zur Begegnung mit einem schwer kranken oder sterbenden Menschen kommen. Es ist hilfreich, wenn Sie mit Stichworten die Situationen kurz schildern. Und vielleicht mögen Sie dann einmal in einem ruhigen Moment alleine oder gemeinsam mit einem vertrauensvollen Menschen Ihre Gedanken noch einmal reflektieren. Versuchen Sie Ihre Gedanken nicht als richtig oder falsch zu bewerten. Hilfreicher scheint es, für sich selber nachzuspüren, ob Ihnen persönlich diese Gedanken als Vorbereitung auf eine Begegnung eine gute Unterstützung sind.
Was können Sie aus den notierten Gedanken nachvollziehen?
* Haben Sie sich in Ihren Gedanken noch mit alltäglichen Dingen befasst?
* Waren Sie bereits in Ihren Gedanken ganz auf den Betroffenen eingestellt?

---
[1] Vgl. hierzu auch Otterstedt (1993:24ff .

- Haben Ihre Gedanken sich allein auf die Bedürfnisse und das Wohl des Betroffenen bezogen?
- Sind auch Ihre eigenen Bedürfnisse (z. B. eigene Grenzen) miteinbezogen?
- Haben Sie für sich ein Ritual in der Vorbereitung zu einer Begegnung mit einem Betroffenen entwickelt? Steht dieses Ritual in Beziehung zu Ihrer persönlichen Kraftquelle?

Im Rahmen von Seminaren und Einzelgesprächen haben Angehörige, Freunde von Betroffenen, aber auch Pfleger, Therapeuten und Ärzte sowie Seelsorger ihre Gedanken auf dem Weg zur Begegnung mit Schwerkranken und Sterbenden mitgeteilt. Die kleine Auswahl der hier wiedergegebenen Gedanken ist geprägt von den individuellen Erfahrungen der Menschen, in ihrer Vielfalt jedoch beispielgebend. Die kurzen Kommentare entstanden nach Rücksprache mit den Beteiligten und möchten Anregungen zur Reflexion eigener Vorbereitungen bieten.

Ehefrau vor dem Krankenhauszimmer ihres Ehemannes.
(Ehrlicher Wunsch, aber auch eigene Hilflosigkeit und Hilflosigkeit anderer widerspiegelnd.)

Bekannter vor der Haustür eines schwer kranken Arbeitskollegen.
(Angst vor der Konfrontation mit der Krankheit. Furcht, den bekannten Arbeitskollegen nun durch Krankheit verändert zu erleben. Befürchtungen, durch den Kollegen vereinnahmt zu werden, sich mit *Krankheit & Tod* zu sehr zu beschäftigen. Das könnte doch vielleicht auch negativ auf sein Leben wirken?)

Ehemann vor dem heimatlichen Schlafzimmer, in dem seine seit langen pflegebedürftige Ehefrau liegt.
(Angst vor ständigen Gesprächen über die Krankheit, Hilflosigkeit gegenüber einer nicht zu verbessernden Situation. Der Ehemann hat sich auf die veränderte Rollenverteilung im Haus eingestellt. Seine Gedanken kreisen somit auch um die Versorgung des Haushalts. Möglicherweise auch Ausdruck der Dreifachbelastung: Arbeit – Haushalt – Pflege.)

Bekannte auf dem Weg zur schwer kranken Nachbarin.
(Unsicherheit bezüglich ihrer intuitiven Idee, der Schwerkranken einen Gruß aus der Natur mitzubringen. Angst vor der Konfrontation mit Leid und Trauer (hier Trauer über den Verlust am Erlebnis *Garten*). Gedanken: Kann ich das Leid des anderen ertragen, wenn ich sogar schuld bin, durch mein Geschenk das Leid ausgelöst zu haben. Vielleicht wäre es besser, sie zu schonen und gar keine Blumen mitzubringen? Wäre Isolation von der Natur dann heilsamer?)

Freund vor der Wohnungstür seiner jungen krebskranken Freundin.
(Fühlt sich der Situation gewachsen. Empfindet aber eine gewisse Anspannung vor jeder Begegnung. Wie verändert sie sich, wie verändert der Krebs sie und ihrer beider Beziehung.)

Arbeitskollegin vor dem Klinikzimmer einer schwer kranken Patientin.
(Freude auf den Besuch und Ideenreichtum, wie der Besuch gestaltet werden könnte, allerdings nur dann, wenn es die Kräfte und die Bedürfnisse der Patientin zulassen.)

11

Hospizhelfer, der einen Sterbenden daheim besuchen will.
(Der Hospizhelfer versucht mit Hilfe eines Rituals – hier ein kleines freies Gebet – sich für die Zeit des Besuches von den Gedanken des eigenen Alltags zu lösen, um so sich für die Bedürfnisse des Patienten zu öffnen, ganz für ihn *da sein* zu können. Dieser Hospizhelfer hat die Erfahrung gemacht, dass er die Verantwortung für seinen Alltag auch mal kurzfristig *dem Herrn* übergeben kann. Diese Art von *Teamarbeit* unterstützt die Erfahrung, dass man nicht zu jeder Zeit alles bewältigen muss, sondern rechtzeitig verteilen und abgeben darf.)

Klinikphysiotherapeutin auf dem Weg zu einem schwer kranken Patienten auf Zimmer 34.
(Hier verfällt die Krankengymnastin der unreflektierten Sprache, die früher den Klinikalltag geprägt hat: *Der Blinddarm auf Zimmer 12* etc. Da Sprache immer auch den sensiblen Umgang mit dem Menschen prägt, ist es wichtig, die eigene Sprache zu reflektieren und evtl. zu korrigieren.)

Krankenpfleger kurz vor dem Zimmer des schwer kranken Patienten Herrn M.
(In Gedanken ist der Krankenpfleger noch bei dem Ärger im Pflegeteam. Mit dieser Stimmung geht er zu dem Patienten und zeigt seine Emotionen in seiner Ungeduld. Die Formulierung *Was Herr M. jetzt wieder will* offenbart, dass die Appelle des Patienten beim Pflegeteam nicht angekommen sind. Möglicherweise fragt der Patient durch seine wiederholten Klingelzeichen weniger nach pflegerischer denn nach menschlicher Zuneigung.)

Musiktherapeutin auf dem Weg zu einer schwer kranken Patientin.
(Wahrhaftige Vorfreude auf den Besuch bei der Patientin und Offenheit, die Bedürfnisse der Patientin wahrnehmen zu wollen, d. h. hier therapeutisch zu begleiten.)

Altenpflegerin auf dem Weg zum Zimmer der im Sterben liegenden Frau W.
(Ausdruck des Wunsches, für die Betroffene da zu sein, sie in Ruhe begleiten zu können, gleichzeitig aber auch Ausdruck des realen Arbeitsstresses auf der Station.)

Arzt auf dem Weg zu einem Sterbenden. (Bewusste innerliche Vorbereitung auf den nächsten Patienten. Wunsch auf ein gemeinsames Gespräch, welches einen auslösenden Impuls von dem Betroffenen erfahren sollte (*Strategie* bewusst machen).

Ärztin vor dem Hausbesuch bei einer sterbenden Patientin.
(Angst vor dem Zwiespalt, dem Bedürfnis des Ehemannes zu entsprechen (seine Ehefrau zu *schonen*) und die Frage der Patientin ehrlich zu beantworten. Hier noch keine Reflexion der Ärztin, dass die Eheleute in ihrer *Heimlichtuerei* sich gegenseitig Kraft rauben. Die Patientin spürt ihre nachlassenden Kräfte, der Ehemann *weiß* darum, aber beide trauen sich nicht, gemeinsam darüber zu sprechen. Die Bitte um Verheimlichung könnte ein Appell sein, dass die Ärztin oder ein anderer Begleiter ihnen helfen möge, gemeinsam darüber zu sprechen.)

Klinikseelsorger auf dem Weg zu seinem nächsten Besuch.
(Dieser Krankenhausseelsorger erklärte im Gespräch, dass er sich in der Begleitung von Kranken immer wieder überfordert und hilflos fühle.
Er sucht und findet im Gebet die Kraft, die Besuche durchzuführen. Sein Gedanke aber zeigt, dass er generell davon ausgeht, dass jeder Kranke automatisch sich *in Not* empfindet. Hier überträgt er möglicherweise seine eigene Not auf den Patienten.)

Die Vorbereitung auf eine Begegnung ist eine Lösung von dem, mit dem wir uns gerade zuvor beschäftigt haben und eine Hinwendung zu dem, dem wir nun begegnen wollen. Mit der Loslösung *schaffe ich Platz*, werde offen neue Eindrücke wahr- und aufzunehmen. Diese Loslösung rituell zu begehen, hilft den Übergang – von einer Situation in die andere – bewusst zu erleben. Emotionelle Übergriffe, wie im oben genannten Beispiel des Krankenpflegers, können so besser vermieden werden. *Die Zeit der Gedanken ist relativ, ihr Inhalt entscheidend.* Es ist nicht relevant, wie lange das Vorbereitungsritual dauert. Vielleicht sind es ein paar Sätze, vielleicht aber auch nur ein Wort. Angehörige, die rund um die Uhr einen Schwerkranken oder Sterbenden zu Hause betreuen, können ebenso von einem Ritual profitieren, wie das vielbeschäftigte Pflege- und Ärzte-/Therapeutenteam einer Klinik oder eines Altersheimes. Ein Ritual strukturiert unsere Wahrnehmungen, *bündelt* unsere Sinne und ermöglicht es, dass wir uns allein auf diese eine bevorstehende Begegnung konzentrieren. Wir können für einen Menschen *da sein*.

Ein veränderter Alltag – eine veränderte Sprache?

Frau B. hatte ihren an der Parkinson-Krankheit leidenden Ehemann bis zu seinem Tod versorgt und gepflegt. Drei Monate nachdem sie ihren Mann begraben hatte, erlitt Frau B. mit 74 Jahren einen Schlaganfall und verlor ihre Sprachfähigkeiten. Nach dem Krankenhausaufenthalt kam sie in ein Altenpflegeheim, überwand mit viel pflegerischem Zuspruch seelische Krisen, aber trotz großer Bemühungen schien Frau B. ihre Sprache nicht wieder erlangen zu können. Frau B. nahm an allen gesellschaftlichen Angeboten des Hauses teil und war geistig sehr interessiert. Auf Grund der eingeschränkten Motorik und des Sprachverlustes empfand Frau B. ihre Möglichkeiten, sich auszudrücken, so eingeschränkt, dass sie auf jedes Dialogangebot mit Tränen antwortete. Ihre körpersprachlichen Ausdrucksmöglichkeiten waren zum Teil durch die körperlichen Einschränkungen begrenzt, es schien jedoch für sie auch *unziemlich, sich zu gebärden.* So verbrachte Frau B. ein Jahr mehr oder weniger ohne Möglichkeiten, ihre

Gedanken mitzuteilen. Eine glückliche Kombination aus regelmäßigen logopädischen Übungen, Tierbesuchsdienst und kunsttherapeutischen Sitzungen wurde dann zur Grundlage dessen, dass Frau B. für sich neue Sprachmöglichkeiten entdecken konnte. Im intensiven Kontakt mit den Tieren lernte Frau B. wieder, sich emotional gegenüber anderen Menschen auszudrücken. Sie zeigte deutlich, wann sie ärgerlich, traurig, freudig war oder einfach nur das Streicheln des weichen Felles genoss. In den Stunden der Logopädie war Frau B. nun hoch motiviert, sprachmotorische Übungen zu absolvieren. Und in den kunsttherapeutischen Sitzungen fand Frau B. zum ersten Mal einen Ausdruck ihrer Gedanken und Stimmungen, welcher für sie auch eine Ästhetik besaß. Ihre Blumenbilder zeugten von ihrem fortschreitenden Selbstbewusstsein. Letztendlich entdeckte Frau B. so auch Schritt für Schritt ihre verbalen Ausdrucksmöglichkeiten wieder.

Allein 200 000 Menschen erleiden in Deutschland pro Jahr einen Schlaganfall, junge und ältere[2]. Nicht sie allein sind von eingeschränkten Ausdrucksmöglichkeiten betroffen. Auch Menschen, die mit einer Demenz[3] leben, durch Muskelerkrankungen, Kehlkopf- oder andere Tumore in ihrer Sprachleistung eingeschränkt sind oder nach einem Schädel-Hirn-Trauma u. a. ihre Sprachfähigkeiten zum Teil oder ganz verloren haben, müssen durch ihren veränderten Alltag eine neue Sprachebene suchen, wollen sie weiter kommunizieren.

Wie selbstverständlich nehmen wir unsere sprachlichen Fähigkeiten. Nur wenn wir selber einmal in einem Ferienland sind, dessen Sprache wir nicht beherrschen, wir uns nur noch mit *Händen und Füßen* verständlich machen können, ahnen wir, wie es sein muss, wenn uns die Sprache verloren geht. Oder auch beim Zahnarzt, wenn wir hilflos, mit weit aufgesperrtem Mund die Fragen des Zahnarztes nur noch brummend beantworten können. Und wenn dann noch wie bei einigen medizinischen Untersuchungen (z. B. Magenspiegelung) notwendig, wir am Sprechen durch ein Mundstück gehindert werden, spätestens dann können wir ein wenig nachvollziehen, wie sich z. B. ein intubierter Patient auf der Intensivstation fühlen muss, der

---

[2] Literatur zum Thema: Peinert u. a. (1998).
[3] Man spricht von einer *Demenz*, wenn die intellektuellen Fähigkeiten durch eine Hirnschädigung gemindert sind.

vielleicht mitteilen möchte, dass die Schmerzen immer noch nicht nachgelassen haben oder er sich gerade einfach nur sehr einsam fühlt. Ein veränderter Alltag benötigt eine dem Alltag angepasste, veränderte Sprache: von beiden Seiten. Als Begleiter können wir versuchen, uns in die Situation des Betroffenen einzufühlen und ihm Angebote verschiedener Sprachebenen zu machen. Betroffene, welche z. B. durch einen Schlaganfall oder einen Unfall unvermittelt in die Situation der Sprachlosigkeit kommen, benötigen eine besondere Begleitung der Geborgenheit, welche die Konzentration von Ereignissen mit berücksichtigt (Schock, Verluste, Schuldgefühle etc.). Menschen, welche durch eine chronische Erkrankung nach und nach ihr Sprachvermögen verlieren, haben die Chance, mit der Entwicklung ihrer Krankheit auch die Veränderungen des Alltages schrittweise anzunehmen. Aber die Auseinandersetzung mit den ständigen Veränderungen des Alltags erschöpfen nicht nur die Betroffenen, sondern auch ihre Begleiter. Hier bedarf es einer besonders vertrauensvollen Beziehung zwischen beiden, einer großen Flexibilität und Phantasie der stetig verändernden Sprachfähigkeit zu begegnen.

Die Kommunikation mit Menschen mit einer eingeschränkten Kommunikationsfähigkeit gelingt nur dann, wenn wir ihrem Leben gegenüber wahrhaftiges Interesse und Respekt zeigen können. Wenn wir uns als Begleiter bewusst machen, dass beispielsweise die Persönlichkeit eines Demenz-Betroffenen nicht zerstört oder erloschen ist, vielmehr nur hinter der Demenz sich *verbirgt,* so kann dies uns helfen, den Menschen mit seinem ganzen gelebten Leben zu sehen und zu achten. Und wenn uns ebenfalls bewusst wird, dass – je nach Betroffenheit der Hirnregion – ein Schlaganfallbetroffener Sprach- bzw. Mimikstörungen hat, dann können wir einer einschränkenden Sichtweise (monotone Stimme oder fehlende Gesichtsmimik bedeuten automatisch auch eine negative Veränderung der Persönlichkeit) korrigierend begegnen. Hier gilt es, als Begleiter sorgfältig Ursache und Wirkung zu differenzieren, damit der Betroffene mit seinen verbliebenen Kommunikationsmöglichkeiten nicht auch noch gegen Vorurteile ankämpfen muss.

Von Bewusstseinsebenen und dem *Dialogischen Handeln*

Ehefrau des Sterbenden: *„Was meinen Sie, kann er uns noch hören?"*
Altenpflegerin: *„Nein, er bekommt nichts mehr mit. Er ist nicht mehr ganz da."* Ehefrau: *„Ob er mich noch spüren kann?"* Altenpflegerin: *„Ja, er spürt sicherlich noch, dass Sie jetzt bei ihm sind."* Sind es nur die beruhigenden Worte einer Altenpflegerin, die der ängstlichen Ehefrau eines Sterbenden gelten? Oder kann dieser Mann wirklich spüren, aber nicht hören oder sprechen? Hat er bereits das Bewusstsein verloren und spürt trotz allem noch, dass seine Frau da ist? Die Worte der Altenpflegerin scheinen uns bekannt, so oft werden sie in ähnlichen Situationen gesprochen. Aber was nimmt ein Mensch denn eigentlich noch wahr, wenn er uns so fern scheint? Können wir von außen wirklich erkennen, wie der Betroffene seine Umwelt wahrnimmt? Es gibt viele Gründe, warum das Verhalten des Betroffenen sich verändert und für die Außenstehenden es aussieht, als wäre er *ohne Bewusstsein.* Schmerzen, fortschreitende Organveränderungen, Stoffwechselprozesse, aber auch eine allgemeine körperliche Erschöpfung und seelische Müdigkeit können dazu führen, dass der Betroffene sich zu schwach fühlt, sprachlich, mimisch oder gestisch zu reagieren, mit der Umwelt in der ursprünglichen Form Kontakt aufzunehmen, zu kommunizieren.

Kann ein Mensch eigentlich *ohne* Bewusstsein sein? Ist ein Mensch *ohne Bewusstsein,* versuchen die Mediziner diesen Zustand mit dem Begriff der *Bewusstlosigkeit* zu erklären? Dabei orientieren sie sich u. a. an der Funktionsleistung des Zentralen Nervensystems, insbesondere an der Leitung der Nervenimpulse von Zwischenhirn und Hirnstamm zur Großhirnrinde. Psychologen sagen, dass das Bewusstsein dem Individuum im Wesentlichen zur Orientierung in der Realität dient. Daher ist ihrer Meinung nach der Verlust der bewussten Verhaltenssteuerung mit der Bewusstlosigkeit gleichzusetzen. In der Diskussion um das individuelle Erleben von Bewusstlosigkeit scheint auch eine philosophische Betrachtungsweise des Begriffes *Bewusstsein* interessant. So besteht für den Menschen ein *Ich-Bewusstsein,* welches die eigene Existenz, *„Ich selbst",* im Denken und Wahrnehmen mit einschließt. Nach Descartes meint das *Bewusstsein* das „Wissen des Wissens" (Meinen, Vorstellen) und das Wissen um die eigenen „inneren Zustände".

Gerade in der Begleitung von schwer kranken und sterbenden Menschen erleben Begleiter, wie die Betroffenen selber von Veränderungen des Bewusstseins sprechen. So können beispielsweise Einengungen oder Ausschaltungen des Bewusstseins (z. B. raumfordernde Tumore, durch Medikamente, auch ganz gezielt bei der Narkose) sprachliche, mimische und gestische Kommunikationsmöglichkeiten reduzieren. Diese Art von *Bewusstseinsstörungen* kann Verluste in der zeitlichen und örtlichen Orientierung zur Folge haben, die Ansprechbarkeit äußerer Reize reduzieren und für den Betroffenen zu einer besonderen psychischen Belastung beitragen. Bewusstseinsstörungen werden mitunter aber auch bei endokrinologischen und toxikologischen Krankheitsbildern, Durchblutungsstörungen, Traumata, Tumoren, epilepsieartigen Erregungen des Gehirns u. a. erlebbar. Wenn aber eben diese Bewusstseinsstörungen sowohl Verhaltenssteuerung, als auch das *Ich-Bewusstsein* beeinflussen, wird deutlich, wie sensibel und verantwortungsvoll eine Begleitung von Menschen mit Bewusstseinsstörungen gestaltet werden muss. *„Sie hat sich aber seit ihrer Erkrankung ganz schön verändert!"*, *„Das ist ja total nervig, wie er immer so herumläuft!"* oder *„Seit er die neuen Tabletten nimmt, lacht er gar nicht mehr"* sind nur einige harmlose Beispiele von Reaktionen, die viele betroffene Angehörige und Pfleger zu hören bekommen. Was macht hier der Krankheits- oder Altersprozess, bzw. die Wirkstoffe eines Medikamentes mit dem Bewusstsein des Menschen? Und wie reagieren wir Mitmenschen auf die Veränderungen seines Verhaltens? Geben wir dem Betroffenen eine Chance, dass die Ursache seiner Verhaltensveränderung gefunden wird und wir den Menschen nicht für die Wirkung verantwortlich machen?

Das Bewusstsein des anderen
beginnt in unserem eigenen Bewusstsein.

Lena war Mitte 20, als sie ihre krebskranke Mutter bis zum Tod pflegte. Unter der aufwändigen Pflege und der Begegnung mit den körperlichen Veränderungen, die der Darmtumor verursachte, litt Lena seelisch. Die eigenen Bauchschmerzen bezog Lena später dann auch auf eine psychosomatische Reaktion. Ihre Hausärztin folgte ihr in der Meinung, ohne sie zu untersuchen. Lena hatte gerade ihr Studium beendet, als sie – zwei Jahre nach dem Tod ihrer Mutter – die Diagnose eines nicht mehr therapierbaren Darmtumors erhielt. Der junge Arzt, der ihr die Diagnose mitteilte, brach in Tränen aus, verließ das Krankenzimmer. „Als er weinte, musste ich ja wieder stark sein", meinte Lena zur Sprachlosigkeit des Arztes. „Da war keiner, an dessen Schulter ich mich hätte lehnen können. Ich habe nachher für mich still geweint." Lena begann ganz bewusst, sich Menschen zu suchen, die sie begleiten sollten. Ihre Vermieter unterstützten Lena, dass sie in dem von ihr gemieteten Dachzimmer des Hauses leben und sterben konnte. Die Mitbewohner der Zweck-WG konnten mit Hilfe einer Hospizhelferin ihre Ängste abbauen und Lena wieder neu begegnen. Lena nahm die Hilfe ihres früheren Freundes an, der die tägliche Pflege übernahm. Und es entwickelte sich erneut eine sensible Annäherung zwischen Vater und Tochter. Hospizschwestern, Hospizhelfer und Kunsttherapeuten unterstützten Lena praktisch und kreativ in ihren Bedürfnissen. Das Leiden und Sterben ihrer Mutter in Erinnerung, hatte Lena große Angst, ähnliche Veränderungen ihres Körpers miterleben zu müssen. Immer wieder versicherten die Menschen, die sie begleiteten, dass sie immer für sie da sein würden, egal was passiert.

Auch als Lena bereits sehr schwach war, behielten wir ein Ritual bei: das gemeinsame Beisammensitzen in der kleinen Küche. Es erinnerte an gute Momente, an gemeinsame Gespräche, miteinander Schweigen und das Genießen ihrer Lieblingsspeise. Auch wenn Lena schon lange nicht mehr essen konnte, wir machten es ihr auf ihrem Stuhl bequem, so dass sie den Alltag der Gemeinschaft genießen konnte. So es ging, beteiligte sie sich an den Gesprächen, und dann kamen die Tage, wo Lena in die Bewusstlosigkeit fiel. Wir waren uns alle einig, dass wir Lena trotz allem mit in die Küche nehmen würden. Lena reagierte nicht mehr auf Ansprache, aber ihr Körper hatte sich noch gemerkt, wie er am Küchentisch zu sitzen hatte. Und so saß sie mit uns in der Küche. Und wenn ihr Körper ein wenig die Balance verlor, erzählten wir Lena, dass wir ihren Körper mal eben wieder ins Gleichgewicht bringen würden.

Eines Tages kam nun eine Bekannte von Lena zu Besuch. Sie hatte vor einigen Wochen zuletzt mit Lena telefoniert, war nun erschrocken, jetzt nicht mehr mit ihr direkt sprechen zu können. Ich ermunterte sie, doch gemeinsam mit uns in die Küche zu kommen.

Lena saß wieder zu meiner Linken und ihre Freundin uns gegenüber. Sie konnte es nicht fassen, dass Lena scheinbar bewusstlos da saß. Ich sagte ihr, Lena sei bei uns, aber eben auf einer anderen Bewusstseinsebene. Aber es sei doch schön, dass wir so alle miteinander zusammensitzen könnten. Die Freundin hatte von Lena gehört, dass ich ein Buch zum Thema Abschied geschrieben hatte, und sie wollte gerne mehr darüber wissen. Lena hatte sich in diesem vergangenen Jahr sehr für das Buch interessiert und wir hatten lange Gespräche über das Thema geführt. Also wusste ich, dass Lena das Thema nicht unangenehm war. In unserem Gespräch bezogen wir Lena immer wieder in das Gespräch mit ein. Ich fragte Lena, ob ich ihre Gedanken aus unseren früheren Gesprächen richtig wiedergegeben hatte oder bat um ihre Meinung, ließ ihr Zeit, innerlich zu antworten. Auch wenn wir Lenas Stimme nicht hören konnten, in unserem Bewusstsein hatte Lena ein Bewusstsein, *es schien, als sei Lena am Gespräch beteiligt. Als ich gerade begann, über das letzte Kapitel meines Buches zu sprechen, da nahm ich plötzlich wahr, dass der Körper von Lena sich anspannte. Mit einer enorm großen Anstrengung und Mühe begann Lena zu sprechen:* „Und vergiss nicht: Die Hoffnung auf ein Wiedersehen!" *Es war nur ein Moment, die Augen waren geschlossen geblieben, allein die Lippen hatten die Worte geformt. Lenas Körper entspannte sich wieder, sie glitt zurück auf eine andere Bewusstseinsebene. Sie hatte nun sogar sprachlich an unserem Gespräch teilgenommen und mich nicht nur daran erinnert, dass der letzte Abschnitt in meinem Buch Hoffnung auf ein Wiedersehen heißt, vielmehr genau dieses Thema für sie eine große, erwähnenswerte Bedeutung besaß.*[4]

Das Gedächtnis von Nerven- und Muskelzellen hilft, den Körper in einer relativ stabilen Sitzhaltung zu halten, Sprachäußerungen entstehen jedoch aus viel komplexeren Zusammenhängen. Ich sprach Jahre später über Lenas Gesprächsbeitrag mit einem Neurochirurgen, dessen Spezialgebiet die Betreuung von Komapatienten ist. Seiner Erfahrung nach müsste Lena der Inhalt des Gespräches sehr wichtig gewesen sein, denn es wäre eine große Anstrengung,

---

[4] Weitere Beispiele für die kommunikative Begleitung von Komapatienten in Mindell (1999).

von einer Bewusstseinsebene auf eine andere zu wechseln. Er bestätigte, dass die direkte Einbindung von Lena in das Gespräch sie zusätzlich stimuliert und motiviert haben könnte.

Lenas eigene Persönlichkeit und das Engagement der Menschen, welche sie begleiteten, ermöglichte eine individuelle Betreuung bis zu ihrem Tod. Es bleiben viele Erinnerungen, vor allem aber die aufregende Erfahrung, das jeder von uns eine individuelle Bewusstseinsebene lebt und ein Austausch zwischen den Ebenen möglich ist. Auch wenn dieser sich nicht notwendigerweise in verbal sprachlicher Form gestalten muss.

Gehen wir davon aus, dass jeder Mensch bis zu seinem Tod da ist. Er sich und seine Umwelt, unabhängig von welcher Bewusstseinsebene, wahrnimmt.

Bewusstseinsebenen werden in der Regel unterschieden zwischen der Realitätsebene und den anderen Ebenen, die durch so genannte *Bewusstseinsstörungen* definiert werden. In der Medizin werden verschiedene Stärkegrade der Bewusstseinsstörungen beschrieben, welche uns in der Begleitung von Betroffenen als Orientierung gelten können. Über die individuelle Bedeutung des Zustandes für den Betroffenen sagen diese Stärkegrade jedoch nur wenig aus.

- *Bewusstseinstrübung:* leichtere Benommenheit, Auffassungsvermögen vermindert, Reaktionsfähigkeit verlangsamt, räumliche und zeitliche Orientierung, Denken, Erinnerung beeinträchtigt, im Kindesalter z.B. wenige Augenblicke andauernde anfallsartige Bewusstseinseintrübung, *„petit mal".*
- *Somnolenz:* schläfrige Benommenheit, Schläfrigkeit, Schlafsucht, der Patient ist erweckbar.
- *Sopor (lat. Schläfrigkeit):* starke Bewusstseinsbeeinträchtigung bis zur leichten Bewusstlosigkeit, *Ohnmacht* (Sekunden bis Minuten), Ohnmachtsanfall (Synkope), plötzlicher Bewusstseinsverlust v. a. in Folge verminderter Gehirndurchblutung, ggf. mit Pre-Symptomatik: Schwindel, Schwarz vor Augen, Übelkeit, z.B. bei anlagebedingtem Blutdruckabfall, „Kreislaufkollaps", Bewusstseinsstörung, in der das Bewusstsein nur noch auf stärkere Reize reagiert und wiederkehrt.

- *Koma (griech. tiefer Schlaf):* Zustand tiefer Bewusstlosigkeit, länger andauernde tiefe Bewusstlosigkeit (Stunden bis Tage etc.), die auch durch starke äußere Reize nicht unterbrochen werden kann. Im Gegensatz zum Schlaf ohne Ansprechbarkeit, Hornhautreflexe bleiben erhalten. Mögliche Ursachen: Schädigung des Hirnstamms, Stoffwechselentgleisung, Giftstoffe, u. a. auch bei Schlaganfall, Diabetes, Leberinsuffizienz, Urämie.

Als Begleiter von Schwerkranken und Sterbenden würden wir uns sicher leichter tun, wenn wir die Bewusstseinsstörungen nicht als Verlust eines bestimmten Bewusstseins (der Realitätsebene) sehen würden, vielmehr als *alternative Bewusstseinszustände* annehmen könnten. Nicht der Mangel, vielmehr die Alternative und mögliche Erweiterung des Bewusstseins stehen in dem Begriff der *alternativen Bewusstseinszustände* im Vordergrund. Die Bewusstseinsebenen stehen wertfrei nebeneinander und unterstützen uns als Begleiter so in einem respektvollen Miteinander mit Menschen auf einer anderen Bewusstseinsebene.

In der Alten-, Kranken- und Sterbebegleitung begegnen wir mitunter Menschen, die auf einer alternativen Bewusstseinsebene leben. In der Begleitung von alten Menschen wird häufig allzu schnell eine Verwirrtheit als pathologische Demenz[5] diagnostiziert. Als Begleiter ist es hilfreich zu wissen, dass u. a. eine Ursache der Verwirrtheit der Wunsch sein kann, eine alltäglichen Monotonie zu unterbrechen. Verwirrtheit ist somit auch wieder eine lebenswichtige Fähigkeit der Psyche, auf seine Umwelt zu reagieren. Sie ist eine Erscheinungsweise des lebendigen Menschen und damit nicht notwendigerweise ein pathologisches Zeichen, vielmehr ein Ausflug in eine alternative Bewusstseinsebene, die dem *Ich* attraktiver scheint als die gegebene Realität. Intensive und vor allem individuelle Begleitung von verwirrten Menschen – unter Einbeziehung von realen Anforderungen, die dem Betroffenen einen Sinn im Leben vermitteln können – sind ein gutes Dialogangebot für einen verwirrten Menschen.

---

[5] Demenz ist eine nicht rückbildungsfähige Einschränkung der geistigen, intellektuellen Fähigkeiten.

Komaforscher haben entdeckt, dass der Wechsel der Bewusstseinsebenen auch für das Selbstbild des Betroffenen eine besondere Wertigkeit besitzt. So können die alternativen Bewusstseinszustände in der Bewältigung und Verarbeitung eines schwerer physischen oder psychischen Traumas (physische oder psychische Verletzung, Schmerzen, Schock etc.) helfen. Der Rückzug auf eine andere Bewusstseinsebene kann hier für das *Ich* eine erholsame Distanz zum Trauma aufbauen und die erlebte seelische Ohnmacht, eine Hilflosigkeit abzuschwächen helfen. Der Rückzug auf eine alternative Bewusstseinsebene ist in diesem Sinne immer auch ein sinnvoller seelischer Schutz, ermöglicht dem *Ich*, sich ganz auf sich selber und seinen Heilungsprozess zu konzentrieren.

Sterbebegleiter erleben oft sehr bewusst, wie in der letzten Lebensphase der Sterbende, gereift durch die vielen Phasen des Abschieds und der Trauer, sich schrittweise aus der alltäglichen Wirklichkeit zurückzieht. Der Wandel durch verschiedene Bewusstseinsebenen vollzieht sich auch im Sterben. Dass ein Wandel durch verschiedene Bewusstseinsebenen möglicherweise nicht mit dem letzten Atemzug abgeschlossen ist, darauf weisen viele kulturelle und religiöse Totenriten hin, die die Seele des Toten auf seinem Weg noch ein wenig begleiten möchten.[6]

Alternative Bewusstseinsebenen sind jedoch nicht nur auf extreme Lebenssituationen beschränkt. Viele Menschen haben bereits außerkörperliche Wahrnehmungen gehabt, finden aber oft in den so genannten modernen Gesellschaften zu wenig angemessenen Raum, darüber zu sprechen. Sich aus seinem eigenen Körper zu bewegen, über diesem zu schweben, sich selber von oben zu sehen, dies sind Bewusstseinsebenen, die beispielsweise denen des Komas ähneln. Wenn wir unseren eigenen Wahrnehmungen trauen und diese Erfahrungen als etwas Wertvolles betrachten können, dann unterstützt dies auch eine einfühlsame Begleitung von Menschen auf einer alternativen Bewusstseinsebene.

Ein Mensch ist ein Beziehungswesen. Dialogangebote sind wichtig, möchte man dem Betroffenen die Gelegenheit geben, sich zu artiku-

---

[6] Vgl. hierzu auch *Das Tibetische Totenbuch* oder auch C. v. Barloewen: *Der Tod in den Weltkulturen und Weltreligionen*, 1996.

lieren. Es sind vor allem die sinnhaften Dialogangebote, welche zur persönlichen Weiterentfaltung des Menschen beitragen. Lena wurde in der Küche über das ihr bereits bekannte Gesprächsthema *Abschied*, über direkte Ansprache und Nachfrage, in eine *Dialogische Handlung* miteinbezogen, nahm auf ihrer Bewusstseinsebene aktiv am Gespräch teil. Das Dialogische Handeln umfasst das verbale wie das nonverbale Sprechen und schließt den meditativen Dialog und das gemeinsame Schweigen ebenso mit ein.

Betroffene sind auf unser gemeinsames *Dialogisches Handeln* angewiesen, um
- Informationen über sich und andere zu erhalten;
- in vertrauensvoller und geborgener Atmosphäre sich wahr- und angenommen zu fühlen;
- im Rahmen eines intuitiven Dialoges zwischenmenschliche Sensibilität spüren zu können;
- ihr Bedürfnis nach spiritueller Zwiesprache (z. B. in Meditation oder Gebet) leben zu können;
- ihr Bedürfnis nach rituellen Dialogen (z. B. Körperreinigung, Nahrungsaufnahme oder religiöse Rituale wie Krankensalbung) zu beantworten;
- ihre Motivation nach Re-Integration in unsere alltägliche Bewusstseinsebene zu unterstützen.

Als Begleiter von Menschen auf alternativen Bewusstseinsebenen befinden wir uns manchmal in einem Dilemma, wenn wir dem dialogischen Handeln eine Zielvorgabe setzen wollen:
- Motivation und Förderung zu einer lebendigen Veränderung und Regeneration
- oder Akzeptanz von *Rückschritten* und eines möglichen Sterbeprozesses.

Wenn wir uns aber auf die Aufgabe eines Begleiters besinnen, kann nur gelten, dass der Begleiter sich ganz nach den Impulsen des Betroffenen richtet. Allein dieser gibt vor, wohin sein weiterer Weg geht. Dies scheint auf den ersten Blick nicht gerade einfach, wenn zwei Menschen von verschiedenen Bewusstseinsebenen aus miteinander kommunizieren.

Wenn wir eines Weges gehen und einem Menschen begegnen,
der uns entgegenkam und auch eines Weges ging,
kennen wir nur unser Stück, nicht das seine, das seine nämlich
erleben wir nur in der Begegnung.
Martin Buber[7]

Begegnung mit dem Leid anderer:
Mitleid, Mitgefühl und *Anteilnahme*

Eine 80-jährige Dame, die gerade die Diagnose Krebs erhalten hatte, bat mich, eine ihrer Bekannten anzurufen, um eine Verabredung abzusagen. Als ich die Bekannte anrief, meinte die junge Frau: *„Ach, tut mir das leid für Frau F.! Aber wie gut, dass sie nicht selber bei mir angerufen hat. Man weiß ja gar nicht, was man so jemanden in so einer Situation sagen soll.* " Ich ermunterte die junge Bekannte, einfach genau das zu sagen, was sie auch mir gegenüber geäußert habe: Wie leid es ihr für die alte Dame tut. *„Das reicht doch nicht, wenn ich zum Kranken sage: Es tut mir leid für dich! Oder: Ich denk' an dich! Man kann dem Menschen damit doch gar nicht helfen. Ich kenne das auch aus meiner Familie, wo schon viele den Kampf gegen den Krebs verloren haben. Man ist ja so ohnmächtig und hoffnungslos.* " In einem längeren Gespräch über ihre Erfahrungen entdeckte die junge Dame, dass das Leid der anderen ihre Phantasie so anregte und sie sich nicht vorstellen konnte, mit so einer Krankheit selber leben zu können. Der positiven Kraft ihrer eigenen Gefühle und Gedanken konnte sie *noch nicht* so recht trauen und findet so gegenüber den Betroffenen zunächst nur Worte des *Mitleids.*

Jeder von uns hat bestimmt schon einmal den Unterschied zwischen *Mitleid* und *Mitgefühl* erleben dürfen. Ganz instinktiv spüren wir, wenn unser Gegenüber aus Mitleid heraus uns Trost spenden will. Seine Worte gelten mehr ihm und seiner eigenen Hilflosigkeit als Trost, als dass er uns Kraft spenden und Stütze sein könnte. Worte

---

[7] Aus: Martin Buber (1995:72).

des Mitgefühls hingegen sind losgelöst von der Erwartung, etwas an der Situation ändern zu müssen. Hier trägt der Wunschgedanke, gibt dem Betroffenen Kraft, weil nicht ein Appell dahintersteht: z. B. *„Nun werde aber auch ganz schnell wieder gesund!"* Worte des Mitgefühls sind oft einfache Gedanken, zeichnen sich vom *Loslassen-Können* und der *Wahrhaftigkeit* des Menschen aus.

Das Mitgefühl lässt geschehen,
seine Worte aber sind tröstender Begleiter auf dem Weg des Leidens.

Jeder Mensch kann Mitleid entwickeln, denn dieses Gefühl kann auf Distanz zum Leidenden gelebt werden. Das Mitleid wird vorrangig bestimmt von Gedanken wie *„Wie würde ich mich fühlen, wenn mir das passiert?"* Oder *„Was tut mir selber das Leid des Betroffenen an?"* *Ich*-bezogene Gefühle bestimmen den emotionalen Umgang mit dem Betroffenen. *Mitgefühl* hingegen fordert das zeitweise Loslassen von *Ich*-bezogenen Gefühlen und das sensible Einlassen auf die Gefühle des Betroffenen. Im Rahmen von Geborgenheit und Vertrauen bietet die wahrhaftige *Anteilnahme* eine besondere Nähe zwischen Begleiter und Betroffenem. Der Begleiter *nimmt Teil* am Leben und Leid des Betroffenen, *fühlt mit* ihm, nicht aber im Sinne einer restlosen Aufgabe seiner eigenen gesunden *Ich*-bezogenen physischen, psychischen und mentalen Strukturen. *Mitgefühl* und *Anteilnahme* sind wichtige, auch prägende Elemente des Lebens eines Begleiters, begrenzen sich jedoch auf die konkrete Beziehung zu einem betroffenen Menschen. Verlieren wir uns als Begleiter im *Du*, verlieren wir auch unsere Beziehung zum eigenen *Ich*. Leben und lieben wir nicht mehr unser *Selbst*, verlieren wir die Fähigkeit, einen anderen Menschen begleiten zu können. Nur wer sich selber lebt und liebt, kann auch seinen Nächsten *mit*erleben und lieben. Diese Fähigkeit, auch sein *Selbst* zu lieben, ist die vitale Basis, aus möglichem *Mitleid* heraus *Mitgefühl* und *Anteilnahme* zu entwickeln.

Das Leid eines anderen möge dem Begleiter keine *Leiden schaffen*. Wenn er aber mit Leidenschaft den Betroffenen auf seinem Weg begleiten und für ihn *da sein* mag, dann ist es möglich, dass der Begleiter dem Betroffenen das Leiden erträglicher macht und dadurch dessen Leben qualitativ verbessert. Nicht das vermeidbare, aber das Leid an sich ist auch Teil des Lebens und wird um so besser tragbar, je mehr wir es in unserem Leben annehmen können.

Es waren nicht ausschließlich schwer kranke Patienten in dieser kleinen Münchner Klinik. Aber jeder dieser Menschen hatte sein Leid zu tragen, hatte Angst vor der bevorstehenden Untersuchung oder Operation oder wie die Wunde verheilen würde. Die Stationsschwester, eine Ordensfrau, kam allabendlich in jedes Zimmer und fragte jeden Patienten, ob er sich zum Nachtgebet bekreuzigen wolle. Die meisten Patienten fanden keinen Bezug zum Gebet, so entschloss sich die Ordensfrau, für sie zu beten. Die Patienten erfuhren so ein *Angenommensein* und ein *Eingebundensein* in eine höhere Macht, wie jeder für sich sie verstand.

Als Begleiter müssen wir lernen *abzugeben*. Die Begegnung mit dem Leid anderer beinhaltet immer auch den Abschied von dem Betroffenen und seinem Leid. Wir leben nicht das Leid des anderen, wir sind nur zeitlich begrenzte Wegbegleiter des Betroffenen. Nachdem wir z. B. durch palliativ medizinische Versorgung[8], psycho-soziale und spirituelle Begleitung eine optimale Lebensqualität für den Betroffenen zu schaffen versuchen, sollten wir sowohl ihm als auch uns hin und wieder eine Pause in der Begleitung gönnen. Dies kann, wenn Sie Krankenschwester sind, am Ende Ihrer Schicht sein. Und wenn Sie begleitender Angehöriger sind, dann nutzen Sie ruhig einmal einen erholsamen Spaziergang, um für sich – und letztlich so auch für den Betroffenen – wieder neue Kraft zu schöpfen.

Einige hilfreiche Gedanken für die Begegnung
mit dem Leid anderer
- Versuchen Sie, Ihre eigenen alltäglichen Probleme für einen Moment abzulegen. Schreiben Sie sie in ein schönes Buch nieder, wo sie gut aufgehoben sind. Vielleicht aber können Sie sich auch in einer Meditation oder im Gebet vertrauensvoll von Ihren Gedanken und Sorgen lösen. Manchmal hilft auch der rituelle Wechsel eines

---

[8] Informationen und Adressen zum Thema Schmerztherapie (z. B. über die *Deutsche Schmerzliga*, s. Adr.).

Kleidungsstückes (z. B. Strickjacke), der anzeigt: *Jetzt bin ich im Dienst und nur für den anderen da.*

- Mit Hilfe der Loslösung eigener alltäglicher Gedanken können Sie sich besser öffnen für die Bedürfnisse des Betroffenen. Ohne Ablenkung ganz für den anderen *da zu sein*, hilft als Begleiter, das Leid des anderen annehmen zu können.
- Versuchen Sie sich immer wieder ihre eigenen Kraftquellen bewusst zu machen und diese in die Vorbereitung der Begegnung miteinzubeziehen. Versuchen Sie unbedingt, auch eine Kraftquelle für sich zu entdecken, welche unabhängig von anderen Menschen für Sie erlebbar ist (z. B. Meditation, Gebet, Musizieren, Spaziergang in der Natur).
- Das Schaffen und Wirken ist eine menschliche Eigenschaft, die für unser Leben wichtig ist. Aber gerade in der Begleitung von schwer kranken und sterbenden Menschen steht die Aktivität nicht notwendigerweise im Vordergrund. Versuchen Sie sich von dem Wunsch, *etwas tun zu wollen,* zu lösen. Versuchen Sie, als Begleiter sich auf die Bedürfnisse des Betroffenen einzustellen und sich allein durch ihr *Dasein* einzubringen.
- Kranken- und Sterbebegleitung ist *Lebens*begleitung. Es ist wichtig, den Betroffenen nicht nur als Leidenden, vielmehr im Kontext seines gesamten gelebten Lebens zu sehen. Vielleicht haben Sie die Möglichkeit, gemeinsam mit dem Betroffenen oder seinen Angehörigen Fotos aus seinem Leben anzuschauen.
- Auch in der Krankheit und im Sterben ist der Betroffene nicht nur *kranker* oder *sterbender Körper.* Jeder Mensch hat in jedem Moment seines Lebens so genannte gesunde und leidende Anteile, die er lebt. Versuchen Sie als Begleiter, den Betroffenen auch in seinen vitalen Stärken zu unterstützen, damit der Mensch als Ganzes leben und so in sich heil werden kann. Versuchen Sie den Betroffenen auch kreativ anzuregen statt übermäßig zu schonen.
- Nicht der Betroffene verursacht das Leid, sondern die Krankheit. Auswirkungen des Leides auf Dritte sind nicht notwendigerweise persönlich gemeint. Versuchen Sie als Begleiter das Verhalten des Betroffenen zu differenzieren, aber setzen Sie auch klare Grenzen. Es gibt kein Recht des Leidenden, dem so genannten Gesunden gegenüber aggressiv zu werden oder ihn auszunutzen. Derartiges

Verhalten kann jedoch ein dringender Appell nach mehr menschlicher Zuwendung sein, kann z. B. Ohnmacht, Wut oder Ängste des Betroffenen aufzeigen.

- Versuchen Sie, sensibel wahrzunehmen, welche Bedürfnisse der Betroffene hat. Bedrängen Sie ihn nicht mit Fragen. Machen Sie aber ruhig das ein oder andere Angebot, ohne Entscheidungen herbeizuzwingen. Unterstützen Sie die Bedürfnisse des Betroffenen insbesondere in seinem persönlichen Tempo. Da gerade in der Phase einer schweren Krankheit oder im Sterben Zeit relativ wird, orientiert sich das individuelle Tempo jetzt mehr an den inneren Vorgängen als an äußeren Geschehnissen.

- Versuchen Sie, in der Begleitung des Betroffenen seine Unabhängigkeit zu erhalten (behindertengerechte Umgebung, Gebrauchsgegenstände leicht erreichbar stellen) und an seine Lebenserfahrungen anzuknüpfen, ihm immer auch Auswahl- und Entscheidungsmöglichkeiten anzubieten.

Wahrnehmungssensibilisierung

In diesem Kapitel möchte ich Sie einladen, auf spielerische Weise Ihre Sinne wahrzunehmen.[9] Entdecken Sie in Übungen und Rollenspielen die Grenzen und Möglichkeiten Ihrer Sinne und lernen Sie diese Erfahrungen für Ihr Leben und die Begleitung von Schwerkranken und Sterbenden zu nutzen.

Mit Hilfe der verschiedenen Sinne nehmen wir uns und unsere Umwelt wahr. Diese Wahrnehmungen werden von uns bewusst oder unbewusst als Informationen aufgenommen und in Handlungen umgesetzt. Unsere Sinne arbeiten wie die Instrumente eines großen Orchesters zusammen. Wenn wir über eine viel befahrene Kreuzung gehen, scheinen wir uns in der Orientierung allein auf unsere Augen zu verlassen. Aber auch die anderen Sinne sind beteiligt, so dass wir sicher und heil auf der anderen Straßenseite ankommen: Beispielsweise hören die Ohren, dass außerhalb unseres Blickwinkels ein Fahrrad ankommt, oder unser Tastsinn an den Füßen nimmt wahr, dass wir unsere Füße stärker heben müssen, weil die Steine unter uns uneben sind. Unsere Sinne sind gut auf einander abgestimmt: Mal spielt der eine Sinn *die erste Geige*, mal ein anderer. In der so genannten modernen Gesellschaft wird insbesondere der Sehsinn zunehmend beansprucht. Die schnelle Abfolge von Bildern in den Bild-Medien verstärkt diese Entwicklung noch. Auch der Hörsinn wurde von Fernsehen, Film und Werbebranche entdeckt. Je lauter die Lautstärke, desto stärker wird unsere Aufmerksamkeit auf ein bestimmtes Produkt gelenkt. Musik erreicht uns ungefiltert und weckt unsere Emotionen. Dies machen sich Werbefilmmacher ebenso zu nutze, wie Musical- und Konzertveranstalter, in dem sie die Lautstärke übermäßig verstärken. Durch diese alltägliche Überforderung unserer

---

[9] Literatur mit weiteren Übungsbeispielen: Adams u.a. (1998), Stevens (1993), Mertens (1996), Roß/Häusler (1995).

Sinne wehren sich nach und nach Körper, Geist und Seele des Menschen: Hörprobleme treten bereits bei jungen Menschen auf, manche brauchen laute Rhythmen als alltäglichen *Kick*, viele Menschen fühlen sich ohne Geräuschkulisse unwohl und unsicher. Eine Spirale der Sinnesbelastung entsteht: immer schnellere Bildabfolgen und Steigerung der Lautstärke, immer weniger Ruhepausen mit der Folge von Ermüdung und Erschöpfung von Körper, Geist und Seele sowie anhaltenden Konzentrationsschwächen.

Eine bewusste Wahrnehmungssensibilisierung beginnt auf der Basis der Einübung von Ruheräumen und Ruhezeiten für unsere Sinne. Erst wenn eine Abgrenzung zu dem täglichen Überangebot an Sinnesreizen möglich wird, können wir auch unsere bewusste Wahrnehmung in der Begleitung von Schwerkranken und Sterbenden einfühlsam einsetzen.

Einige Tipps zum Aufspüren und Einüben von Ruheräumen und Ruhezeiten

- Gehen Sie ruhig einmal durch Ihre Wohnung und schauen Sie sich um. Welchen schönen Raum würden Sie gerne als Ihren Ruheraum entdecken? Auch wenn Sie in einer Familie leben, es ist nicht notwendig, dass Sie sich für Ihre Bedürfnisse z. B. in die Abstellkammer verziehen. Für 30 Minuten pro Tag dürfen auch Sie einmal einen Raum nur für sich nutzen.
- Besprechen Sie mit Ihrer Familie, dass Sie sonst immer für die Familie da sind, für eine kleine Auszeit und zum Krafttanken nun aber einmal einen eigenen Raum benötigen. Bitten Sie Ihre Familienmitglieder darum, Sie darin zu unterstützen.
- Organisieren Sie, dass Ihr Kind oder ein zu betreuender Angehöriger während dieser Zeit verantwortungsvoll begleitet wird, so dass Sie sich frei fühlen und mit gutem Gewissen Ihre Zeit nehmen können.
- Nehmen Sie sich täglich 30 Minuten für sich Zeit. Setzen Sie immer zur gleichen Zeit Ihren Termin an, so sind auch andere Termine für Sie einfacher zu planen.
- Es ist nicht nötig, in diesen 30 Minuten nun all jene Dinge zu tun, die Sie schon immer für sich tun wollten. Gönnen Sie es sich, wäh-

rend dieser 30 Minuten auch einfach mal *nichts* zu tun, die Minuten *vertrödeln* zu lassen. Sie nutzen diese kostbare Zeit für sich in jedem Fall.

- Wenn Sie sich in einem Raum innerhalb der Wohnung aufhalten, hängen Sie doch am besten einen netten Zettel an die Tür, der die anderen daran erinnert, dass Sie gerade Ihre persönliche *Auszeit* nutzen und wirklich nur in einem Notfall gerufen werden sollten.
- Vielleicht mögen Sie diese Zeit aber auch lieber außerhalb Ihrer Wohnung verbringen, damit Ihnen die Loslösung vom Alltag leichter fällt, z.B. in der Natur oder in einer Kirche.
- Trauen Sie sich, diese Ruheräume und Ruhezeiten für sich zu entdecken, nur dann werden Sie auch Ihre Kraft für die Begleitung anderer langfristig erhalten können.

Selbst- und Fremdwahrnehmung als Inspiration unserer Phantasie

Menschen haben die Gabe, ihr Handeln zu beobachten, zu bewerten und vielleicht zu verändern. Wir haben die Möglichkeit, nachzudenken und abzuwägen, eben über unser Verhalten zu reflektieren. Wir betrachten unterschiedliche Bereiche unseres Körpers, nehmen uns in unserem Wesen, unserer Seele und unserem Charakter wahr. All diese Bereiche verbinden sich in der *Selbstwahrnehmung* zu einem Ausdruck unseres Selbst. Wir handeln, erleben dadurch unser *Selbst*. Die Wahrnehmung unseres *Selbst* ist nur dann für uns wahrnehmbar, wenn wir ein Gegenüber, eine Umwelt haben. In der Begegnung mit dem *Du* erkennen wir das *Ich*. Im Kontext mit der Umwelt erleben wir unser *Selbst*. Wir unterscheiden in der Betrachtung zwischen *Ich* und *Du*, unterscheiden in der Wahrnehmung zwischen unserem *Selbst* und unserer Umwelt, unterscheiden in der *Selbst-* und in der *Fremdwahrnehmung*.

Die Selbstwahrnehmung und die Fremdwahrnehmung, die Beobachtung der eigenen Person und der Umgebung, gehen stets miteinander einher.

Warum ist es nun wichtig zu unterscheiden, was Selbst- und was Fremdwahrnehmung ist? Als beobachtender Mensch habe ich die Möglichkeit, mein Verhalten zu verändern, jenes eines anderen Menschen möglicherweise zu beeinflussen. Um jedoch zu Verhaltensveränderungen gelangen zu können, muss ich zunächst erkennen, ob es Veränderungen des eigenen Verhalten oder des eines anderen bedarf. Dazu hilft eine Einübung in die Selbst- und Fremdwahrnehmung. In diesem Kapitel werden Ihnen verschiedene Übungen angeboten, die es Ihnen ermöglichen, sowohl Selbst- als auch Fremdwahrnehmungen aktiv nachzuvollziehen. Dazu werden Sie nicht nur in Ihrer eigenen Person agieren, vielmehr auch die Gelegenheit haben, einmal in eine andere Rolle zu schlüpfen. Bei diesen Rollenspielen ist es förderlich, unterscheiden zu können, *wie nehme ich mich selber wahr* und *wie nehme ich meine Umwelt wahr*. Erst mit Hilfe dieser Technik lernen wir zu unterscheiden, welche Verhaltensweisen die eigene Person betreffen und welche Verhaltensweisen im Verhalten meiner Umwelt liegen mögen. Dieses Erkennen kann uns unterstützen, in der Kommunikation mit anderen nicht allein emotional zu reagieren, vielmehr auch interaktiv und sozial handlungsfähig zu bleiben. Eine für die Dialogbereitschaft in der Kranken- und Sterbebegleitung überaus hilfreiche Grundlage.

Ein in der Wahrnehmungssensibilisierung geübter Begleiter erhält auf Grund seiner persönlichen Erfahrungen aus den Rollenspielen und Übungen die Idee, wie vielschichtig die Situation von alten und kranken Menschen, aber auch von Behinderten sein kann. Die Phantasie des Begleiters wird mit Hilfe der simulierten Einschränkungen seiner Sinne bereichert. Dies kann direkten Einfluss auf eine anteilnehmende und einfühlsame Kranken- und Sterbebegleitung haben. *„Ich ahne jetzt erst, was es bedeutet, wenn man nach einem Schlaganfall wieder laufen lernt"*, sagte eine Altenpflegeschülerin nach einer Unterrichtseinheit der Wahrnehmungssensibilisierung, in der wir Motorik und Sichtfeld einschränkten, wie es in etwa ein Schlaganfallpatient erleben könnte.
Ganz wichtig: Die Übungen sind immer nur eine Annäherung an die reale Situation einer eingeschränkten Körperlichkeit. Als Gesunde können wir uns nicht anmaßen zu wissen, wie sich ein Schwer-

kranker oder gar ein Sterbender fühlt; auch und gerade aus jenem Grund, weil jeder Mensch seine ganz persönliche körperliche Einschränkung lebt, in dieser Situation selektiv wahrnimmt und die Einschränkungen individuell seelisch bewertet. Aber: Wir Begleiter bekommen einen kleinen Einblick, wie die Einschränkungen der Sinne Einfluss auf körperliche, geistige, seelische und soziale Bedürfnisse haben, wie sie uns in unserem *Menschsein* verändern können. Wir erfahren, dass gerade hier eine sensible Begleitung nötig ist, die gut zu differenzieren weiß zwischen *Selbst-* und *Fremdwahrnehmung*. Wenn wir als Begleiter erkennen, ob beispielsweise eine ärgerliche Rede, eine ablehnende Geste uns gilt oder der Betroffene die Wut gegenüber seinem Leid meint, dann haben wir die Chance, emotionale Missverständnisse zu vermeiden und einfühlsam zu begleiten.

Unsere Sinne in Raum, Zeit und Körperbild

Mit Hilfe der Sinne erschließen wir uns die Welt. Unser Bild von uns und unserer Umwelt entsteht aus einem komplexen Prozess der sinnlichen Wahrnehmung, des Filterns dieser Eindrücke und des Denkens. Diese in uns entstehenden Bilder zeichnen unsere ganz persönliche Wirklichkeit nach. So viele Menschen es gibt, so viele Wirklichkeiten existieren.[10]

Neuronale Strukturen werden im Umgang mit Menschen und der Umwelt, unseren sinnlichen Eindrücken, unseren Beobachtungen, Erlebnissen und Erfahrungen gebildet. Bereits im frühen Kindesalter entsteht die Vernetzung der Strukturen und wird gefördert durch ein Angebot an Sinneseindrücken, sensiblen zwischenmenschlichen Erlebnissen und Erfahrungen mit der Umwelt. Entscheidend sind die ersten Lebensjahre eines Menschen, wo er die Dinge zu *begreifen* lernt. Erwachsene Menschen kopieren diese sinnliche Lernfähigkeit des Kindes, wenn sie beispielsweise fremde Kulturen *sinnvoll erfahren* wollen (Unterscheidung von genießbarem und ungenießbarem Essen, Gerüche, veränderte Lichtverhältnisse, Wetter etc.). Mit Abnahme dieses Angebotes können sowohl bei Kindern und letztend-

---

[10] Literatur zum Thema: Merleau-Ponty (1966), Popper/Eccles (1997), Wolf (1996).

lich auch bei Erwachsenen Einschränkungen in der Sinneswahrnehmung entstehen.

Spätestens seit der Buchdruckkunst verloren die ehemals gut ausgeprägten Hör- und Geruchssinne des Menschen – zu Gunsten des Sehsinns – an Bedeutung. Während das Lesen Vorstellungskraft und Phantasie fördert, verstärken Bildschirmmedien wie Fernsehen und Computer einseitig den Sehsinn und vernachlässigen wichtige Tätigkeiten des Gedächtnisses sowie sinnliche Erlebnismöglichkeiten (z. B. natürliche Laute und Gerüche in Verbindung mit dem Sehbild). Wir können acht verschiedene Sinne unterscheiden, die durch ihre spezielle Art der Reizübertragung bestimmt werden.

1. Der Gesichtssinn ermöglicht durch den *Sehsinn* die Unterscheidung von Helligkeit, Dunkelheit und verschiedenen Formen und Farben.
2. Der mechanische Sinn der Haut ermöglicht über den *Tastsinn*, Druckintensität und Berührungen zu empfinden.
3. Mit Hilfe des statischen Sinns können wir das *Gleichgewicht* halten. Wir erleben unsere Körperlage, die Beschleunigung beim Bewegen unseres Körpers, seine relative Lage und die Bewegung einzelner Körperteile, Gelenke und letztendlich auch das Empfinden unserer eigenen Körperkraft.
4. Mit Hilfe des *Gehörsinn*s unterscheiden wir verschiedene Tonhöhen.
5. Der *Temperatursinn* ermöglicht uns, Kälte und Wärme in verschiedener Intensität wahrzunehmen.
6. Unter dem chemischen Sinn werden zwei nahe verwandte Sinne verstanden: der *Geruchs-* und der *Geschmackssinn*. Wir Menschen registrieren vergleichsweise eine relativ kleine Vielzahl von Gerüchen sowie die Geschmacksrichtungen süß, sauer, bitter und salzig.
7. Der *Schmerzsinn* lässt uns den Schmerz bewusst werden.
8. Die Wahrnehmung energetischer Felder ist unter bestimmten Voraussetzungen ebenfalls möglich (s. Brennan 1998:77ff).

Wir können Reize von außen (exogene Reize, z. B. Berührung durch einen anderen Menschen) aufnehmen, nehmen aber auch Reize aus unserem eigenen Körper (endogene Reize, z. B. Darmbewegungen) wahr. Die Reize werden durch so genannte Reizempfänger (Rezeptoren) aufgenommen und über die Nervenbahnen an unser Gehirn weitergeleitet. Erst jetzt wird uns der Reiz bewusst. Der Tastsinn bedarf einer direkten Berührung unserer Hautoberfläche. Nur so können in diesem Fall die Reize an das Gehirn weitergegeben werden. Aber Sinneseindrücke sind für uns nicht nur im unmittelbarem Kontakt mit dem Körper erlebbar. Eine warme Hand, die beispielsweise wenige Zentimeter über unserer eigenen Hand schwebt, nehmen wir durch ihre Wärme deutlich wahr. Probieren Sie dies doch einmal mit einem Partner aus. Thermische Sinneswahrnehmungen erkennen wir bereits auf eine Distanz von wenigen Zentimetern. Gerüche nehmen die meisten noch über eine Entfernung von mehreren Metern wahr. Und unser Hörsinn ist so perfekt, dass wir uns mit jemandem sogar über hundert Meter hinaus verständigen können. Vielleicht mögen Sie einmal beim nächsten Spaziergang in der Natur ausprobieren, bei welcher Entfernung Sie mit Ihrem Partner sich unterhalten können. Visuelle Wahrnehmungen gelingen sogar über eine Distanz von einem Kilometer. Vielleicht haben Sie schon einmal im Gebirge das weit entfernte Licht einer Gipfelhütte gesehen oder auf See die Laterne eines fernen Schiffes wahrgenommen (s. a. Putscher 1978:35).

Der Mensch hat eine Vielzahl von sinnlichen Möglichkeiten, aber er ist auch auf natürliche Art und Weise in seinem sinnlichen Erleben eingeschränkt. Wir brauchen beispielsweise zum Sehen Licht. Zum Hören benötigen wir die Luft, die den Schall ermöglicht, den Laut uns zuträgt. Und auch erst durch die Schwingungen der Luft kann sich unser komplizierter Hörmechanismus im Ohr voll entfalten.

Ich möchte Sie zu einer kleinen Übung einladen. Sie benötigen ein Blatt Papier (ca. Din-A 4) und etwas Korrekturflüssigkeit (z. B. Tipp-Ex-Flüssig) oder einem Wachsmalstift. Malen Sie auf das Blatt Papier mit der Korrekturflüssigkeit oder dem Wachsmalstift einen Punkt, der etwa 1 cm groß ist und lassen Sie die Flüssigkeit gut trocknen. Nach ein paar Minuten setzen Sie mit geschlossenen Augen Ihre Finger*spitze* direkt auf den gemalten Punkt. Bewegen Sie Ihre Fingerspitze auf keinen Fall. Wiederholen Sie dies an einer anderen Stelle des Papiers. Es ist wichtig, dass der Finger ruht. Nach einer kleinen Pause gehen Sie nun bei geschlossenen Augen mit der Finger*kuppe* auf die Reise und erkunden das Papier. Erspüren Sie, wie sich das Papier anfühlt, ob Sie einen Unterschied zwischen Papier und gemalten Punkt wahrnehmen?

- Haben Sie in der Ruhestellung Ihrer Finger*spitze* einen Unterschied zwischen Papier und Punkt wahrgenommen?
- Veränderte sich Ihre Wahrnehmung, als Ihr Finger in Bewegung das Papier und den Punkt erkundete?

Durch den Vergleich der Situation vor und nach der Bewegung erkennen wir die Veränderung und nehmen wahr. „Etwas, was sich nicht verändert, was keinen Unterschied ausmacht, können wir nicht wahrnehmen, solange bis wir uns im Verhältnis zu ihm bewegen und dadurch einen Unterschied erzeugen" (Balgo 1998:128). Erst durch Bewegung ist Wahrnehmung möglich. Durch Unterscheiden und Vergleichen (z. B. Temperatur, Helligkeit, Material etc.) wird Erkennen und damit auch Kommunikation und Handeln gefördert.

Eine äußere Bewegung erzeugt einen Impuls, der zu einem Sinneseindruck führt.
Der Sinneseindruck führt zu einer inneren Anregung, einer Bewegung.
Und Bewegung meint lebendigen Austausch.

Die Wahrnehmung ist ein aktiver Vorgang. Wir bewegen uns beispielsweise auf einen anderen Menschen zu. Wir betrachten sein Äußeres mit den Augen, nehmen seinen Geruch wahr und haben vielleicht die Gelegenheit, ihn zu berühren. Sinneseindrücke beeinflussen auch unser emotionales Erleben. Wir mögen den anderen *riechen*, fühlen uns zu ihm hingezogen oder versuchen ganz bewusst, mit ihm den näheren Kontakt zu vermeiden. Unsere Sinne geben uns auf ganz subtile Art und Weise Hinweise, ob uns unser Gegenüber angenehm ist oder nicht. Würden wir uns nicht trauen, dem anderen gegenüberzutreten, Sinneseindrücke auszutauschen, dann würde dies zwangsläufig den Informationsaustausch stoppen und zu einem Stillstand der Kommunikation führen. Wir benötigen den bewegten Austausch mit Hilfe unserer Sinne. Es müssen nicht zwangsläufig alle unsere Sinne zum Ausdruck kommen, aber die Sinneseindrücke vermitteln uns und dem Gegenüber Informationen, die in der Einschätzung des Gegenübers hilfreich sind.

Menschen, die durch eine Krankheit oder Behinderung in ihrer Sinneswahrnehmung eingeschränkt sind, haben in der Regel die Möglichkeit, mit Hilfe anderer Sinne den Verlust relativ auszugleichen. Nicht die noch funktionstüchtigen Sinne werden verfeinert, aber durch die größere Aufmerksamkeit des Menschen auf die verbliebenen Sinneswahrnehmungen können diese besser genutzt werden. So werden beispielsweise sehbehinderte Menschen nach einer Zeit der Gewöhnung ihren Hör- und Tastsinn besonders sensibel einsetzen können. Erfahrung, Vorstellungskraft und Phantasie helfen dem Sehbehinderten, seine Umwelt mit seinen verbliebenen Sinnen *sehen* zu können.

Unsere Sinne dienen uns nicht nur in der Einschätzung unserer Umwelt. Wir registrieren unseren körperlichen Zustand, spüren Sättigung und Erschöpfung, wenn wir frieren oder auch, wenn wir mal ins Schwitzen geraten. Mit unsern visuellen und taktilen Sinnen nehmen wir z. B. unser äußeres Körperbild[11] wahr. Unsere Alltagssprache verrät manchmal, wie wichtig unsere Sinne für uns sind: *Er ist taub für die geäußerten Argumente.* Oder: *Sie scheint wirklich eine ganz schön dicke Haut zu besitzen.* Vielleicht finden Sie noch mehr alltägliche Redewendungen, die unsere Sinne in den Mittelpunkt der Aufmerksamkeit rücken?

Mit der Haut spüren?

Ich möchte Sie gerne zu einer kleinen Übung einladen.
Suchen Sie sich mindestens einen, besser aber mehrere Partner und stellen Sie sich in einem geschlossenen Kreis auf, in dem jeder für sich genügend Raum findet. Nehmen Sie sich Zeit und Ruhe für die Wahrnehmungen. Während alle Partner ruhig an

---

[11] S. a. Uexküll u. a. (1994).

ihrer Stelle stehen bleiben, gehen Sie als erster von Partner zu Partner und geben ihm die Hand zum Gruß. Lassen Sie sich Zeit zwischen jedem neuen Gruß. Am Ende stellen Sie sich wieder an Ihre Stelle in den Kreis, bevor der Nächste die Runde der Begrüßung vollzieht. Bitten Sie darum, dass während der ganzen Zeit nicht gesprochen wird. Vielleicht mögen Sie sich alle im Anschluss noch zusammensetzen und über Ihre Eindrücke sprechen. Versuchen Sie dabei bitte sehr einfühlsam die Gefühle der anderen zu bedenken. (Nicht: *Iih, du hast ja ganz feuchte Hände gehabt!* Besser: *Ich habe feuchte Hände wahrgenommen.*)

- Was war Ihnen an der Übung angenehm, was war unangenehm für Sie?
- Wo lagen die Unterschiede in der Art des Handdrucks (Temperatur, Tempo, Dauer, Intensität, etc.)?
- Gab es Unterschiede, wie jemand mit dem Handgruß auf Sie zukam (z. B. Arm- und Körperhaltung)?
- Was für Informationen erhalten Sie für sich aus der Berührung beim Handgruß (momentane Konstitution des Partners, Beziehung der Grüßenden)?
- Wann geben Sie im Alltag jemandem die Hand? Gibt es Situationen, wo Sie den Handgruß gerne vermeiden würden?

Die Haut ist unser wichtigstes Wahrnehmungsorgan. Sie stellt für uns die Grenze zwischen unserem Inneren und dem Äußeren plastisch dar. Die Medizin nennt Diagnostik- und Therapiemethoden, welche durch die Haut eindringen: *invasive Methoden*, Methoden, welche die Körperintegrität verletzen. Wenn wir dem Menschen mit Würde begegnen wollen, ist es wichtig, seinen Lebensraum zu respektieren. Jede Berührung ist der letzte Schritt vor dem Überschreiten der letzten Grenze zu seinem Innersten, der Verletzung seiner Körperintegrität. Manchmal ist es für einen Gesunden schwer, diesen sensiblen Unterschied nachzuvollziehen. Aber viele Gesunde können es dann gut nachempfinden, wenn sie sich einmal verschluckt haben und jemand gutmeinend uns kräftig auf den Rücken schlägt, um uns zu helfen. Allein diese Berührung wird für viele Geplagten dann in der Regel als Störung und als Grenzübertritt in diesem Moment empfunden. Wir haben die Möglichkeit, uns zu arti-

39

kulieren und um Abstand zu bitten. Viele Schwerkranke finden mitunter keine eigenen Artikulationsmöglichkeiten und sind auf die Erfahrung, Sensibilität und Phantasie der Begleiter angewiesen, die die Haut als eine wichtige Grenze begreifen, welche sehr behutsam respektiert werden muss. Dies soll nun aber auf keinen Fall Ihnen den Mut nehmen, Schwerkranke und Sterbende zu berühren. Versuchen Sie, eine nicht zu zögerliche, vielmehr eine behutsame und selbstbewusste Art der Berührung zu finden. Und trauen Sie sich, den Betroffenen zu fragen, ob Ihre Berührung ihm in dieser Art angenehm ist, denn auch die Wahrnehmung einer Berührung ist individuell und situativ unterschiedlich erlebbar.

Und vielleicht mögen Sie einmal zuvor versuchen, sich von der Situation um sich herum *berühren* lassen. Nehmen Sie die Atmosphäre des Raumes in sich auf und versuchen Sie zu spüren, ob der Betroffene jetzt zu diesem Zeitpunkt eine Berührung möchte. Erinnern wir uns, dass auch wir nicht zu jeder Zeit eine Berührung als angenehm empfinden, dann aber wieder zu einer passenden Zeit gerade eine liebevolle Berührung genau das richtige Zeichen eines gelungenen, auch nichtsprachlichen Dialogs sein kann. Haben Sie Mut, die Stimmung zwischen dem Betroffenen und sich zu spüren.

Wenn die Haut als Grenzlinie zwischen unserem eigenen Körper und der Umwelt bezeichnet werden kann, so ist es auch die Haut, die zum einen uns selber in unseren Ausmaßen definiert und zum anderen über diese Grenze hinweg den Kontakt zur Umwelt ermöglicht. Die Haut ist ein Medium zur Kontaktaufnahme zwischen unserem *Selbst* und der Umwelt. Für Neugeborene ist der Körperkontakt über die Haut zunächst die wichtigste Kommunikationsebene. Und so behält auch jeder erwachsene Mensch während seines gesamten Lebens die Möglichkeit, ohne Worte, aber mit Hilfe der sensiblen Haut sowohl Zuneigung, Angenommensein, Geborgenheit, Fürsorge und Anerkennung wahrzunehmen.

Schwerkranke Menschen sind auf Grund ihrer Pflegebedürftigkeit oft in Körperkontakt mit fremden Menschen, z. B. den Mitarbeitern eines Pflegedienstes oder -heims. Ganzkörperwaschungen, Einreibungen, Lagerung und Drehen im Bett sowie Hilfeleistungen im Intimbereich sind alltägliche Tätigkeiten in der Krankenpflege. Da

Berührungen der Haut des Betroffenen zu einem wesentlichen Element in der Pflege gehört, gewinnt das *Wie* der Berührung eine entscheidende Bedeutung in der Begleitung von schwer kranken und sterbenden Menschen.

Der Sozialpädagoge Andreas Fröhlich entwickelte in den 70er Jahren das Konzept der *Basalen Stimulation*, welches das Ziel hat, über elementare Wahrnehmungsangebote schwerstbehinderten Menschen Kontaktmöglichkeiten mit der Umwelt zu erschließen. Mit Hilfe sensibler Hautkontakte und Bewegungsabläufe wird Menschen mit einer starken Behinderung, aber auch z. B. Komapatienten, ein Angebot des nichtsprachlichen Dialogs geboten. So kann beispielsweise der bewusste Kontakt mit der Haut eine Bewegung, z. B. der Schluckmuskulatur, auslösen und zu einem weiteren Ausbau der Mobilität führen. Im Zentrum des Konzeptes steht „der Mensch in seiner physischen Realität, die uns auch dann einen persönlichen Zugang eröffnet, wenn scheinbar alle kommunikativen und geistigen Beziehungen verhindert sind" (Fröhlich 1998:10). Fröhlich und seine Kollegen bieten auf Seminaren zur *Basalen Stimulation* Erfahrungsregeln und Orientierung. Seminare zur *Basalen Stimulation* werden inzwischen in vielen Pflegeschulen und Weiterbildungsinstituten angeboten (s. Adr. Bundesverband Körper- und Mehrfachbehinderter).

Unsere Haut und unser Tastsinn geben uns die Möglichkeit, unsere Umwelt zu *begreifen*, uns somit ein Bild von ihr zu machen, uns in ihr zurechtzufinden und sie dadurch zu erleben. Wie gut unser Tastsinn funktioniert, können wir mit Hilfe eines kleinen Spieles erleben. Laden Sie einige Mitspieler ein. Jeder erhält eine Tüte und gibt versteckt einen kleinen alltäglichen Gegenstand in diese. Die Tüte wird an den linken Sitznachbarn weitergereicht. Dieser ertastet mit seinen Händen den Gegenstand in der Tüte. Erst wenn jeder Spielteilnehmer jede Tüte erhalten und jeden Gegenstand einmal ertastet hat, beginnen Sie sich gegenseitig zu erzählen, welche Gegenstände sie erkannt haben. Versuchen Sie, so genau wie möglich den Gegenstand zu beschreiben. Wie viel Schraubdrehungen hat der Flaschenverschluss? Ist es ein Plastik- oder ein Metalllöffel? War es ein Haustür- oder ein Schrankschlüssel? Sie werden erstaunt sein, wie viele Einzelheiten Ihre Finger wahrnehmen können.

Mit unserem Tastsinn können wir sehr sensibel wahrnehmen. Wir spüren nicht nur Strukturen, auch Temperatur und Konsistenz eines Gegenstandes. Wenn wir von anderen Reizen, beispielsweise visuellen und akustischen Reize, abgelenkt sind, dann nehmen wir die Informationen, welche durch unseren Tastsinn übermittelt werden, oft nur unbewusst wahr. Manchmal sind wir nicht nur abgelenkt, wir sind von vielen Sinnesreizen auch *überreizt*, fühlen uns angespannt und überfordert. Wie nehmen wir uns dann selber und den anderen wahr? Welche Reize kann unser Tastsinn uns noch übermitteln?

Vielleicht mögen Sie einmal eine strukturierte Tischdecke (ggf. auch großes Handtuch) auf einen Tisch legen. Setzen Sie sich bitte gerade vor den Tisch und spannen Sie Ihre gesamte Schulterpartie, die Ober- und Unterarme sehr stark an, halten Sie den Atem möglichst lange an. Bleiben Sie so angespannt und legen Sie bitte Ihre Handflächen nun auf den Tisch. Vielleicht mögen Sie die Augen schließen und fühlen, was Sie mit Hilfe Ihrer angespannten Handflächen von dem Tisch wahrnehmen. Streichen Sie ruhig über die Tischoberfläche, belassen Sie jedoch die Anspannung so gut es geht in Ihrem Körper. Nach einer kurzen Weile atmen Sie bitte ruhig aus und lassen alle Spannung aus Ihrem Körper heraus. Spüren Sie jetzt bitte noch einmal mit Ihren Handflächen der Tischoberfläche nach. Was nehmen Sie jetzt wahr? Erhalten Sie nun mehr Informationen über Ihren Tastsinn?

Diese kleine Übung zeigt auf einfache Weise, dass die Wahrnehmung unserer Sinne immer auch in Abhängigkeit zu unserer An- bzw. Entspannung steht. Je angespannter wir sind, um so weniger haben wir die Möglichkeit, sensibel wahrzunehmen. Mit zunehmender Entspannung erhalten wir, nicht nur über die Hautoberfläche, sinn*volle* Informationen.

Mit den Augen sehen?

Wir benutzen unseren Sehsinn in der Regel zunächst einmal zur Orientierung in unserer Umwelt und zum zielgerichteten Bewegen in ihr. Und gerade weil wir uns so sehr an die Wahrnehmung unserer Umwelt mit Hilfe des Sehens gewöhnt haben, würde ich Sie gerne einmal einladen, die Erfahrung zu machen, wie es wäre, sich nicht auf den Sehsinn verlassen zu können. Ziel dieser Übung ist es nicht, dass wir anschließend sagen können: *Aha, so empfindet also ein Sehbehinderter oder ein Blinder!* Interessanter scheint mir, sich auf die Selbst- und Fremdwahrnehmungen zu konzentrieren und zu erleben, welche·anderen Sinne die Aufgaben des Sehens übernehmen werden.

Für diese Übung suchen Sie sich bitte einen vertrauensvollen Partner. Bitte wählen Sie sich zwei Tage, an dem Sie beide Zeit und Muße haben und einen entsprechenden Zeitrahmen einplanen können: 1.Tag eine Stunde und 2. Tag zwei Stunden. Die Übung bedarf eines sehr sensiblen und behutsamen Miteinanders beider Personen, denn ich möchte Sie bitten, dass im Wechsel jeweils der eine die Rolle des *Blinden* und der andere die des *Begleiters* übernehmen wird. Dies bedeutet, dass der Begleiter für zwei Personen sehen und handeln muss, damit der Blinde sich ganz beschützt und sicher in seine Obhut begeben kann.

Beginnen Sie bitte am ersten Tag zunächst mit einer kleinen Vorübung. Nehmen Sie sich Zeit für diese Vorübung auf sicherem Terrain. Gehen Sie bitte dazu in einen kleinen Park oder ein anderes Gelände, wo keine äußeren Gefahren wie Autos o. ä. vorkommen. Gönnen Sie sich jeder die Zeit, sich in die jeweiligen Rollen hineinzuversetzen (15 Minuten pro Rolle). Der Blinde sollte während seiner Zeit als Blinder seine Rolle nicht unterbrechen. Lassen Sie bitte für die gesamte Zeit Ihre Augen geschlossen. Eine Sonnenbrille hilft, sich in dieser Rolle gut zu entspannen. Es hat sich als nicht geeignet herausgestellt, wenn Brillenträger ihre Brillen nur absetzen und so verschwommen ihre Umgebung wahrnehmen. Das Gehirn wird ständig damit beschäftigt sein zu *erkennen* und Sie werden nicht entspannt Ihre anderen Sinne wahrnehmen können. Wenn Sie die Rollen wechseln, lassen Sie sich bitte mindestens fünf Minuten Zeit, denn vor allem bei der Umstellung von der Rolle des Blinden auf den Begleiter wollen sich erst einmal wieder alle Sinne orientieren.
Diese kleine Vorübung möchte Ihnen die Gelegenheit geben, sich in die Rollen hineinzufinden und Ihnen Sicherheit zu vermitteln.

- Finden Sie bitte die für Sie richtige Weise, als Blinder geführt zu werden. Es gibt die Möglichkeit des Unterhakens, der gestützten Arm-Hand-Führung oder Sie greifen hinter dem Rücken herum. Wichtig ist, dass der Blinde sich geborgen und sicher fühlt. Die Haltung kann sich während der Übung auch je nach Anforderung (z. B. Treppen, schmaler Durchgang) ändern. Sprechen Sie immer wieder mit ihrem Partner, ob die Führung angenehm ist.
- Der Begleiter führt den Blinden so, dass er immer zwischen einer möglichen Gefahrenquelle (z. B. Straße) und dem Blinden geht. Dies bietet Schutz und vermittelt dem Blinden Sicherheit.
- Das Tempo bestimmt der Blinde. Der Begleiter darf nicht zu zögerlich wirken.
- Der Begleiter muss vorausschauend entscheiden, wo der Weg weitergeht. Bei Unsicherheit bleiben Sie besser stehen und orientieren sich in Ruhe neu.
- Der Begleiter muss alle Richtungsänderungen rechtzeitig ankündigen. Z. B.: *„In etwa zwei Meter kommt eine Treppe, die nach unten führt. Ich sage dir rechtzeitig Bescheid und wir bleiben dann zunächst kurz stehen. "*
- Der Begleiter wird Hindernisse oder Stufen in Anzahl und Höhe zuvor angeben und bei Treppenstufen mitzählen. Nur so erhält der Blinde die Möglichkeit, in seiner Phantasie sich eine Vorstellung von seiner Umgebung zu machen.
- Der Begleiter bietet dem Blinden an, dessen Hand auf das Treppengeländer zu legen, so dass dieser neben dem Halt des Begleiters auch einen eigenen Halt spüren kann.
- Bei Unsicherheit kann der Begleiter vor dem Blinden gehen. Dabei wendet er sich dem Blinden zu und führt ihn behutsam Schritt für Schritt die Treppe herunter, durch eine Enge hindurch oder über ein Hindernis hinweg.
- Der Begleiter kann dem Blinden im Gespräch die Umgebung erklären. So kann der Blinde sich eine Vorstellung von seiner Umgebung machen.
- Der Begleiter bietet immer wieder auch an, beispielsweise vor einem Strauch oder einer Blume Halt zu machen, damit der Blinde mit der Vielfalt seiner Sinne die Umgebung wahrneh-

men kann. Machen Sie dem Blinden das Angebot, seine Hand behutsam an die Blätter eines Strauches zu führen oder an einer Blume zu riechen.

- In dieser Vorübung geht es nicht um ein *Hindernisrennen*. Bitte versuchen Sie nicht, mit Übereifer den Blinden zu überfordern. Gewöhnen Sie sich in Ihren Rollen langsam an die ganz alltäglichen Situationen Ihrer Umgebung. Es geht in erster Linie um das *sinn*volle Erleben.

Sammeln Sie Ihre Erfahrung als Blinder und als Begleiter und besprechen Sie diese erst nach dieser Übung. Vielleicht mögen Sie sich zusammensetzen und darüber sprechen.

- Welche Art der Führung hat Ihnen als Blinder am meisten Sicherheit geboten?
- Wann haben Sie als Blinder Unsicherheit verspürt? Wie könnte man dies durch Veränderung in der Begleittechnik vielleicht ändern (Haltung, Tempo)?
- Was war für Sie als Begleiter schwierig? Gibt es die Möglichkeit, das zu ändern (z. B. einmal eine Ruhepause auf einer Parkbank einbauen)?

Der zweite Teil der Übung findet an einem zweiten Tag statt. So haben Sie und Ihre Sinne Zeit, sich erholen. Wie Sie bestimmt bereits ahnen, dürfen Sie nun noch einmal als Blinder bzw. als Begleiter die Umgebung *unsicher* machen. Mit Hilfe der Vorübung werden Sie sich jetzt schon viel sicherer in den Rollen fühlen und mehr von sich und der Umgebung wahrnehmen. Machen Sie einfach einen schönen Spaziergang durch die Straßen eines Wohngebietes, gehen Sie ruhig auch einmal in ein Geschäft oder in ein Café. Nehmen Sie sich für jede Rolle mindestens 30 Minuten Zeit und achten Sie darauf, dass beim Rollenwechsel eine kurze Pause eingebaut wird.

In der Reflexion Ihrer Erfahrungen dieses Teiles der Übung steht vor allem die Betrachtung Ihrer Selbst- und Fremdwahrnehmung im Vordergrund. Es wäre schön, wenn Sie und Ihr Partner sich nach der Übung noch Zeit nehmen würden, Ihre Erfahrungen der Selbst- und Fremdwahrnehmung auszutauschen.

Selbstwahrnehmung in der Rolle des Blinden *bzw.* Begleiters:
- Wie haben Sie sich in der Rolle des Blinden bzw. Begleiters gefühlt?
- Was haben Sie an sich wahrgenommen (z. B. Stress, Gefühle, Körperreaktionen, Körperhaltung)?

Fremdwahrnehmung in der Rolle des Blinden:
- Wie haben Sie Ihren Begleiter gespürt (z. B. war er sicher oder aufgeregt gewesen, wie war seine Körperhaltung)?
- Was, wie und mit welchen Sinnen haben Sie Ihre Umgebung wahrgenommen (z. B. Geräusch-, Geruchs-, Temperatur-, Raum-, Lichtwahrnehmungen, andere Menschen, deren Reaktionen bezüglich Ihrer Rolle als Blinder)?

Fremdwahrnehmung in der Rolle des Begleiters:
- Wie haben Sie als Begleiter den Blinden gespürt (z. B. vertraute er Ihnen, war er aufgeregt oder entspannt, wie war seine Körperhaltung)?
- Wie reagierten andere Menschen (oder auch Tiere) auf den Blinden, bzw. auf Sie als sein Begleiter (Menschen, Tiere, Autos, etc.)?

Übungen zur Selbst- und der Fremdwahrnehmung bieten die Möglichkeit der Betrachtung von detaillierten Sinneswahrnehmungen. In der Rolle des Blinden können wir intensive Sinneserfahrungen machen. Erst durch die Differenzierung zwischen Selbst- und Fremdwahrnehmung erkennen wir die einzelnen Sinne, die aus einem großen Sinneseindruck heraus sich lösen. Am Anfang empfanden Sie als Blinder nur Stress, welcher durch den simulierten Verlust des Sehens und die provozierte Hilflosigkeit verursacht wurde. Aber dann werden wir plötzlich unserer anderen Sinne bewusst. Aber die vielen akustischen Reize, die wir nun wahrnehmen, wollen erst einmal geordnet und sortiert werden. Dann nehmen wir möglicherweise noch über die Füße Signale wahr: Plötzlich verändert sich der Untergrund unter unseren Schuhen: Werden wir fallen, finden wir Halt?

Auch wenn wir mit unseren Augen sehen können, all diese Signale registriert unser Körper auch, sie werden jedoch durch die bevorzugte Stellung der visuellen Wahrnehmung im Alltag in den Hintergrund gedrängt. Erst wenn wir uns entspannt auf die Vielzahl von Sinneseindrücken einlassen, können wir diese Wahrnehmungen bewusst und positiv nutzen lernen. Der anfängliche Stress nimmt ab und das sinnliche Erleben und Entdecken zu.

Die Hand des Begleiters bietet Halt und Geborgenheit und schafft dadurch den sicheren Raum, der dem Blinden den Schutz vor unangenehmen Erlebnissen sichert. Ein geübter Begleiter bringt dem Blinden die Umgebung auch durch seine Worte näher und ist ihm somit eine gute Orientierungshilfe.

Der Begleiter ist anfangs ebenfalls einem Stress ausgesetzt, der in erster Linie durch die ungewohnte Rolle ausgelöst wird. Als Begleiter muss man nun plötzlich für zwei Menschen Sorge tragen. Man muss vorausschauen und auch noch parallel dazu erklären, was in der Umgebung passiert, ob ein Hindernis oder ob eine Richtungsänderung bevorsteht. Die Aufgabe ähnelt einem Simultandolmetscher: selber wahrnehmen und gleich an einem anderen weitergeben, ohne aufzuhören, weiter für beide die Umgebung zu registrieren, zu analysieren und auch noch in der Rolle des verantwortungsvollen Begleiters Entscheidungen zu treffen und zu handeln.

Will der Begleiter dem Blinden die Umgebung erlebbar machen, versucht er, die verschiedenen für den Blinden interessanten Sinneseindrücke zu erkennen (z. B. Geruch gut riechende Blume, Tastsinn: weiches Fell eines Tieres, veränderter Bodenbelag). Als Begleiter hat man darüber hinaus die Gelegenheit, sensibel wahrzunehmen, wie die Umwelt auf einen Blinden mit Begleiter reagiert: konkrete Hilfestellung, Zuwendung, Mitgefühl, Mitleid, Neugierde, Interesse, passive Wahrnehmung, Ignoranz etc.

Jeder Mensch, dessen Sehsinn eingeschränkt oder gar ganz erloschen ist, hat seine ganz persönliche Sehbehinderung und Blindheit. Der eine findet in dem Stock eine Hilfe, sich seinen Weg zu suchen, ein anderer verlässt sich lieber auf einen Blindenhund. Ob es nun die Hand ist, die das Gegenüber *begreift*, das Ohr, welches die Umgebung *ortet*, oder der Geruchssinn, welcher hilft, sich zu orientieren. Jeder Mensch findet seine eigenen alternativen *Sinnes*-Wege im Leben. Bei manchen Betroffenen bereichern visuelle Träume und Bilder aus der Erinnerung gemeinsam mit frischen Sinneseindrücke die eigene Phantasie. Und Kommunikation wird auch möglich mit Hilfe von Computer und Folienzeichenblättern, deren Erhebungen gut zu tasten sind. Das *Hören* von Filmen kann vor allem dann eine Bereicherung darstellen, wenn der Betroffene es genießt, sich durch die Geräusche und Texte animiert fühlt, eigene Bilder zu malen. Während bei sehenden Menschen der erste *Augenblick*, das visuelle Abtasten des Gegenübers, auch über den ersten Eindruck (ob wir den anderen als angenehm oder nicht sehr ansprechend finden) entscheidet, nehmen sehbehinderte und blinde Menschen den ersten Eindruck in der Regel über ihr Gehör wahr. Die Stimme und Tonlage spiegelt nicht den visuellen Eindruck, die äußere Präsentation des Gegenübers zum Maßstab wieder, vielmehr seine emotionelle Stimmung und Befindlichkeit. Ruhe und Dunkelheit bieten somit gerade Blinden jenen Vorteil, welchen viele Sehende in der von visuellen Reizen geprägten Welt sich kaum gönnen: die Besinnung auf unsere anderen Sinneswahrnehmungen und die Fähigkeit mittels anderer Sinne auch sensible Signale (wie z. B. emotionelle Stimmungslagen) wahrzunehmen.

Gönnen Sie es sich doch einmal, in aller Ruhe durch Ihre dunkle Wohnung zu gehen. Entdecken Sie Ihre Zimmer hörend, schnuppernd und mit Händen und Füßen spürend neu. Musizieren oder singen Sie doch einfach mal in der dunklen Wohnung.

Mit den Ohren hören?

In dem folgenden Spiel können Sie paarweise oder in einer kleinen Gruppe erleben, wie sensibel unsere Hörfähigkeit entwickelt ist. Setzen Sie sich bitte in einen ruhigen Raum, wobei jeder Mitspieler ein Blatt Papier und einen Stift zur Verfügung erhält. Einer der Mitspieler wird zum *Vormaler* auserkoren. Der Vormaler setzt sich von seinen Mitspielern abgewandt und wird sein Blatt auf einem Tisch (möglichst aus Holz und ohne Tischdecke) legen und mit einem Kugelschreiber eine nicht zu kleine Figur (z. B. Kreis, Rechteck, Strich, Striche, Punkt oder Punkte) zeichnen. Nun versuchen die Mitspieler, die Figur, die der Vormaler vorgegeben hat, auf ihrem eigenen Papier nachzumalen. Die Rolle des Vormalers kann unter den Mitspielern wechseln. Unser Gehör nimmt feine Informationen wahr wie Bewegung, Innehalten, Richtungsänderung u. a. Mit Hilfe des Spiels können Sie erfahren, wie Ihre Sinne auch kleinste und leiseste Signale aufnehmen und in einen anderen Sinnesausdruck (hier der visuelle Ausdruck) umsetzen.

Mit Hilfe einer kleinen Übung möchte ich Sie nun einladen, in der Rolle einer simulierten Schwerhörigkeit Selbst- und Fremdwahrnehmungen zu erleben. Wieder werden Sie die Gelegenheit erhalten, die Intensität der Veränderung Ihrer Sinneswahrnehmungen, Reaktion und Verhalten Ihrer Mitmenschen zu erfahren. Gönnen Sie sich wieder etwa zwei Stunden, gemeinsam mit einem vertrauensvollen Partner diese Übung zu erleben. Jeder von Ihnen wird einmal der *Schwerhörige* und einmal der *Begleiter* sein. Es ist günstig, wenn Sie diese Übung mit der bereits erworbenen Erfahrung als Begleiter des Blinden durchführen. Nicht dass ein Schwerhöriger wirklich so intensive Begleitung und nahen Körperkontakt zu dem Begleiter benötigt wie ein Blinder. Durch die oben beschriebene Übung als Blinden-Begleiter werden Sie aber bereits Ihre Umsicht als Begleiter geschult haben und schneller einschätzen können, wo Sie den Schwerhörigen unterstützen und wann Sie ihm seinen freien Raum lassen können.

- Jeder der Partner wird für mindestens 30 Minuten einmal der Schwerhörige und einmal der Begleiter sein. Beim Wechsel der Rollen nehmen Sie sich bitte genügend Zeit, sich in Ruhe vor allem wieder in die Rolle des Hörenden hineinzufinden.
- Um als Schwerhöriger oberflächliche Außengeräusche ausschließen zu können, möchte ich Sie bitten, Ohrstöpsel zu benutzen. Dieses Hilfsmittel macht Sie nicht *taub*, dämpft aber die für Sie so gewohnten akustischen Orientierungshilfen. Eine kleine Nebenwirkung können wir leider dadurch nicht vermeiden: Wenn wir unsere Ohren schließen, so werden wir als Hörende uns viel stärker den durch unseren Körper wiederge-

gebenen Geräuschen bewusst. Diese Geräusche, beispielsweise der Hall unserer Schritte oder unsere eigene Stimme, nehmen Schwerhörige in dieser Form nicht wahr.

- Ich möchte Sie einladen, als Schwerhöriger eine Straße entlangzugehen, eine Kreuzung zu überqueren, sich in einer Menschengruppe zu bewegen, vielleicht Bus zu fahren und in einem Geschäft einzukaufen, nach einem Produkt zu fragen oder um etwas zu bitten. Trauen Sie sich, in Kontakt mit anderen Menschen zu treten.
- Der Begleiter hat die Aufgabe, vor allem zu Beginn des Übungsspazierganges und im Straßenverkehr, wo der Schwerhörigen Probleme haben könnte, Gefahren zu orten und abzuschätzen. den Schwerhörigen nah zu begleiten. Denken Sie daran, dass der Schwerhörige akustische Signale wie Hupen, Klingeln und Rufen nicht wahrnehmen kann. Wenn der Schwerhörige unsicher wird, kann der Begleiter das Angebot machen, ihn zu führen.
- Wenn der Schwerhörige mit anderen Menschen in Kommunikation treten möchte, nehmen Sie sich als sein Begleiter eher zurück.

Nehmen Sie sich Zeit und Muße, Ihre Wahrnehmungen in der Rolle des Schwerhörigen wie auch in der Rolle des Begleiters zu machen. Versuchen Sie, nicht bereits während des Wechsels der Rollen Ihrem Partner Ihre Erfahrungen aus Ihrer Rolle zu erzählen. Lassen Sie auch ihm die Zeit, seine eigenen Erfahrungen als Schwerhöriger bzw. als Begleiter zu machen. Wenn Sie mögen, setzen Sie sich nach der Übung mit Ihrem Partner zusammen und tauschen Sie Ihre Erfahrungen aus.

Selbstwahrnehmung in der Rolle des Schwerhörigen, *bzw. des* Begleiters:
- Wie haben Sie sich als Schwerhöriger bzw. Begleiter gefühlt?
- Was haben Sie an sich wahrgenommen (z. B. Stress, Gefühle, Körperreaktionen, Körperhaltung)?
- Wie haben Sie als Schwerhöriger mit Ihrer Umwelt kommuniziert?
- Wie haben Sie Ihre Rolle als Begleiter ausgefüllt?

Fremdwahrnehmung in der Rolle des Schwerhörigen:
- Wie haben Sie Ihren Begleiter wahrgenommen (z. B. wie gestaltete er seine Rolle als Begleiter)?
- Was, wie und mit welchen Sinnen haben Sie Ihre Umgebung erlebt (z. B. reduziert akustische Signale, visuelle Signale, Geräusch-, Geruchs-, Temperatur-, Raum-, visuelle Wahrnehmungen, Reaktion anderer Menschen)?
- Gab es ein bestimmtes Verhalten Ihnen als Schwerhörigen gegenüber, welches Sie als hilfreich empfunden haben (Art und Weise der Verständigung, Lautstärke, Sprechtempo, Mimik, Gesten)?

Fremdwahrnehmung in der Rolle des Begleiters:
- Wie haben Sie als Begleiter den Schwerhörigen wahrgenommen? (z. B. war er aufgeregt oder entspannt, wie kommunizierte er mit der Umwelt)?
- Wie reagierte man auf den Schwerhörigen bzw. auf Sie als sein Begleiter (Menschen, Tiere, Autos, etc.)?

Mit Hilfe von Übungen dieser Art erfahren Sie nicht nur, wie ein Betroffener möglicherweise sich selber und seine Umwelt erlebt, wir haben auch die Gelegenheit durch eigene Erlebnisse unsere Phantasie und damit auch Kreativität anzuregen. Es gilt, die Kommunikation zwischen Betroffenen und Begleiter zu verbessern. Im Gespräch mit Schwerhörigen hat sich gezeigt, dass für die Betroffenen insbesondere folgende Verhaltensweisen der Begleiter hilfreich sind:

- Versuchen Sie, nicht zu schnell zu sprechen.
- Formulieren Sie eher kürzere als zu lange Sätze.
- Sprechen Sie mit einer mittleren bzw. tiefen Stimmlage.
- Sprechen Sie bitte in Richtung des Ohres, auf Wunsch auch direkt in seiner Nähe.
- Bauen Sie einen angenehmen Blickkontakt auf.
- Setzen Sie bewusst Ihre Mimik und Gestik ein, geben Sie klare, eindeutige Zeichen.
- Sprechen Sie bitte deutlich und setzen Sie dabei bewusst die Lippen ein.

- Suchen Sie Gesprächsthemen, die beide Dialogpartner interessieren und reduzieren Sie die Gespräche nicht nur auf alltägliche Notwendigkeiten.[12]
- Nutzen Sie ruhig unterstützende Maßnahmen für eine bessere Akustik: akustische Dämpfer nehmen dem Raum den Hall (z. B. Teppich), Filz unter den Möbelstücken, Vermeidung zusätzlicher Geräuschquellen (Radio, Geschirrklirren, etc.).
- Mögliche Hilfen zur Unterstützung des Hörens sind auch: Hörgerät, TV-Kopfhörergarnitur, schriftliche Mitteilungen, Gebärdensprache.

Mit der Nase riechen und mit dem Mund schmecken?

Es besteht eine direkte Verbindung zwischen Mund- und Nasenraum. Bei der Nahrungsaufnahme gelangen nicht nur durch die Luft transportierte Geruchsinformationen in den Nasenraum, auch über Reize am Obergaumen und ein sensibles Temperaturempfinden wird eine komplexe Wahrnehmung des Geschmacks- und Geruchssinnes ausgelöst. Dabei werden Geschmacksempfindungen von Geruchsempfindungen überlagert. Kälte oder Wärme, Druckgefühl und möglicherweise Schmerz beeinflussen das Gesamterlebnis *Geschmack-Geruch*. Während wir manchmal Schwierigkeiten haben, Gerüche klar einzuordnen, sind wir bei Geschmacksempfindungen schon sicherer. Vier *Grundempfindungen* helfen uns, Geschmacksrichtungen klar zu klassifizieren: *süß, sauer, salzig* und *bitter*. Die folgende Graphik einer Zungenaufsicht zeigt in einfacher Weise, in welchen Regionen wir eine maximale Empfindlichkeit der Geschmacksrichtungen unterscheiden können.

---

[12] Wenn die Verständigung schwierig wird, lassen wir uns manchmal dazu verleiten, nur noch alltägliche und notwendige Dinge miteinander zu besprechen, immer wieder dieselben bekannten Wörter oder Sätze zu verwenden. Dadurch besteht aber die Gefahr der Vereinsamung und der Rückbildung der Sprach- und Sprechtalente.

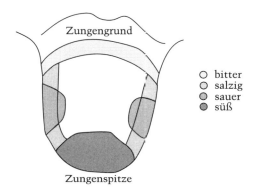

Die eigentlichen Geschmacksorgane sind die feinen Erhebungen auf unserer Zunge, die so genannten Papillen, welche aber auf Grund ihrer Form auch *Geschmacksknospen* genannt werden. Der Mensch besitzt etwa 2000 Geschmacksknospen. Die *Lebensdauer* der Sinneszellen in den Geschmacksknospen ist gering, glücklicherweise aber findet ein stetiger Austausch von Sinneszellen (etwa alle 10 Tage) statt. Bei diesem Austausch von Sinneszellen kann es jedoch zu einer Veränderung der Geschmacksqualität kommen. Die Geschmacksqualität steht auch in Abhängigkeit vom Zustand der Zungenoberfläche (z. B. Zungenbelag), Konzentration des Reizstoffes, der Reizdauer und der Temperatur. Bei einer lang anhaltenden Reizung nimmt die Wahrnehmung ab. Eine stetig versalzene Mahlzeit beispielsweise wird nach einiger Zeit als *normal* akzeptiert. Der Geschmackssinn zeigt eine deutliche Gewöhnung. Eine Nervenschwäche bzw. -verletzung, aber auch der Einfluss von Hormonen kann zu einer Verminderung des Unterscheidungsvermögens des Geschmackssinns führen. Dies können einige Ursachen dafür sein, dass Schwerkranke und Sterbende immer wieder unter Veränderung ihres Geschmacks- und Geruchssinnes leiden.

Eine besondere soziale und existentielle Rolle kommt dem Geruchssinn zu. Durch Geruch erkennen sich Mitglieder einer sozialen Gemeinschaft, Partner finden zueinander, Nahrung wird als essbar bzw. ungenießbar erkannt. Tiere stecken ihre Reviergrenzen mit so genannten Duftmarken ab und auch wir Menschen *dekorieren* unser

Heim mit bestimmten uns angenehmen Düften: Blumen, Duftölen, Parfüm und Rasierwasser, Räucherstäbchen, Essensdüften oder auch Tabakrauch. Wir umgeben uns mit Düften, in denen wir gerne leben und die mit uns identifizierbar sind. Menschen setzen in der Regel diese Duft-Signale unbewusst zur Kommunikation ein. Auch unsere Alltagssprache weist immer wieder darauf hin, z. B.: *„Ich kann ihn nicht riechen!"* oder *„Sein Vorschlag schmeckt mir nicht!"*
Im Vergleich zu anderen Lebewesen besitzen wir Menschen einen eher leistungsschwachen Geruchsinn. Immerhin können wir aber über tausend verschiedene Duftstoffe unterscheiden. Im Gegensatz zu den oben beschriebenen Geschmacksqualitäten (bitter, salzig, sauer und süß) gelingt es dem Menschen jedoch nicht, Gerüche klar voneinander abzugrenzen. Unser Geruchssinn besitzt eine Wahrnehmungsschwelle *(„Riecht hier nicht etwas?")* und eine Erkennungsschwelle *(„Aha, hier riecht es nach Rosen!")*, welche vor allem durch die Konzentration des Geruchsstoffes bestimmt werden. Auch wenn beim Menschen der Geruchssinn in der Regel hinter anderen Sinneswahrnehmungen zurücktritt, wird die Bedeutung von Geruchswahrnehmungen oft unterschätzt. Die bereits zitierte Redewendung *Jemanden nicht riechen können* weist beispielsweise auf den emotionellen Wert geruchlicher Sinneswahrnehmungen speziell für den sozialen Kontakt mit anderen Menschen hin. Wir verbinden mit Gerüchen schöne oder auch unangenehme Erlebnisse. Gerüche lassen uns Nähe suchen oder auf Distanz gehen. Geruchliche Sinneswahrnehmungen beeinflussen unser Verhalten meist unbewusst, da wir nur selten unseren Geruchssinn bewusst wahrnehmen.

Einige Tipps, wie man mit eher unangenehmen Düften
umgehen kann
- Lüften des Raumes;
- Beseitigen der Ursache des schlechten Duftes;
- verstärkte Hygiene, Waschen;
- Menthol unter die eigene Nase reiben;
- Raumspray, Geruchsbinder;
- Duftlampe (z. B. Lemongras, Limette, Sandelholz, Minze, Eukalyptus oder Rosmarin);
- evtl. Temperaturregulierung;

- Atemtechnik (Nase- bzw. Mundatmung, nachher tief durchatmen);
- erfrischendes Kaugummi kauen.

Auch hier gilt natürlich, dass der Betroffene in die Auswahl von Düften miteinbezogen wird. Sollte der Betroffene sich nicht verbal mitteilen können, beobachten Sie ihn sehr gut, wenn Sie ganz wenig des Duftes auf Ihre Hand reiben und ihn vorsichtig daran riechen lassen. Seine Atmung und Mimik wird Ihnen z. B. durch An- bzw. Entspannung zeigen, welcher Duftstoff dem Betroffenen angenehm ist. Probieren Sie nie mehr als drei Duftstoffe aus. Unser Geruchssinn ist schnell gestresst und braucht dann wieder eine Ruhepause. Ätherische Öle können entspannen bzw. beleben, die körperlichen und seelischen Heilungsprozesse fördern helfen, Schmerzen lindern, das Immunsystem desinfizieren und aktivieren. Da ätherische Öle bei Menschen unterschiedlich wirken können, ist fachliche Beratung zur Auswahl und Dosierung der Öle nötig[13]. Ist der Geruch für den Betroffenen unangenehm, wird das Öl auch nicht positiv wirken können.

Mit einer Körperhälfte die Umwelt erkunden

Viele schwer kranke und sterbende Menschen erleben auf Grund der Erkrankung ihren Körper in veränderten Formen und Dimensionen. Als Begleiter ist es nicht immer leicht nachzuvollziehen, welche Wahrnehmungen und Bewegungsmöglichkeiten der Betroffene besitzt. Wir sehen seinen vollständigen Körper und doch scheint er Teile seines Körpers in Bewegungsabläufe nicht mit einbeziehen zu können. So sind beispielsweise Menschen nach einem Schlaganfall, mit einer Muskelerkrankung oder durch Tumore von Spasmen, Teillähmungen oder Lähmungen einer Körperhälfte betroffen. Als Begleiter wissen wir wohl, dass dieser Mensch sich nur eingeschränkt bewegen kann, und dennoch fehlt uns die Phantasie, wie der Betroffene sich und seinen Körper in der Umwelt wahrnimmt.

---

[13] S. a. Keller (1999).

Jeder Mensch hat eine ganz individuelle körperliche Wahrnehmung seiner Einschränkung. Wir werden uns nicht durch eine simulierte Übung anmaßen zu wissen, wie sich der Betroffene fühlt. Aber Übungen wie die folgende können unsere Phantasie bereichern und uns auf eine einfühlsame Begleitung vorbereiten. Eine Altenpflegerin in einem meiner Seminare meinte: *„Erst nach der Übung kann ich jetzt so richtig nachvollziehen, was es heißen könnte, wenn man mit einer Körperhälfte eingeschränkt ist. Ich werde in Zukunft mehr Zeit für die Betroffenen haben und nicht mehr so ungeduldig sein."*

Ich möchte Sie zu einer Übung einladen, die Ihnen einen kleinen Einblick geben wird, wie man mit einer eingeschränkten Körperhälfte sich und seine Umwelt wahrnimmt. Für diese Übung suchen Sie sich bitte wieder einen vertrauensvollen Partner, der Ihnen zur Seite steht und Sie ggf. auch abstützen kann. Diese Übung wird etwa eine Stunde dauern. Machen Sie sie am besten in Ihrer Wohnung, Sie dürfen sich nun ein wenig *verkleiden*, denn mit ein paar Requisiten können Sie annähernd eine Vorstellung einer halbseitigen Lähmung simulieren.

Bei der *Verkleidung* bitten Sie Ihren Partner, Ihnen zur Hand zu gehen. Sie benötigen zwei Tücher oder Schals sowie einen Bindfaden. Wenn Sie Rechtshänder[14] sind, legen Sie bitte Ihren rechten Arm so weit wie möglich über Ihre Brust bis unter Ihren linken Arm. Je weiter Sie den Arm um Ihren Oberkörper schlingen, je effektvoller wird für Sie die Erfahrung der Übung sein. Bitten Sie Ihren Partner, Ihren Arm mit Hilfe eines großen Tuchs oder eines Schals fest an Ihrem Oberkörper zu fixieren. Bitte achten Sie feinfühlig darauf, dass Sie frei atmen können und kein Arm abgeschnürt wird. Stellen Sie nun Ihre Füße einen halben Schritt auseinander und bitten Sie Ihren Partner, Ihre Schnürsenkel zusammenzubinden oder die Füße mit Hilfe eines Bindfadens aneinander zu binden. Zuletzt bitten Sie Ihren Partner, Ihnen das rechte Auge mit einem Tuch oder Schal zu verbinden. Da es zu Gleichgewichtsstörungen kommen kann, möge sich ihr Partner

---

[14] Sollten Sie Linkshänder sein, bitte ich Sie, seitenverkehrt diese und weitere Vorschläge nachzuvollziehen.

jetzt bitte dafür verantwortlich fühlen, dass Ihnen nichts geschieht. Lassen Sie sich Zeit, die neue Situation wahrzunehmen. Schließen Sie ruhig auch einmal Ihre Augen und versuchen Sie, sich und Ihren Körper neu zu spüren. Vielleicht mögen Sie nun ein paar Schritte in Ihrem Flur auf und ab gehen. Vielleicht gibt es auch eine Treppe, die Sie mit Hilfe Ihres Partners zu erklimmen versuchen. Nach etwa einer Viertelstunde wechseln Sie mit Ihrem Partner die Rollen und gönnen sich im Anschluss an die Übung ein Gespräch in Ruhe.

- Wie haben Sie Ihren Körper wahrgenommen?
- Wie hat sich Ihr eigenes Körperbild verändert?
- Welche Bewegungen und Hindernisse waren schwierig, was konnten Sie überraschend gut meistern?
- Welche Gefühle wurden durch die veränderten Bewegungsabläufe in Ihnen ausgelöst?
- Wie haben Sie die Zeit im Vergleich zu dem Tempo Ihrer Bewegungen erlebt?
- Wie haben Sie Ihren Begleiter erlebt (körperliche Hilfen, Ansprache, motivierende Worte)?
- Wie hat der Begleiter sich in seiner Rolle erlebt?
- Wie hat der Begleiter die Einschränkung des Betroffenen erlebt?
- Wie wirken die motorische Einschränkung und die dadurch erzeugte Langsamkeit auf den Begleiter und sein eigenes Tempo?

Diese Übungen sind nur Annäherungen an individuelle Erlebnisse von Betroffenen mit körperlichen Einschränkungen. Unsere Phantasien können wir mit Hilfe dieser Übungen anregen, damit wir als Begleiter für die Wahrnehmungen von Betroffenen sensibel werden.

Mit stolpernder Zunge das Sprechen lernen

Es gibt eine ganze Reihe von Ursachen, warum schwer kranke und sterbende Menschen Artikulationsstörungen haben können: neurologische Ausfälle oder physische Veränderungen der Sprechorgane, seelische oder geistige Beeinträchtigungen und nicht zuletzt: weil man wieder einmal das Gebiss im Wasserglas vergessen hat. Wäh-

57

rend die Zähne in der Regel schnell gefunden und eingesetzt sind, müssen viele Betroffene mit ihrer Artikulationsstörung leben lernen. Eine stolpernde Zunge, eine verwaschene Aussprache lassen uns aufhorchen, nach der Ursache forschen, und letztendlich machen sie uns als Zuhörer ganz schnell müde, denn das Verstehen der Worte fällt uns schwer. Wir beginnen den Dialog einzuschränken, auf das alltägliche Minimum zu beschränken und fühlen uns unsicher, ob denn Bedürfnisse und Gefühle des Betroffenen uns überhaupt noch erreichen. Wie kann man mit *stolpernder Zunge* sich als Mensch mit Bedürfnissen und Gefühlen vermitteln?

Vielleicht möchten Sie einmal mit Hilfe einer großen Weintraube oder einer Cocktailtomate ausprobieren, welche kommunikativen Erfahrungen und Gefühle eine eingeschränkte Artikulation bei Ihnen und Ihrem Übungspartner auslösen können. Nehmen Sie die Traube bzw. Tomate in die Mitte des Mundraumes zwischen Zunge und Obergaumen und versuchen Sie einmal, so deutlich wie möglich den folgenden Text zu sprechen. Bitte achten Sie darauf, dass die Traube bzw. Tomate auch beim Sprechen immer zwischen Zunge und Gaumen verbleibt.

Die Drossel

Die Drossel gibt in ihrem Nest
Ein wunderschönes Frühlingsfest.
Zum Abend gibt es Hühnerei,
Das stammt jedoch vom Papagei.

Nach dieser kleinen, hoffentlich für Sie auch recht amüsanten Sprechübung mögen Sie vielleicht eine weitere Übung gemeinsam mit Ihrem Partner durchführen. Bitte setzen Sie sich gegenüber. Einer übernimmt die Rolle des Begleiters, der andere die des von einer Artikulationsschwäche Betroffenen. Der in der Rolle des Betroffenen versucht nun, die Traube bzw. Tomate zwischen Obergaumen und Zunge belassend, dem Begleiter zwei kurze Geschichten aus seinem Leben zu schildern. Die eine Geschichte beschreibt eine heitere und fröhliche

Stimmung, die andere eine eher traurige Atmosphäre. Der Begleiter versucht, die beiden Geschichten zu unterscheiden und ihre Inhalte zu verstehen. Wechseln Sie im Anschluss dann bitte die Rollen.

- Wie haben Sie sich als Betroffener beim Erzählen der heiter-fröhlichen Geschichte gefühlt? Haben Sie Inhalte und Stimmungen gut vermitteln können?
- Wie haben Sie sich beim Erzählen der eher traurigen Geschichte gefühlt?
- Gab es Grenzen, die Sie auf Grund der simulierten Artikulationsprobleme erleben mussten? Welche Gefühle entstanden in Ihnen, als Sie diese Grenzen spürten?
- Welche Ausdrucksmöglichkeiten (z. B. Mimik, Gestik, Körperhaltung, Tempo und Lautstärke) haben Sie, neben den verbalen Sprachelementen, für sich noch entdecken können? Wie haben Sie Ihrem Zuhörer die Stimmungen Ihrer Geschichten zum Ausdruck gebracht?
- Wie haben Sie sich in der Rolle des Begleiters und Zuhörers gefühlt?
- Hatten Sie das Gefühl, den Betroffenen richtig verstehen zu können oder hatten Sie eher das Gefühl, viel erraten zu müssen?
- Haben Sie als Zuhörer öfter nachfragen müssen oder gab es für Sie andere Ausdrucksmöglichkeiten (s. o.), die Ihnen zeigten, von welcher Stimmung der Betroffene gerade erzählte?

Einschränkungen unserer eigenen Körperlichkeit lassen uns schnell unsere eigenen Grenzen spüren. Wir erleben Hilflosigkeit und Wut, wenn wir nicht sofort Alternativen sehen und mitunter, wie in dieser Übung, in der Sprachlosigkeit verharren müssen. Beim Sprechen stört uns die undeutliche Aussprache, die reduzierte Lautstärke, vor allem aber das durch diese Einschränkung erzeugte Bild von uns: Wir lallen, grunzen, verlieren Speichel, haben eine vergrößerte Kiefer- und Lippenbewegung, eine ungewohnte Mimik, manchmal eine verzweifelte Gestik und fürchten, dadurch geistig reduziert erlebt zu werden. Der veränderte Ausdruck unseres Körpers verursacht in uns und in unserem Dialogpartner ein verändertes Bild von unserem

Selbst. Es entstehen Ängste, aufgebautes Vertrauen gerät ins Wanken. Wer ist mein Gegenüber? Durch eine kleine Traube, eine kleine Tomate kann sich unser Körperselbst und unsere gesamte Darstellung *so* verändern, dass wir Grenzen unseres Selbst erleben und im Dialog mit anderen uns und unsere Stimmungen und Gefühle nur noch ungenügend vermitteln können. Körperliche Einschränkungen haben eine große Wirkung auf uns und unser Umfeld, auf unsere soziale Integration.

Einige hilfreiche Tipps für den Dialog mit von Artikulationsstörungen Betroffenen

- Bewahren Sie Ruhe beim Zuhören und gewähren Sie respektvoll Zeit zum Reden.
- Ist der Betroffene schnell erschöpft, ihm auch mal nur eindeutige Fragen stellen, die er mit *Ja, Nein* oder kurzen Worten beantworten kann.
- Falls ein bestimmtes Wort besondere Ausspracheprobleme bereitet, gemeinsam mit dem Betroffenen nach Alternativbegriffen suchen.
- Dem Betroffenen gegenüber Respekt zeigen und so verhindern, dass Missverständnisse und Ängste entstehen sowie Vertrauen verloren geht. *„Wenn ich schlecht spreche, hält man mich für geistig schwach!"*
- Besonders die Mimik, Gestik, die lautbegleitenden Gebärden und Signale des Gegenübers sensibel wahrnehmen.
- Wenn keine Hörprobleme vorhanden sind, in normaler Lautstärke mit dem Betroffenen sprechen. Artikulationsprobleme sind nicht notwendigerweise mit Schwerhörigkeit oder geistigen Verständnisproblemen gleichzusetzen.
- Eigene klare und gute Artikulation ist hilfreich, da sie den Dialogpartner motiviert, diese mit seinen Möglichkeiten nachzuahmen.
- Feinfühlig den Betroffenen auf seine Artikulationsstörung aufmerksam machen und Geduld zeigen, bis dieser diese Einschränkung für sich annehmen kann. (Mögliche anfängliche Reaktion: *„Der Pfleger will mich ja nur nie verstehen!"*)

Von Einschränkung und Verlust der Sinneseindrücke

Das Zusammenwirken all unserer Sinne ermöglicht es, unsere Umgebung zu erkennen und uns selber in ihr zurechtzufinden. Die Sinne helfen uns auch, die Dinge rund um uns herum zu *sehen*: Wenn wir beispielsweise mit den Augen ein Objekt erblicken, werden wir parallel zu dem visuellen Eindruck auch viele Informationen mit Hilfe der anderen Sinne erhalten. Wir sehen einen schönen reifen Pfirsich, fühlen seine samtige Haut, hören beim Hineinbeißen das saftige Geräusch, riechen und schmecken sein Aroma. Die Kombination all dieser Sinneseindrücke lässt uns beispielsweise zwischen einem unreifen bzw. reifen Pfirsich unterscheiden. Oder: Mit Hilfe unserer Augen können wir ein Glas Wasser nicht von einem Glas Essig-Essenz unterscheiden. Erst Geruchs- und Geschmackssinn helfen uns zur näheren Klassifizierung. Oder auch: Wenn ein Auto sich schnell auf uns zubewegt, dann verdanken wir es vor allem auch dem Hörsinn, die Geschwindigkeit des Autos einzuschätzen. Der Ausfall eines unserer Sinne verändert das gesamte Zusammenspiel der Sinne. Dies beeinflusst nicht nur unser körperliches *Sein*. Veränderte Sinneseindrücke wirken ebenso nachhaltig auf die seelische Lebensqualität und das soziale Miteinander, vor allem die Kommunikation mit anderen Menschen.

Durch eine Augenverletzung, die er sich bei einem Sportunfall zuzog, konnte der 22-jährige Student Andreas nicht mehr sehen. Die Ärzte machten ihm kaum Hoffnung, dass er sein Sehvermögen zurückerlangen würde. Er war verzweifelt, stieß an alle Gegenstände an, zog sich schließlich ganz in sein Zimmer und in sich zurück. Nach und nach gelang ihm die Orientierung im Raum, und über den Verlust der Körperfunktion entstand für ihn die Aufgabe, das eigene *Selbst* in Abhängigkeit zu dem Verlust zu betrachten: *„Was bleibt mir noch? Wie wird's weitergehen? Bin ich als Mensch noch vollwertig?"* Andreas gelang es, die fehlende Funktion des Sehens durch andere Sinneswahrnehmungen zu ersetzen. Er lernte das Tasten und Hören zur Orientierung zu nutzen sowie Lebensqualität für sich neu zu definieren.[15]

---

[15] Nach einer erfolgreicher Therapie erlangte Andreas später seine Sehkraft zurück.

Johanna war eine gute Bergwanderin. Als sie 19 Jahre alt war, rutschte sie auf einem lockeren Bergweg aus. Sie wurde aus dem Berg geborgen und lebt seitdem querschnittsgelähmt mit einem Rollstuhl. *„Es sind viele Veränderungen, an die man sich gewöhnen muss. Aber was mir damals am meisten zu schaffen gemacht hat war, dass man durch einen Unfall so von einem Moment auf den nächsten seine Körperfunktionen verliert. Im Alter geht das schrittweise und man kann sich langsam daran gewöhnen."* Aber auch im normalen Alterungsprozess erleben viele Menschen körperliche, seelische und geistige Veränderungen wie einen plötzlichen Schub. Diese unerwarteten Schübe gehen z. B. mit dem Verlust der Sehkraft, der Hörfähigkeit, Einschränkung der Geschmacks- und Geruchsdifferenzierung, Mobilität der Gelenke und Kraft der Muskeln einher. Jede Entwicklung und Veränderung des Körpers, die auch eine Einschränkung der Sinne, der eigenen Selbstständigkeit und der Lebensqualität bedeuten kann, wird als ein kleiner Schock erlebt, der bewältigt, gestaltet werden will. Es entsteht eine besondere seelische Anforderung im Prozess des Abschiednehmens von der eigenen vitalen Kondition.

Meister im geübten Abschiednehmen von Funktionsverlusten sind die meisten Menschen, die von einer chronischen Krankheit betroffen sind, wie beispielsweise Mutiple Sklerose- oder Mukovizidose-Betroffene, an einem Tumor oder AIDS Erkrankte. Aufgrund des fortschreitenden Krankheitsverlaufes werden die Betroffenen ständig auch mit weiteren Verlusten konfrontiert. Sie leben uns Gesunden vielleicht am besten *das* vor, was wir selber in unserem normalen Alterungsprozess an Lebensqualität entdecken können: Abschiednehmen von körperlichen (oder auch geistigen) Funktionen, aber Konzentration auf die lebenswerten *kleinen Dingen* des Lebens (z. B. die Blümchen auf der Wiese, die Begegnung mit einem lieben Menschen).

Bei Einschränkungen oder Verlust eines Sinnesorgans, sind oft auch die Funktionen anderer Sinnesorgane betroffen. Gerade im Alter und bei schweren Erkrankungen können mehrere Funktionsschwächen der Sinnesorgane auftauchen. Der Betroffene kann die verändernden Sinneswahrnehmung nur subjektiv bewerten, so dass er mal an der einen, mal an der anderen mehr zu leiden scheint. Dies kann u. a. auch eine Schutzmaßnahme seiner Seele sein, die nur partiell die

Einschränkungen der Sinneswahrnehmungen erträgt. Aber es gibt auch bestimmte Störungen der Nervenübertragungen, die wechselnde Sinneswahrnehmungen verursachen können. Eine kleine Auswahl oft auftretender Einschränkungen von Sinneswahrnehmungen bei Schwerkranken und Sterbenden finden Sie in der folgenden Tabelle.

Veränderungen beim ...	Körperliche Einschränkungen
Sehen	Lichtempfindlichkeit, Schielen, Abnahme der Sehkraft, Augenentzündungen, Augentrockenheit, Lidschluss wegen Schwindel, Erschöpfung
Hören	Veränderung der Geräuschempfindlichkeit, Tinnitus, Hörsturz, Schwerhörigkeit und Taubheit, Ortungsproblem von Geräuschen, Ohrendruck, Gleichgewichtsstörungen (Dreh-/Schwindel)
Riechen	Geruchsirritationen (verstärkte bzw. Miss-Empfindungen)
Schmecken	Geschmacksirritationen (verstärkte, bzw. Miss-Empfindungen), Mundtrockenheit, Entzündung der Mundschleimhaut, des Zahnfleisches, belegte Zunge u. a. durch Verdauungsprobleme, neurologische Störungen
Fühlen, Tasten	Einschränkung der Feinmotorik, Durchblutungsstörungen, Zitter-/Lähmungen, Versteifung der Gelenke
Bewegen, Gehen	Muskelabbau (z. B. nicht trainiert, krankheitsbedingt), Gelenkersatz (z. B. künstliche Hüfte), Fraktur (z. B. Oberschenkelhalsbruch), Versteifung der Gelenke, Amputation, Lähmungen (z. B. Querschnittslähmung, Neuromuskuläre Erkrankungen), Hemiplegie (nach Schlaganfall), Knochen-

Sprechen	veränderungen (z. B. Osteoporose), Schwindel (z. B. durch Kreislaufschwäche, Koordinationsschwäche der Augen), therapeutische Einschränkungen (Verband, Gips u. a.) Wortfindungsstörungen, Artikulationsstörungen

Die Wahrnehmung der sinnlichen Eindrücke entsteht in unserem Gehirn. Hier laufen alle Informationen zusammen und werden mit unseren bisherigen Erfahrungen verglichen und analysiert. Wir erkennen dadurch, ob es sich um Salz oder Zucker handelt, ob wir Kaffee oder Tee trinken und ob eine Frucht frisch oder bereits verdorben ist. Wenn ein Sinneseindruck einmal nicht einer angemessenen Erfahrung entspricht, dann ist unser Gehirn irritiert. Unsere Sinne ermöglichen es uns, unsere Umwelt wahrzunehmen und uns in ihr zu orientieren. Wenn aber nun einer unserer Sinne eingeschränkt ist, erhalten wir mitunter ein irritierendes Bild von unserer Umwelt. Eine junge Patientin, die an einer neurologischen Erkrankung litt, wunderte sich, dass sie relativ häufig verdorbene Lebensmittel zu Hause entdeckte. Auch frisch geöffnete Cola-Flaschen, gerösteten Kaffee oder gerade gekauften Sahnekuchen entsorgte sie. „Es hat leider einige Jahre gedauert, bis sich der Zusammenhang zwischen meiner Erkrankung und den Geruchsirritationen herausstellte. Die ganze Zeit war ich davon überzeugt, dass die Lebensmittel verdorben waren." Gerade bei schweren Erkrankungen, aber auch mit zunehmendem Alter, können Geschmacks- und Geruchsirritationen die Lebensqualität des Betroffenen sehr beeinflussen. Oft klagen Betroffene beispielsweise, dass das Essen versalzen ist. Für den Betroffenen ist die Speise nicht mehr genießbar und die Beteuerungen der Begleiter, in der Suppe sei doch so gut wie kein Salz, helfen dem Betroffenen in dieser Situation nicht weiter. Seine Sinne haben ihm einen Streich gespielt, und es gilt dem Betroffenen behutsam zu erklären, dass gerade bei schweren Erkrankungen die Geschmacks- und Geruchssinne sich leicht einmal irritieren lassen. Hilfreich ist es, wenn man dem Betroffenen Speisen ungesalzen anbietet und ihm selber überlässt, vorsichtig die Mahlzeit mit Kräutern und Salz zu würzen. Der Begleiter nimmt damit den Betroffenen in seinem Leid nicht nur an, er bietet ihm auch eine Alternative an. Wenn wir Einschränkungen und Verlusten von Sinneseindrücken kreativ begegnen, den Verlust nicht einfach erkennen und geschehen lassen, vielmehr nach Alternativen suchen, dann erhält unser Gehirn die Chance, neue Wege der Sinneswahrnehmung zu suchen.

Ich möchte Sie einladen, die folgende Zeichnung zu betrachten. Es scheint nur eine Anzahl willkürlich angeordnete Striche zu sein. Vielleicht entdecken Sie aber bekannte Formen und Bilder?

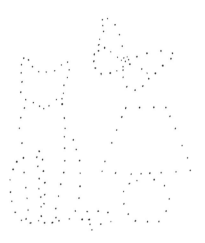

Unser Gehirn hat die Fähigkeit, fehlende Informationen zu ersetzen und uns mit Hilfe dieses Talentes auch unvollständige Informationen verständlich zu machen. Jeder Mensch ist ein Individuum und besitzt ganz individuelle körperliche, seelische und geistige Talente. Wenn durch einen Unfall oder eine Erkrankung der Körper verletzt wurde, versucht dieser, sich selber mit seinen Talenten zu heilen. Menschliche Beziehungen, Pflege, medizinische und andere Therapien unterstützen diese inneren Heilungsprozesse. Neben körperlichen Faktoren nehmen Seele und Geist einen großen Einfluss auf die inneren Heilungsprozesse. Wenn dem Körper Zeit, Raum, Anregungen und Impulse gegeben werden, sucht er immer wieder Wege körperliche Einschränkungen oder Verluste mit einem Alternativangebot zu beantworten. Vor dem Hintergrund dieses Verständnisses von Heilprozessen können im Besonderen auch Komapatienten im Rahmen der Frührehabilitation optimal betreut und begleitet werden. Es gilt, maßvoll alle Möglichkeiten der individuellen Förderung der körperlichen, seelischen und geistigen Talente auszuschöpfen, den Körper mit seinen Selbstheilungsfähigkeiten und auf der Suche nach alternativen Lebenswegen zu unterstützen. Das Ziel dieses Heilungsweges kann nie heißen: so leben wie vor dem Unfall bzw. vor der Krankheit. Vielmehr gilt es für den Betroffenen und die Begleiter zu entdecken, dass der Unfall bzw. die Krankheit eine neue Lebensphase und neu zu entdeckende Talente eröffnen können.

Sinn*volle* Kommunikation

Eine gute Kommunikation braucht eine gute Atmosphäre. Oft erleben schwer kranke und sterbende Menschen einen Klinikalltag, der geprägt ist von einer Atmosphäre, wie sie eine Münchner Krankenschwester formuliert[16]: „Ich habe nicht bemerkt, dass ein Arzt nach den Gefühlen des Patienten gefragt hat, dass ein paar aufklärende Worte über den verspäteten Operationsbeginn gefallen wären, wie er mit der Nahrungskarenz zurecht kommt oder ob er sich gut gepflegt fühlt. Herr R. bekam die Ärzte nur zur Visite zu Gesicht, bei der der Dialog ziemlich einseitig war. Dabei wurde die Intimsphäre und das Schamgefühl des Patienten ständig verletzt. Die Bettdecke wurde, ohne den Patienten zu fragen und ohne sein Einverständnis, einfach weggerissen, das Nachthemd hochgehoben, um den Verband zu kontrollieren oder ihn zu wechseln. Das Gleiche geschieht bei der Chefvisite vor mindestens acht Ärzten." In dieser Situation ist die Atmosphäre geprägt von einer versäumten Kommunikation zwischen dem Betroffenen, den Pflegern und den Ärzten. Den Patienten als Objekt zu behandeln, ist sicherlich keine optimale Basis für eine sinnvolle Kommunikation. Und doch scheint dies oft für viele Helfende die einzige Möglichkeit, wenn sie überarbeitet und überfordert in ihrem Beruf als Pfleger oder Arzt *funktionieren* wollen. Die *hilflosen Helfer* scheinen oft Angst zu haben, sich für eine wahrhaftige Kommunikation mit dem Patienten zu öffnen, fürchten sich vor den Gefühlen der Betroffenen und vor allem vor ihren eigenen Gefühlen, welche durch eine wahrhaftige Kommunikation geweckt werden könnten. „Ich begegne als Stationsarzt so vielen Patienten. Heutzutage bleiben die ja gar nicht mehr lange in der Klinik. Mit den vielen beruflichen und auch privaten Anforderungen bin ich manchmal ganz schön müde. Wie soll ich mich dann noch auf jeden Patienten einzeln einstellen?

---

[16] Aus: Annette Wenzel, Pflege eines Patienten nach dem Modell des Krankenpflegeprozesses am Beispiel einer Pflegeplanung, 1998, s. www.kzvmv.de.

Und außerdem will ich objektiv bleiben", meinte ein junger Stationsarzt der Inneren Abteilung. Seine Stimme klang wie eine Rechtfertigung, was vielleicht ein Appell wenn nicht gar ein Hilferuf war: nach besserer Vorbereitung der Mediziner in ihrer kommunikativen Kompetenz, nach einer menschlichen Bezugspflege und -betreuung der Patienten, nach einer verantwortungsvollen Arbeitszeiteinteilung für Klinikärzte und vor allem nach einem berufsbegleitenden Kreis mit Austausch u. a. zu psychologischen, philosophischen, ethischen und seelsorgerischen Themen.

Die 23-jährige Studentin Maria kam zu einer ambulanten Diagnostik in die Klinik. Auf einem Krankenbett liegend, erhielt sie langsam ein Hormon in die Vene. Noch während der Arzt das Hormon spritzt, teilte Maria dem Arzt mit, dass sie ihre Kräfte verlieren würde, ihre Augen nicht mehr offen halten könne. Der Arzt an ihrem Bett meinte nur, sie könne ruhig die Augen schließen und sich entspannen. Maria merkte aber, wie ihr auch die Kraft zum Sprechen immer mehr verloren ging. Sie teilte es dem Arzt mit, der aber meinte, es sei alles in Ordnung, sie möge sich entspannen. Marias Körper hatte sich bereits entspannt. Sie merkte, wie ihre Kraft aus ihrem Körper gewichen war und der Atem immer weniger wurde. Sie erwartete, dass sie müder werden, wie bei einer Narkose einschlafen würde. Maria blieb aber bei vollem Bewusstsein. Nachdem der Arzt Marias Arm verbunden hatte, sprach er sie an. Sie konnte ihm nicht mehr antworten. Der Arzt ging aus dem Zimmer, kam aber nach einigen Minuten wieder herein und sprach sie erneut an, nun sehr laut. Maria konnte keinen Laut geben, nicht blinzeln oder auch nur mit einem Muskel zucken. Ohne Maria zuvor darauf vorzubereiten, nahm der Arzt ihren Arm, maß Puls und Blutdruck, ging wieder aus dem Zimmer. Es verstrich wieder einige Zeit und als der Arzt erneut zu Maria an das Bett kam, rief er sie wieder laut an, zog ihre Augenlider hoch, kniff sie in den Arm, schlug ihr mit der flachen Hand ins Gesicht, aber Maria konnte nicht reagieren. Sie spürte nur ihre Ohnmacht. Der Arzt meinte ein wenig unwirsch, sie habe kalte Beine. Er schob ruppig ihre Beine zusammen, bedeckte sie flüchtig mit dem Ende einer Decke, auf der sie lag. Diese Geste der flüchtigen Beachtung in einem Moment, wo Maria auf Anteilnahme, Geborgenheit und Hilfe gehofft hatte, veranlasste Maria, bewusst mit Hilfe einer Meditation Distanz zu der von ihr kaum zu ertragenden Realität zu setzen. Sie hatte gehofft, dass der Arzt bereits an ihren Augen erkannt hätte, dass sie bei Bewusstsein sei. Da er nun aber so halbherzig ihren kalten Körper bedeckte, fühlte sie sich einsam und verloren.

Nach einer Zeit erholte sich Marias Körper wieder. Allein im Zimmer zurückgelassen, spürte sie noch den Schock über das gerade Erlebte, vor allem aber ihre Wut gegenüber der geringen Anteilnahme und der Dialogunfähigkeit des Arztes. Sie suchte den Arzt auf, forderte ein Gespräch mit ihm. Der Arzt saß in einem kleinen Arztzimmer. An den anderen Schreibtischen arbeiteten noch zwei seiner Kollegen. Maria bat um ein Einzelgespräch, aber er meinte, man könne auch in diesem Zimmer sprechen. Die Studentin erzählte ihm, welche Erfahrungen sie gerade gemacht hatte. Der Arzt rechtfertigte sich damit, dass dies eine nicht bekannte Nebenwirkung des Hormons gewesen sei. Seine Kollegen taten so, als würden sie nichts hören, schauten weg. Der Arzt konnte sich auch jetzt nicht auf die Gefühlsebene einlassen, in der sich Maria nach diesem einschneidenden Erlebnis gerade befand. Und erneut fand der Arzt mit der Patientin keine geeignete Kommunikationsebene. Türeschlagend verließ Maria die Klinik, versuchte so, ihren Gefühlen, vor allem ihrer Ohnmacht und ihre Wut Ausdruck zu verleihen.

Vielleicht ist es kein Zufall, dass in beiden beschriebenen Beispielen gerade die Ärzte ein Kommunikationsproblem hatten. Alltägliche Situationen in der Klinik- wie auch ambulanten Betreuung von Schwerkranken und Sterbenden zeigen jedoch auch, dass Kommunikationsprobleme nicht allein auf *eine* Berufsgruppe beschränkt bleiben. Menschen, die Schwerkranke und Sterbende pflegen, ärztlich betreuen oder seelsorgerisch begleiten, werden immer wieder auch unvorhersehbaren Situationen begegnen. Dies und bereits das tägliche Leid von Betroffenen (aber auch ihren begleitenden Angehörigen) fordern den Begleiter als mitfühlenden, anteilnehmenden, liebenden Menschen heraus, der sich seiner eigenen Grenzen, vor allem aber auch seiner eigenen Talente und Kraftquellen bewusst ist. Es werden keine *heiligen Samariter* gebraucht, sondern menschliche Begleiter, die sich mit wahrhaftigem Interesse am anderen Menschen, am Betroffenen, auf dessen Lebens- und Seelenlage einlassen können.

Es gibt viele Gründe, die wir uns vorstellen können, warum in den oben beschriebenen Beispielen die Kommunikation nicht erfolgreich war. Vor allem aber sind es immer wieder die sinnlichen Wahrnehmungen der Patienten, welche hier im Besonderen verletzt wurden: Z. B. Verletzung der Intimsphäre und der Gefühle des Patienten, Missachtung seiner Selbsteinschätzung bezüglich seiner körperlichen Kräfte, Vernachlässigung der Aufklärung über diagnostische Schritte (u. a. Schlag ins Gesicht, kneifen, Puls-, Blutdruckmessen, Augenlider heben). Es wäre gut, wenn wir uns als Begleiter auch und gerade in der alltäglichen Routine immer wieder einmal einen Moment der Ruhe gönnen, uns bewusst machen, dass wir dem Betroffenen besser mit einem Fragezeichen als mit einem Ausrufzeichen begegnen wollen: Statt *Ich muss jetzt Ihren Puls messen!* besser: *Ist es Ihnen recht, wenn ich Ihren Puls messe?* Wer gefragt wird, empfindet den Respekt des anderen, dass dieser nicht einfach ungefragt Grenzen verletzt. Der Betroffene will nicht bevormundet oder gar als Objekt behandelt werden. Auch und gerade bei Menschen, die sich verbal nicht mehr mitteilen können. Wenn die Frage wahrhaftig gestellt wurde und Sie dem Betroffenen Zeit für eine Antwort lassen, dann wird dieser sich Ihnen in der Regel nicht verweigern, vielmehr mit einem entspannten Körper antworten. Schenken wir jedem Menschen Aufmerksamkeit, Respekt und Achtung, egal auf welcher Kommunikationsebene er sich uns mitteilen kann.

Herr G. hatte im Laufe seiner Tumorerkrankung einen schweren Erschöpfungszustand erlitten. Er war bei Bewusstsein, konnte sich aber weder sprachlich noch mit irgendwelchen Zeichen verständlich machen. Seine Frau war besorgt, er wäre ohnmächtig geworden und holte den Hausarzt. Dieser war von der Situation ebenso überrascht, wollte mit dem Messen des Pulses, des Blutdrucks und des Blutzuckers einen ersten Überblick erhalten. Nachdem er versuchte, mit Herrn G. sprachlich Kontakt aufzunehmen, dies aber misslang, nahm der Hausarzt Herrn G.s Hand und erzählte ihm ruhig, was er jetzt vorhätte. Vor jeder Messung erklärte der Hausarzt Herrn G., was er nun täte, damit dieser sich nicht erschrecken würde. Später erzählte Herr G. seinem Hausarzt, wie wichtig ihm dieser Dialog mit ihm gewesen sei. Vor allem, dass der Arzt ihn auch gefragt hätte, ob es ihm recht sei, dass jetzt der Blutzucker gemessen würde. Herr G. fühlte sich durch die Fragen als Person wahrgenommen, und der Handkontakt des Hausarztes vermittelte ihm Geborgenheit, nahm ihm seine Angst.

Die Studentin Maria hat in ihrem Bericht sehr genau beschrieben, wann der Arzt bei ihr im Zimmer war, wann er sich abkehrte und dass sie letztendlich ganz allein im Zimmer gelassen wurde. Wir Menschen nehmen sehr genau wahr, wann sich ein Mensch uns zu- bzw. abwendet. Mit Hilfe eines Rollenspiels möchte ich Ihnen zeigen, dass wir für diese Wahrnehmung nicht notwendigerweise unsere Augen benötigen. Nehmen Sie sich gemeinsam mit einem Partner etwa eine Stunde für dieses Rollenspiel Zeit. Das Rollenspiel findet in einem ruhigen Raum statt, wo Sie ein Bett (o. ä.) zur Verfügung haben. Stellen Sie einen Stuhl etwa 1,5 Meter davon entfernt auf. Legen Sie sich bitte entspannt auf das Bett, dämpfen Sie mit Hilfe von Ohrstöpseln etwas Ihre Hörfähigkeit und schließen Sie Ihre Augen. Versuchen Sie mit Ihrem gesamten Körper wahrzunehmen. Sie müssen die Worte Ihres Gegenübers nicht notwendigerweise verstehen. Zu einem selbstgewählten Zeitpunkt wird Ihr Partner sich Ihnen auf dem Stuhl gegenübersetzen und in angenehmer Tonlage und Lautstärke Ihnen erzählen, dass Sie am Nachmittag Besuch am Krankenbett erhalten werden. Nach einer Weile wird er leise aufstehen und Ihnen seinen Rücken zuwenden. In dieser Position wird er Ihnen noch einmal erzählen, dass Sie Besuch erhalten werden. Das Rollenspiel ist erst dann zu Ende, wenn er sich von Ihnen entfernt hat.

Nehmen Sie sich ruhig Zeit, über Ihrer beider Wahrnehmungen zu sprechen.

- Wie wurde das Rollenspiel von beiden Partnern empfunden? Was war angenehm, was war unangenehm?
- War für Sie ein Unterschied in den zwei Phasen spürbar? Mit welchen Sinnen haben Sie den Unterschied wahrgenommen?
- Wie hat Ihr Partner sich in den unterschiedlichen Positionen gefühlt? Hat er die Zuwendung, den Augenkontakt zu Ihnen vermisst?

Vielleicht mögen Sie nach einer kleinen Pause eine Variante dieses Rollenspieles probieren. Bitten Sie Ihren Partner, Ihre Rolle zu übernehmen, mit Ohrstöpseln und geschlossenen Augen sich auf das Bett zu legen. Sie selber werden das Rollenspiel genauso durchführen, wie es Ihr Partner zuvor angelegt hat, jedoch werden Sie diesmal nur den Text in Gedanken durchgehen, nicht laut sprechen. Sie werden selbst den Zeitpunkt entscheiden, wann Sie sich zu Ihrem Partner begeben, sich sitzend zu Ihrem Partner hinwenden, dann stehend abwenden, den Text innerlich wiederholen und schließlich gehen. Nehmen Sie sich auch nach dieser Variante des Rollenspiels wieder gemeinsam die Zeit, über Ihre Wahrnehmungen zu sprechen.

- Hat Ihr Partner wahrnehmen können, wann Sie sich ihm zugewendet haben?
- Wie hat sich Ihr Partner gefühlt? War für ihn die Intensität des Sich-Zuwendens trotz der nicht-sprachlichen Mitteilung spürbar?
- Können Sie sich vorstellen, dass diese *sinnliche Kommunikation* für jeden Menschen ein sehr wichtiger Bestandteil der Kommunikation mit anderen Menschen ist? Vielleicht sogar oder erst recht, wenn der Betroffene in einer anderen Bewusstseinsebene lebt?

Kommunizieren heißt die Aufnahme und auch die Aufrechterhaltung einer Beziehung. Kommunizieren zwei Menschen, tauschen sie Informationen aus. Dieser Austausch kann vielfältig gestaltet werden: Mit Hilfe

- der verbalen Kommunikation (z. B. sprechen, Tempo und Lautstärke der Stimme);
- der nonverbalen Kommunikation (z. B. Körperhaltung, -bewegung, Mimik, Gestik, Tastsinn);
- von Kommunikationshilfen (z. B. Hörgerät, Brille, Schreib-, Lese-, Tastmaterial).

Menschen haben eine große Vielfalt an Ausdrucksformen für die Kommunikation zur Verfügung. Diese Ausdrucksformen sind immer auch geprägt vom speziellen Einsatz der Sinne. Eine Auswahl möglicher Ausdrucksformen in einer sinn*vollen* Kommunikation zeigt die folgende Tabelle auf.

Sinne	kommunikative Ausdrucksformen
Sehsinn	• nonverbaler Ausdruck (Mimik, Gestik) • lautbegleitende Gebärden • Körperhaltung • Gebärden(-sprache)[17] • Bilder (u. a. Pictogramme)
Hörsinn	• verbaler Ausdruck (Wörter, Intonation) • Laute • Geräusche • Musik (u. a. instrumental, Gesang)
Geruchssinn	• Körpergeruch • überdeckende Gerüche (wie Deo, Parfüm, etc.)
Geschmackssinn	• Austausch von Nahrung • Säugen • Kuss
Tastsinn	• Hautbeschaffenheit • Muskelaktivität • Blindenschrift, Tastalphabet (Lormen[18])

Anregungen, wie Sie diese Ausdrucksformen im Einzelnen in der Kommunikation mit Schwerkranken und Sterbenden einsetzen können, möchten die folgenden Abschnitte dieses Kapitels geben.

Der ganze Körper plaudert mit

Die Wahrnehmung ist ein innerer Prozess. Diesen inneren Prozess können wir uns jedoch bewusst machen und so die Sinne als hilfreiche Partner in der Kommunikation mit Schwerkranken und Sterbenden entdecken. An seinen Körperbewegungen erkennen wir beispielsweise, wenn ein Mensch uns mag oder wenn er uns ablehnt: Er wird sich entspannt bewegen oder in seiner Stellung verharren, sich

---

[17] S. u. a. Maisch/Wisch (1998).
[18] Zu erhalten über den Deutschen Blindenverband (s. Adr.).

uns zu- bzw. abwenden. Aber neben diesen bewusst zu steuernden Ausdrucksmöglichkeiten zeigt der Mensch in der Regel unbewusst, wie es ihm geht. Das vegetative Nervensystem hat Einfluss auf Hormon- und Stoffwechselprozesse, lässt uns Erröten oder Schwitzen. Sowohl die bewusst wie auch die unbewusst gesteuerten Bewegungen und Regungen zeigen an, wie der Mensch sich in seiner Umgebung wahrnimmt und fühlt.

Die nonverbale Kommunikation bildet sowohl die Grundlage wie auch die Illustration der verbalen Kommunikation. Im Dialog mit Schwerkranken und Sterbenden haben wir als Begleiter mit Hilfe der bewusst eingesetzten nonverbalen Kommunikation die Chance, das Vertrauen zum Betroffenen aufzubauen und weiterzuentwickeln. Begleiter von Schwerkranken und Sterbenden sind daher ganz besonders in ihrer nicht-sprachlichen Dialogfähigkeit gefordert.

Wenn die Sprache der Betroffenen keine Worte mehr findet, ist sie dennoch keine sinn*leere* Sprache. Nicht so sehr die Betroffenen, oft sind eher wir Begleiter sprach*los*. Seien wir als Begleiter neugierig genug, gemeinsam mit dem Betroffenen zu entdecken, welchen Reichtum ihre ganz individuellen Ausdrucksmöglichkeiten für unsere gemeinsame Kommunikation besitzen können. Auswahl möglicher nicht-sprachlicher Ausdrucksmittel von Schwerkranken und Sterbenden:

Atmung	Beschleunigung, Beruhigung, rhythmische, arhythmische, kurze Unterbrechung der Atmung
Blickkontakt	Lidbewegung, -schluss, Pupillenwanderung, Pupillenbewegung anhalten
Gesichtszüge	Mimische Ausdrucksvarianten (z. T. kulturell geprägte und individuelle Mimik)
Gliedmaßen	Gestische Ausdrucksvarianten (z. T. kulturell geprägte und individuelle Gesten)
Körperspannung	An-, Entspannung
Körperhaltung	Körperkrümmung, -streckung, Kopfhaltung, Bein- und Fußhaltung, Arm- und Handhaltung (z. B. offen, Faust, gefaltet)
Körperbewegung	Sich hinwenden, sich abwenden, sich ver-

	weigern (z. B. Lippen zusammenpressen), wegstoßen, Handbewegungen (Nesteln mit den Fingern, Fingernägel kauen), Zähne knirschen, Gebiss klappern (z. B. kauen), stereotype Handlungen (u. a. um das eigene Körperbild durch die Bewegungsabläufe und über evtl. Berührungspunkte erleben zu können), Übergriffe mit Appellcharakter (z. B. Spucken, Schlagen, Kneifen, Beißen, Sachen wegwerfen oder zerreißen), Essverweigerung, Speichelfluss, Würgen beim Essen, Erbrechen, undifferenziertes Essen, Autoaggressionen (z. B. Aufkratzen der Haut)
Berührungen/ Liebkosungen	Hand halten, Streicheln, Umarmen, Küssen
Laute	Lachen, Weinen, Schreien, Stöhnen (z. B. auch, um das eigene Körperbild über die Vibration des Kehlkopfes und des Resonanzkörpers Körper erleben zu können)

Der Oldenburger Neurologe Andreas Zieger betreut seit vielen Jahren Komapatienten. Den engagierten Beobachtungen seines interdisziplinären Teams ist es zu verdanken, dass sie die individuelle Ausdrucksweise ihrer Patienten erkennen und so den wichtigen Zugang zum Patienten im Dialog finden. Die Erfahrungen aus seinem klinischen Alltag finden sich in seiner sehr hilfreichen Broschüre (Zieger 1999[4]) wieder.[19] Mit Hilfe der in dieser Broschüre vorgestellten *körpersprachlichen Signale* erhalten wir eine Vorstellung, auf was wir als Begleiter achten müssen, wollen wir gemeinsam mit dem Betroffenen eine neue Kommunikationsebene suchen. Diese hier vorgestellten Zeichen müssen nicht notwendigerweise auftreten, wurden aber in diesem Kontext häufig beobachtet und können so als erste Orientierung gelten (Zieger 1999[4]:14).

---

[19] Weitere Beispiele der Ausdrucksmöglichkeiten von Koma-Patienten in: Mindell (1999).

Zeichen des *Sich-Öffnens* für eine *Dialogbereitschaft* sind unter anderem:
- tiefes Einatmen;
- leichte, aber eindeutige Zunahme der Herzfrequenz;
- leichtes Zittern, Beben oder Anspannen;
- leichtes körperliches Entspannen;
- entspannter Gesichtsausdruck und entspannte Mimik;
- leichtes Öffnen von Mund oder Augen;
- Angedeutete Kopfbewegung zu Ihrer Seite oder auch ein leichtes Anheben der Schulter, von Arm und Hand.

Zeichen des *Sich-Verschließens*, für eine Erschöpfung oder Beendigung des Dialogs sind unter anderem:
- zunehmende unruhige, unregelmäßige oder hektische Atmung;
- schneller, hoher Anstieg der Herzfrequenz;
- überschießendes Erröten, Blasswerden, eindeutiges punktuelles, heftiges Schwitzen;
- deutliches Anspannen der Muskulatur bis zur Verkrampfung;
- Verschließen von Mund und Augen;
- Abwenden der Augen und Kopfdrehung zur anderen Seite;
- grimmiger Gesichtsausdruck, Zubeißen, Stirnfalten.

Wichtig scheint mir aber, dass wir als Begleiter uns immer wieder bewusst machen, dass der Betroffene eine individuelle Ausdrucksweise besitzt, die nicht in jedem Fall mit den oben dargestellten übereintreffen muss. Nehmen Sie Ihren Dialogpartner sensibel wahr und besprechen Sie Ihre Beobachtungen mit jenen Menschen, die den Betroffenen ebenfalls begleiten.

Herr R. lag als Patient auf der Frühreha-Station für Komapatienten. Das Pflege- und Therapeutenteam hatte lange Zeit vergeblich versucht, eindeutige Ausdrucksweisen von Herrn R. wahrzunehmen. Weder der Rhythmus seiner Atmung noch Muskelanspannungen, Herzfrequenz oder Blutdruck waren im Dialog mit Herrn R. geeignet, als Ja-Nein-Differenzierung zu gelten. Um so erstaunlicher war dann, als eines Tages eine Krankenschwester entdeckte, dass Herr R. mit seinem einen Bein ein klares Zeichen gab. Immer wenn Herr R.

eine Frage verneinen wollte, hob er eines seiner Beine. Dies war seine ganz persönliche Möglichkeit, mit seinen Begleitern eine Ja-Nein-Sprache zu entwickeln.

Als Begleiter haben wir nur die Gelegenheit, den Betroffenen zu verstehen, wenn wir mit ihm im Gespräch bleiben. Dies bedeutet aber auch, dass der Betroffene nicht nur Ansprache von unserer Seite erhält, sondern auch die Möglichkeit hat, uns mit seinem *plaudernden Körper* zu antworten. Es gibt viele Möglichkeiten, warum ein schwer kranker oder auch sterbender Mensch körperlich *unruhig* wird. Neben seelischen Beweggründen kann beispielsweise auch ein angeregter, überschießender Sympathikus aktive Körperbeweglichkeit fördern. Unruhe eines Betroffenen kann eine bewegte Antwort auf Missinterpretationen von Bedürfnissen und Wünschen, aber auch aktive Abwehr (z. B. gegen Intubieren, Magensonde, Pflege, Wunsch loszulassen, sterben zu dürfen) sein. Wenn wir den *unruhigen*, bewegungsfreudigen Betroffenen nun aber medikamentös oder technisch fixieren (z. B. sedieren oder fesseln), dann vergeben wir eine Chance zu erfahren, was ihn wirklich bewegt. Geben wir dem Betroffenen und uns doch besser die Chance, uns gegenseitig wahrzunehmen, in dem wir den Betroffenen zunächst mit starken, aber einfühlsamen Händen halten und immer wieder seinen Bewegungen nachgeben. Seinen *bewegten Appell* mit menschlicher Nähe und Geborgenheit zu beantworten, bietet uns als Begleiter auch die Möglichkeit, das Vertrauen zu dem Betroffenen auf- bzw. auszubauen. In dieser Art der Begleitung nimmt der Begleiter viel direkter die Reaktionen und damit die Aussagekraft der Reaktionen, die Bedürfnisse und Wünsche des Betroffenen wahr. Das Motto der Begleitung heißt hier *Dynamik statt Zustand*. Bewegung zulassen, wahrnehmen und auffangen, um die Dialogfähigkeit erhalten zu können.

Ein Mensch, der seiner Beweglichkeit beraubt wird,
verliert sein eigenes Körperbild und seine Ausdrucksmöglichkeiten.

„Dass einer sich bewegen kann, ist wichtig für seine Selbsteinschätzung. (. . .) Bewegung ist die Grundlage der Bewusstheit." (Feldenkrais 1978:60ff). Will ein Körper *plaudern*, muss er sich wohl fühlen können. Einige kreative Tipps zur lustvollen Unterstützung des Körpers, auch und gerade für Schwerkranke und Sterbende, finden Sie auch in Buch *Leben gestalten bis zuletzt* (Otterstedt 1999).

Der erste Augenblick, ein erstes Zeichen

Ist die Sehfähigkeit gegeben, begegnen sich Menschen zunächst mit den Augen. Im Blickkontakt werden sensible Informationen über die soziale Beziehung ausgetauscht. Die Häufigkeit des Blickkontaktes ist u. a. abhängig von sozialer Stellung, kulturellen wie gruppen- und geschlechtsspezifischen Verhaltensregeln. Wer wie lange den Blickkontakt zu seinem Dialogpartner aufrecht erhält, wird darüber hinaus auch bestimmt durch die Persönlichkeitsentwicklung (Kind, Jugendlicher, Erwachsener), der physischen und psychischen Kondition sowie einer möglichen sozialen Differenz zwischen den Dialogpartnern. Kurze, flüchtige Blickintervalle werden vom Gegenüber als *nicht direktes Ansehen* empfunden, während ein so genannter *verbindlicher Blickkontakt* bestimmt ist von längeren Blickkontakten, ruhigen Augenbewegungen und Lidschlüssen (vgl. hierzu auch Otterstedt 1993). Beispielsweise wird in einem traditionellen Rollenverständnis der Patient den Blickkontakt zum Arzt nur relativ kurz halten können, während in dem partnerschaftlichen Selbstverständnis moderner Arzt-Patienten-Gespräche der Blickkontakt zwischen den Dialogpartnern entspannt und ausgeglichen ist.

Welche Bedeutung der Augenkontakt in der Kranken- und Sterbebegleitung hat, möchte ich Sie mit Hilfe eines kleinen Rollenspiels selber einmal erfahren lassen. Dieses Rollenspiel besteht aus zwei Teilen, für die Sie und Ihr Partner etwa 45 Minuten Zeit und einen ruhigen Raum mit einem Bett (o. ä.) benötigen. Legen Sie sich bitte ohne ein Kopfkissen gerade auf das Bett, so dass Sie nur den Blick an die Decke richten können. In der Rolle des Patienten haben Sie keine Möglichkeiten, ohne Hilfe Ihren Körper zu bewegen, können aber mit Ihren Augenlidern und Pupillen Kontakt aufnehmen. Ihr Partner wird als Pfleger zu einem selbstbestimmten Zeitpunkt in den Raum kommen, an ihr Bett treten und Sie begrüßen (z. B. „*Grüß Sie Gott, Frau Meyer.*"). Er wird Sie bitten, mit seiner Hilfe Ihr linkes Bein anzuwinkeln und den Fuß aufzustellen (*„Können Sie bitte einmal Ihr Bein aufstellen?"*). Ihr Partner verabschiedet sich wieder von Ihnen (*„Auf Wiedersehen, Frau Meyer!"*) und verlässt den Raum. Bei dieser Begegnung wird Ihr Partner Sie während der gesamten Begegnung ganz bewusst nicht ansehen. Bei der nächsten Begegnung wird er mit Ihnen ganz natürlich und entspannt Augenkontakt aufnehmen, Ihr rechtes Bein anwinkeln und den Fuß aufstellen. Wichtig ist, dass Ihr Partner versucht, jedes Mal genau dieselben Worte zu sagen und dieselben Handlungen zu vollziehen.

Nach einem Moment der Ruhe können Sie die Rollen tauschen. Versuchen Sie sich aber noch nicht über Ihre Wahrnehmungen auszutauschen, damit jeder von Ihnen die Möglichkeit hat, auch in der anderen Rolle seine ganz persönlichen Wahrnehmungen zu erleben. Es wäre schön, wenn Sie sich nach dem Rollenspiel dann Zeit nehmen mögen, sich über Ihre Erfahrungen auszutauschen.

- Wie haben Sie sich in der Rolle des Betroffenen gefühlt?
- Welche Wahrnehmungen waren für Sie überraschend?
- Wie haben Sie den begrenzten Rahmen Ihrer visuellen Wahrnehmungsmöglichkeiten erlebt? Welche anderen Sinne wurden Ihnen dadurch verstärkt bewusst?
- Wie haben Sie die Begegnung ohne Augenkontakt erlebt? Welche Gefühle zu dem Begleiter entwickelten sich (Fremdheit, Irritation, Ablehnung, Ohnmacht, Einsamkeit etc.)?
- Haben Sie bei den beiden Teilen des Rollenspiels einen Unterschied in dem körperlichen Kontakt gespürt (z. B. festerer Griff, Un- bzw. mehr Sensibilität, Zärtlichkeit, Verbindlichkeit)?
- Haben Sie einen Unterschied im Ausdruck der Sprache des Begleiters gespürt (z. B. monotone Stimme, sehr bestimmter Ausdruck, Verzögerung, bis der Augenkontakt hergestellt wurde, herzliche Stimme)?
- Wie haben Sie sich in der Rolle des Begleiters gefühlt? Hat Ihnen der Augenkontakt gefehlt?

- Haben Sie einen Unterschied gespürt, wie Sie den Körperkontakt aufgebaut haben?
- Erinnern Sie sich, wo Ihnen in Ihrem Alltag, vor allem aber in Ihrer Funktion als Begleiter der Augenkontakt besonders wichtig war?
- Könnten Sie sich vorstellen, dass der Augenkontakt auch für Betroffene wichtig ist, welche selber keinen Augenkontakt zu Ihnen aufbauen können (z. B. Komapatienten)?

Vielleicht haben Sie und Ihr Partner in diesem Rollenspiel spüren können, dass der Augenkontakt nicht nur dem Aufbau und der Erhaltung der Beziehung dient, sondern darüber hinaus vor allem auch Basis eines sensiblen Körperkontaktes bedeutet. Durch den Augenkontakt werden wir gezwungen, *Farbe* zu bekennen. Der andere wird an unseren Augen ablesen können, ob wir ihn mögen oder nicht. Die Beziehung wird so eine Begegnung mit einem *Du*. Wir können als Begleiter den Betroffenen nicht mehr nur als Objekt reduzieren, den wir pflegen oder behandeln. Der *Augenblick* fordert, sich zu bekennen, ob wir dem Betroffenen als einer Sache oder als liebenswertem Menschen begegnen wollen. Und der Betroffene selber wird durch den Kontakt unserer Hände mit seinem Körper spüren, ob er für uns ein *Du* geworden ist. Ein Begleiter, der Angst vor der Begegnung mit dem *Du*, Angst vor den Gefühlen des Betroffenen (vielleicht auch seinen eigenen) hat, wird den Betroffenen vielleicht unverbindlich versorgen, nicht aber mitfühlend begleiten können.

„Ich kann oft gar nicht mehr die alten Leute anschauen. Manche sind einfach nur schrecklich traurig. Andere sind fordernd und vereinnahmend. Ich versuche einfach, den Blickkontakt zu vermeiden." Diese Altenpflegerin hatte versucht, mit der Vermeidung des Augenkontaktes Ihren eigenen Gefühlen aus dem Weg zu gehen. Nachdem sie aber an dem oben dargestellten Rollenspiel teilgenommen hatte und spürte, wie sehr der Blickkontakt auch den Körperkontakt beeinflusst, war sie verunsichert. Sie befürchtete nun, dass sie Ihre Bewohner vielleicht zu grob anfassen würde, weil sie sie doch nicht anschauen konnte. In einem gemeinsamen Gespräch entdeckten wir, dass sie bisher nur das Leid im Leben der alten Leute sehen konnte, sich dadurch ohnmächtig fühlte. Die Entdeckung eines *Du*

in der Begegnung und das wahrhaftige Interesse an dem gelebten Leben des alten Menschen empfand sie als eine Überforderung. Diese Altenpflegerin verließ nach der Weiterbildung ihre Stelle im Pflegeheim, suchte sich einen Gesprächskreis, in dem sie auch über ihre eigene Ängste sprechen konnte und setzte später ihre beruflichen Erfahrungen in einem ambulanten Pflegedienst wieder ein.

Wenn wir zu viele visuelle Eindrücke bekommen, von Reizen überflutet werden, wollen wir *innerlich abschalten*, den Augenkontakt unterbrechen, wenden den Blick ab oder nehmen sogar unsere Hände vor das Gesicht. In der Begleitung von Schwerkranken und Sterbenden werden wir immer auch wieder Varianten des abwendenden Blickes begegnen:

- ausweichender Blick, blickt ungewöhnlich lange weg, die Augen sind nicht auf dem Dialogpartner, vielmehr auf einen anderen Gegenstand oder in die Ferne gerichtet;
- der Wechselblick, der Blick wandert unruhig zwischen Dialogpartner und anderen Dingen der Umgebung (oft nur ein bestimmtes Objekt) hin und her;
- flattriger Blick, Wechsel zwischen offenen und geschlossenen Augenlidern, keine entspannte Augenpartie;
- Staccato-Blick, direkter, fast starrer Blickkontakt, kurze heftige Lidbewegung, ggf. mit kurzem Schließen der Augenlider;
- bewusstes Verschließen der Augen.[20]

Auch wenn unser Gesprächspartner vielleicht immer wieder Blickkontakt zu halten versucht, wir empfinden diese Formen des Abschaltens als irritierend und unangenehm, ziehen uns als Dialogpartner instinktiv zurück. Am häufigsten kommt bei einem Krankenbesuch daraufhin die Frage: *„Soll ich Sie jetzt besser allein lassen, sind Sie müde?"* Aber der Blickkontakt ist kein typisches Zeichen für *Müdigkeit*, als Begleiter versuchen wir nur, mit unseren eigenen Gefühlen zurechtzukommen, denn eigentlich fühlen wir: *Der Betroffene möchte jetzt mit mir nicht mehr weitersprechen.* Auch wenn der wechselnde Blickkontakt des Betroffenen nur in den seltensten Fäl-

---

[20] Im Gegensatz zu dem festen Verschließen der Augen bei starker Konzentration.

len persönlich gemeint ist, er signalisiert mit Hilfe seiner Körpersprache allerdings deutlich, dass er Ruhe braucht und sich gerne zurückziehen würde. Und da er sich – begrenzt durch Behinderung, Bett u. a. – nicht selber zurückziehen kann, ist der Begleiter so nett und bietet seinen Abschied an, lässt dem Patienten wieder Raum und Zeit für sich selber. Und der Abschied ist noch einmal ein wichtiger emotionaler Augenblick, vielleicht sogar die Summe all jener Augenblicke, welche in dieser Begegnung ausgetauscht wurden. „Ein Abschied, der allen Beteiligten Zeit lässt, noch einmal Gedanken und Wünsche zu äußern, wird nicht mit den Worten enden. Von der bereits geöffneten Tür wenden wir uns noch einmal dem Betroffenen zu, nehmen wieder Augenkontakt mit ihm auf und winken ihm vielleicht noch zum Abschied" (Otterstedt 1999:92).

Wir Menschen sind reich an Varianten, mit unseren Augen Kontakte aufzunehmen, Begegnungen herzustellen und Beziehungen zu pflegen. Vor allem in der Begleitung von Schwerkranken und Sterbenden, welche sich insbesondere über ihre Augen mitteilen, haben wir die Chance, durch unser eigenes Verhalten Ihnen eine Dialogebene anzubieten. Viele Betroffene differenzieren mit dem bewusst gesteuerten Lidschluss oder zeigen uns mit Hilfe der Pupillenbewegung Ihre Bedürfnisse an. In der Regel sind wir als Begleiter in der Rolle, diese Zeichen zu deuten und uns unseren Eindruck von dem Betroffenen wiederum mit Hilfe seines Augenausdrucks bestätigen zu lassen. Manchmal aber scheinen sich die Möglichkeiten des Betroffenen allein auf schlichte *Ja-Nein*-Zeichen zu beschränken. Wenn der Begleiter eine klare Frage stellt, welche eben von dem Betroffenen mit *Ja* oder *Nein* beantwortet werden kann, dann wird erkenntlich, welche Ausdruckszeichen der Betroffene anbieten kann. So kann sich beispielsweise der eine Betroffene mit Hilfe des Lidschlusses mitteilen: *Ja* signalisiert er mit dem kurzen Schließen der Augen, während er zur Verneinung der Frage die Augen offen lässt, abwartet, bis die Begleiter die richtige Alternative in der Antwort gefunden haben. Ein anderer, ein Komapatient, hatte keine Möglichkeiten, seine Augenlider zu kontrollieren, fand aber mit Hilfe der Pupillenbewegung eine *Ja-Nein*-Variante. Solange die Antwort auf die Frage noch nicht gefunden wurde, ließ er langsam die Pupillen von oben nach unten wandern. Wollte er die

Antwort bejahend bestätigen, versuchte er die Pupillen anzuhalten. Jeder Betroffene wird seine ganz individuelle Augensprache suchen, und wir Begleiter sind aufgerufen, mit viel Einfühlungsvermögen und Phantasie so lange uns auf die Suche zu machen, bis wir eine gemeinsame Kommunikationsebene mit dem Betroffenen gefunden haben. Dies bedarf vor allem auch eine gute Teamarbeit aller an der Begleitung Beteiligten, denn gerade im Anfangsstadium kann die Beobachtungsgabe aller dazu beitragen, schnell eine Kommunikationsebene zu finden. Ist erst einmal eine Kommunikationsebene gefunden, ist es sehr wichtig, dass das gesamte Team (Ärzte, Pfleger, Angehörige etc.) immer dieselben Zeichen und Wörter benutzen, außer sie werden vom Betroffenen abgewandelt. Denn je eindeutiger, um so weniger verwirrend und erschöpfend ist es für den Betroffenen.

Versuchen Sie zu registrieren:
- wann der Betroffene die Augen öffnet bzw. schließt. Gibt es Zusammenhänge zu Ihrem Handeln?
- Versuchen Sie dies auch bei Blinzeln, Pupillenbewegungen zu registrieren.
- Nimmt der Betroffene mit Ihnen Kontakt auf, in dem er Sie mit den Augen fixiert?
- Laden Sie den Betroffenen ein, gemeinsam mit Ihnen auszuprobieren, ob er die Augenbewegungen selbst steuern kann. Fragen Sie den Betroffenen, ob Sie mit ihm einen *Ja-Nein*-Code mit den Augen verabreden dürfen. Welche Augenbewegung würde er gerne für *Ja* (bzw. *Nein*) machen wollen? Eventuell können Sie ihm auch eine Bewegung vorschlagen: z. B. Augen zu für die positive Bestätigung *Ja*, Augen offen lassen für *Nein*.

Einige Tipps in der Begegnung und Kommunikation mit Betroffenen, die in ihrer Kommunikation auf den Augenkontakt angewiesen sind.
- Versuchen Sie, sich so dem Betroffenen zu nähern, dass er sie bereits aus der Entfernung sieht. Überraschen Sie ihn nicht von der Rückseite her.
- Stellen oder setzen Sie sich so, dass der Betroffene Sie gut sehen kann. Beachten Sie, dass bei manchen Erkrankungen sich auch das Gesichtsfeld bzw. der Sehwinkel ändern kann.

- Versuchen Sie herauszufinden, welche Lichtquelle und welche Helligkeit dem Betroffenen angenehm ist. Variieren Sie entsprechend der Bedürfnisse das Licht mit einem stufenlosen Dimmer. Bieten Sie ruhig auch einmal eine Kerze (z. B. gesichertes Teelicht) oder eine Lampe mit einem farbigen Tuch verhangen an.
- Benutzen Sie in Ihrer Kleidung, aber auch in den Gegenständen, die um den Betroffenen herum sind, für ihn attraktive Farben. Starke Kontraste und Muster können mitunter eine Reizüberflutung bedeuten. Fragen Sie den Betroffenen nach seinen Bedürfnissen, denn wenn eine Sehschwäche vorhanden ist, können starke Kontraste wieder hilfreich sein.
- Gestalten Sie für den Betroffenen seine Umgebung attraktiv: z. B. Postkarten und Fotos (geeignete Formatgröße beachten) sowie Mobile im Blickfeld, Bilder und Informationstafeln (Uhrzeit, Datum etc.) an der Wand oder an der Decke.
- Finden Sie behutsam heraus, ob der Betroffene eher das Gleichmaß der Dinge um sich braucht oder durch einen Wechsel von visuellen Reizen (z. B. auch Fernsehen, evtl. über einen Spiegel umgeleitet) profitiert.
- Versuchen Sie einfühlsam herauszufinden, ob der Betroffene das Bedürfnis hat, sich selber in einem Spiegel zu betrachten. Zeigen Sie dem Betroffenen niemals unvorbereitet sein Spiegelbild.

Es ist ganz wichtig, dass der Betroffene durch das Angebot nicht überfordert wird. Versuchen Sie schrittweise herauszufinden, welche Bedürfnisse der Betroffene hat. Es ist ganz natürlich, dass sich seine Bedürfnisse mit der Zeit auch verändern werden, Sie also immer mal wieder neue Angebote machen dürfen.

Vom Atem im eigenen Takt

Abgesehen von wenigen bewussten Momenten im Leben, lassen wir die Luft wie selbstverständlich in unseren Körper hinein und hinaus, nehmen sie auf und geben sie wieder ab. Atmen heißt sowohl annehmen als auch loslassen können. Wir haben keine Möglichkeit, den Atem über längere Zeit nur für uns zu behalten. Jeder Versuch, ihn nicht mehr herzugeben, scheint uns absurd, denn nur durch das *Loslassen* des Atems wird uns die Möglichkeit des neuen Atmens geschenkt.[21]

Der Atemzug markiert Anfang und Ende des Lebens. Das Atmen ist Grundlage des Lebens, hält die Vitalfunktionen aufrecht. Atmen bedeutet Vertrauen entwickeln, dass nach dem Abgeben der Atemluft auch ein Einatmen wieder möglich ist. *Atmen bedeutet Hoffnung*, Hoffnung auf den nächsten Atemzug oder auch auf einen ruhigen letzten Atemzug. Und im Sterben bedeutet dieser letzte Atemzug auch der letzte Austausch mit der Umwelt.

Die Atmung ist ein natürliches wie auch bewusst eingesetztes Ausdrucksmittel in der Kommunikation zwischen Menschen. Wir *halten den Atem an*, wenn wir erschrocken sind oder gerade dem Dialogpartner konzentriert lauschen. Unsere Atmung orientiert sich auch an unserer Gefühlslage, verändert Rhythmus und Intensität. In der Phase des Einatmens nimmt der Körper über Mund oder Nase Sauerstoff auf. In der Ausatmungsphase entweicht die gestaute Luft auf demselben Weg. Das Zwerchfell spannt sich beim Einatmen an und entspannt sich wieder durch die Ausatmung. Unter anderem können wir mit Hilfe des Zusammenspiels von Zwerchfell und Atemhilfsmuskulatur Rhythmus, Tempo und Dynamik der Atmung variieren und so alternative Ausdrucksweisen der Atmung finden.

Im Rahmen meiner Tierbesuchsdienste in einem Münchner Pflegeheim bat mich die Lebensgefährtin eines Komapatienten um den Besuch eines Kaninchen am Bett ihres Partners. Beim Betreten des Zimmers sah ich ein entspanntes Zusammensein beider Partner. Die Dame saß am Bett ihres Lebensgefährten und sprach zu ihm. Mit geöffnetem Mund und ruhiger Atmung schien er ihr zuzuhören. Ich begrüßte beide und machte sie mit dem Kaninchen bekannt. Ich fragte den Betroffenen, ob es ihm recht sei, wenn ich ihm das Kaninchen in seinen Arm legen würde. Ich ließ ihm Zeit zu antworten. Seine Partnerin bestätigte, dass es ihm recht sei, und ich legte das weiße Kaninchen

---

[21] Vgl. hierzu auch das Kapitel *Der Atem, das Lachen und das Loslassen*, in Otterstedt 1999.

in seine Armkuhle. Dort kuschelte es sich wohlig in die Bettdecke und an seinen Arm. Gemeinsam mit dem Tier boten alle drei eine wundervolle und friedliche Einheit.

Ich hatte mich in die hintere Ecke des Zimmers begeben, um die kleine Gruppe nicht zu stören. Und auch aus der Distanz heraus konnte ich nach ein paar Minuten erkennen, wie die Dame begann, das Kaninchen zu streicheln und ihre veränderte Stimme auch ihren Partner erreichte. Mag es nun ihre Stimme gewesen sein oder der direkte Körperkontakt, die Wärme, der Herzschlag und die Atmung des kleinen Tieres, der Komapatient begann nach kurzer Zeit tiefe, herzhafte Atemzüge zu machen und lustvoll hupfte sein Adamsapfel auf und nieder.[22]

In der Kommunikation mit Schwerkranken und Sterbenden können wir uns besonders gut auch am Wechsel der Atmung orientieren.
- Wie atmet der Betroffene in der Ruhe? Hat seine Atmung einen bestimmten individuellen Charakter?
- Welche Atemfrequenz besitzt seine Atmung? Wie viel Atemzüge pro Minute macht er? Die Atemfrequenz ändert sich je nach Körperlage, ist natürlicherweise z. B. im Sitzen höher als im Liegen.
- Besitzt die Atmung des Betroffenen bestimmte bei der Ein- oder Ausatmung entstehende Geräusche?
- Muss der Betroffene beim Atmen häufiger oder sogar regelmäßig sich Räuspern oder Husten?
- An welchen Ort geht der Atem des Betroffenen hin? Hebt sich während der Einatemphase eher der Brustkorb oder der Bauch?
- Können Sie während eines Dialogs mit dem Betroffenen eine Veränderung in der Tiefe der Atmung erkennen?
- Hat sich während des Dialogs der Rhythmus der Atmung geändert?
- Veränderte sich während des Dialoges der Ort, wohin der Atem strömte (Bauch, Brust)?
- Hat sich vielleicht sogar die Qualität der Atmung verändert (wurde schwächer bzw. kräftiger)?

---

[22] Aus: Otterstedt (2001c): *Tiere als therapeutische Begleiter.*

Es gibt weitere Charakteristika der Atmung wie beispielsweise die Hyperventilation oder die Schnappatmung. Beide können sowohl Ausdruck körperlicher wie auch seelischer Ursachen sein, sind sensibel im Team mit Pflegern und Medizinern vor dem Hintergrund der individuellen Geschichte des Betroffenen zu besprechen. Die Hyperventilation ist eine vertiefte und/oder beschleunigte Atmung, die z. B. als Folge von bestimmten Stoffwechselstörungen auftritt oder Ausdruck von nervösen, ängstlichen Stimmungen sein kann. Die Schnappatmung, ein *Nach-Luft-Schnappen*, zeigt sich z. B. bei starken emotionellen Regungen oder auch bei einem verminderten Sauerstoffgehalt im Körper.

Der uns ganz eigene Rhythmus der Atmung scheint uns angeboren. Auch wenn mitunter Erziehungsmethoden und Entspannungsmethoden uns während des Lebens zu beeinflussen versuchen, wir kehren bei größeren körperlichen Anstrengungen automatisch zu unserem ganz persönlichen Atemrhythmus zurück. Vielleicht mögen Sie einmal ausprobieren, welchen *Atemrhythmus* Sie besitzen, ob Sie sich beim Einatmen oder doch beim Ausatmen wohler fühlen. Stellen Sie sich bitte einfach einmal vor den Stuhl, auf dem Sie gerade sitzen. Versuchen Sie, diesen Stuhl einmal anzuheben, während Sie einatmen. Danach versuchen Sie ihn anzuheben, während Sie ausatmen. Hatten Sie beim Ausatmen mehr Kraft oder konnten Sie den Stuhl leichter beim Einatmen anheben? Nutzen Sie ruhig im Alltag diese Erfahrung, z. B. beim Treppensteigen oder Tragen von schweren Gegenständen.

Wenn wir unseren persönlichen Atemrhythmus respektieren und pflegen, „. . . wird er sich auf unseren Organismus, also auf alle körperlichen und geistig-seelischen Funktionsabläufe förderlich auswirken" (Kia/Schulze-Schindeler 1999:25). Bewusst eingesetzt, kann die richtige Atemtechnik auch bei körperlicher Aktivität in der Begleitung von Schwerkranken und Sterbenden helfen. So kann der Begleiter davon profitieren, wenn er den Betroffenen einmal körperlich unterstützen möchte. Der Betroffene selber aber erfährt Erleichterung, wenn er z. B. als *Ausatem-Typ* während des Aufrichtens aktiv ausatmet. Im Gegensatz dazu wird der *Einatem-Typ* in diesem Moment besser aktiv einatmen. Darüber hinaus gib es körperliche Aktivitäten oder Positionen, die unsere typenmäßige Atmung fördern

87

bzw. behindern. Bestimmte Dispositionslagen fördern im Rahmen von Übungen die typengerechte Atmung. Zur näheren Bestimmung des eigenen Atemtyps und Beschreibung der verschiedenen typengerechten Übungen s. Kia/Schulze-Schindeler 1999. Atemübungen können gerade Schwerkranken und Sterbenden eine hoch geschätzte Hilfe zur Entspannung, im Umgang mit Ängsten oder Schmerzen sein. Atemübungen können aber auch körperlich belastend und erschöpfend sein. Auch hier gilt, der Betroffene leitet den Atemtherapeut, entscheidet über Einsatz, Tempo und Intensität der Atemübungen. Neben anderen Entspannungsübungen finden Sie auch Atemübungen in Teml (1995).

Von mimischen und gestischen Zeichen

Mimische und gestische Zeichen begleiten uns stetig im Alltag, illustrieren unsere Sprache oder ersetzen sie sogar. Wie sehr wir die entsprechende sprachbegleitende Mimik und Gestik bereits verinnerlicht haben, können wir mit Hilfe einer kleinen Übung erfahren. Versuchen Sie bitte einmal laut und deutlich „*NEIN!*" zu sagen und dabei gleichzeitig zu lächeln und mit dem Kopf zu nicken. In der Regel wird uns diese kleine Übung nur unter besonderer Konzentration gelingen, denn Mimik und Gestik sind nicht nur Ausdruck eines Sinninhaltes, sie sind auch Indikator unserer Gefühle. Und in diesem Beispiel widerstrebt es uns, das Wort *Nein* mit der positiv besetzten Gestik (Nicken) bzw. Mimik (Lächeln) zu begleiten.

Wir verwenden mimische und gestische Zeichen, um den Inhalt unserer Rede zu unterstreichen und unsere Gefühlslage dem Dialogpartner zu offenbaren. Oft setzen wir diese Zeichen unbewusst ein. Je mehr wir unser Verhalten jedoch reflektieren, desto besser können wir auch diese mimischen und gestischen Zeichen bewusst im Dialog verwenden.

Mit Hilfe seines gesamten Körpers, dessen Bewegung und Haltung, der Augenbrauen und Lider, der Arm- und Beinglieder kann der Mensch mimische und gestische Ausdrucksmöglichkeiten schaffen. Kulturell und religiös geprägte mimische und gestische Zeichen sind Teil unseres Alltags wie auch familiäre, sozialgruppenspezifische und neu geschaffene Kreationen. Wir variieren unsere Mimik und Gestik nach unserem körperlichen, seelischen und geistigen Befinden, informieren unseren Dialogpartner so auf eine sehr sensible Art und Weise auch über unsere Emotionen wie Erschöpfung, Ärger, Traurigkeit etc.

Mimische und gestische Zeichen können in der Kranken- und Sterbebegleitung sehr hilfreich sein, das Befinden des Betroffenen einzuschätzen. Geübte Begleiter erkennen beispielsweise an der Körperhaltung und den Körperbewegungen, wie es dem Betroffenen gerade geht. Wie wichtig das Einüben in die Beobachtung von mimischen und gestischen Zeichen für die Kranken- und Sterbebegleitung ist, möchte ich Ihnen mit Hilfe der folgenden Übung zeigen.

- Betrachten Sie bitte zunächst in Ruhe die neun Gesichter und versuchen Sie, die mimischen Ausdrucksweisen zu benennen: z. B.: *Sie schaut etwas scheu, aber scheint ganz guten Mutes.* Oder: *Er ist vollkommen verzweifelt* etc.
- Überlegen Sie einmal, auf Grund welcher mimischen Zeichen (Augen, Mund, Art der Kopfhaltung,) Sie die emotionale Situation der betreffenden Person eingeschätzt haben.
- Wenn die dargestellte Person ein Kranker bzw. Sterbender wäre, welche Situation könnte dazu geführt haben, dass er diesen mimischen Ausdruck angenommen hat?

- Ich möchte Sie bitten, noch einmal ganz in Ruhe alle neun Personen anzuschauen.
  - Wer benötigt besonders dringend Hilfe? Warum?
  - Wer wird sich selber helfen können? An welchen mimischen Zeichen erkennen Sie dies?
  - Wer braucht zur Zeit seine Ruhe? Mit welchen mimischen Zeichen drückt er dies aus?
  - Wer würde vielleicht gerne mit Ihnen Kontakt aufnehmen? Woran erkennen Sie dies?

Ich möchte Sie nun bitten, ganz in Ruhe einmal die Personen 7 und 8 anzuschauen. Aufgrund der offenen, leicht erhobenen Kopfhaltung, den gehobenen Augenbrauen und dem leicht geöffneten Mund wirkt die Person 7 kontaktbereit und *offen* gegenüber der Person 8. Person 8 hat ebenfalls gehobene Augenbrauen und einen leicht geöffneten Mund, wirkt aber auf Grund des leicht nach vorne fallenden Kopfes gegenüber Person 7 weniger stabil. Spontan könnte man so annehmen, dass Person 7 der stabilere, stärkere Dialogpartner sei, er Person 8 zuhört und sie vielleicht sogar begleitet.

Dass nicht nur mimische Zeichen, sondern auch gestische Zeichen und die gesamte Körperhaltung dem Dialogpartner wichtige Informationen vermitteln, können wir mit Hilfe einer weiteren graphischen Ergänzung erkennen. Die zugefügte Oberkörper- und Armhaltung von Person 7 verändert bereits die soziale Beziehung zu Person 8. Schien auf Grund der Mimik und Kopfhaltung zunächst Person 7 der stabilere Dialogpartner, vielleicht sogar der Begleiter von Person 8, hat sich dies nun allein durch die Wirkung der Arm- und Oberkörperhaltung ins Gegenteil gekehrt. Person 7 scheint in sich gekehrt, und jetzt wirkt Person 8 stabiler, bietet sich als aktiver Zuhörer an.

Die verschränkten Arme (Schutzhaltung), die gebeugte Schulterhaltung sowie der *eingezogene* Kopf lassen die Person 7 nun plötzlich hilfesuchend wirken. Person 8 scheint in dieser Darstellung der stabilere Dialogpartner. Dies zeigt, wie hilfreich das Einüben in mimische und gestische Zeichen sein kann, dass allein die Fixierung auf die Mimik meines Gegenübers noch nicht genügend Informationen bietet. Erst wenn wir uns auf den gesamten körpersprachlichen Aus-

druck einlassen können, haben wir die Möglichkeit, von unserem Dialogpartner etwas mehr zu verstehen. Und wenn es uns gelingt, unsere eigenen mimischen und gestischen Zeichen zu reflektieren, sie bewusst einzusetzen, helfen wir Missverständnisse in der körpersprachlichen Kommunikation zu vermeiden und einen sensiblen körpersprachlichen Dialog zu führen. Dann können wir beispielsweise ganz bewusst durch unsere Bein- und Rückenhaltung unserem Gegenüber signalisieren, dass wir ihm zugeneigt sind. Dann haben wir die Gelegenheit, durch die entsprechende Hinwendung unserer Schulter trotz körperlicher Distanz ganz bei dem Betroffenen zu sein. All diese kleinen Zeichen werden von unserem Gegenüber vielleicht nicht bewusst, aber ganz sicher unbewusst sensibel registriert und können zu einer guten Gesprächsatmosphäre beitragen.

Kleine Auswahl von mimischen und gestischen Zeichen der Hinwendung

Kopfhaltung	Leichte Schräghaltung wirkt angenehmer als eine gerade, aufrechte Kopfhaltung. Die Kopfhaltung sollte nicht starr sein. Es ist angenehmer, wenn der Kopf leicht nach vorne gekippt wird, dass Kinn also Richtung Brustbein zeigt. Ein erhobenes Kinn wirkt zwar tatkräftig, aber nicht ruhig und entspannt.
Augenbrauen	Die Augenbrauen sind beim aktiven Zuhören bewegt und immer wieder auch erhoben wie

	bei der Begrüßung. Entsprechend dem Temperament des Gespräches sind sie aktiv bzw. in Ruhelage entspannt.
Augenlider und Pupillen	Zu hektische und stetig wiederholende Augenlider- und Pupillenbewegungen erzeugen Stress. Ruhige Bewegungen stärken und ermuntern zum Weitersprechen oder Verweilen.
Mimik	Es gilt nicht die ganze Zeit zu lächeln und zu strahlen. Eine starre Mimik führt nur all zu schnell zu einer verkrampften Gesichtsmuskulatur und am Ende wird man dieses Lächeln nicht mehr für wahrhaftig annehmen. Versuchen Sie ruhig und entspannt zu atmen, dann entspannen sich auch die Gesichtsmuskeln und Sie werden entsprechend dem Dialog ganz natürlich zu einer angemessenen Mimik finden.
Schulterpartie	Die Schulterpartie zeigt deutlich, wie wohl der Mensch sich fühlt. Eine angespannte Schulterpartie erzeugt auch Spannungen und Unwohlsein im Gespräch. Die Körperhaltung entspricht einer *Fluchthaltung* (als müsse man gleich wieder weg) und das Gespräch wird schnell beendet sein. Zu sehr hängende, nach vorne gerichtete Schultern können Antriebsarmut, Traurigkeit und Erschöpfung vermitteln. Entspannte Schultern hingegen vermitteln: *Ich bin für dich da und habe jetzt Zeit für dich.*
Arm- und Handhaltung	Armhaltung eng an der Körperseite vermittelt eher Kontaktscheu. Verschränkte Arme vor der Brust wirken wie eine nicht zu überwindende Barriere zwischen den Dialogpartnern. Wer sich mit den Armen von seinem Körper lösen kann, wirkt offen, frei und rund. Dies ladet auf angenehme Art und Weise zum gemeinsamen Kontakt ein. Es ist eine symbolische Umarmung. Im Schoß verkrampfte Hände halten den Besitzer fest und öffnen sich nicht zu ei-

Bein- und haltung	nem gemeinsamen Dialog. Stetig in der Luft umherflatternde Hände machen nervös. Aber ruhige Hände, die mal sprachbegleitend gestikulieren, mal auf den Oberschenkeln ruhen, sind angenehme Begleiter in einem Dialog. Das breitbeinige Stehen wirkt mächtig, *Fuß* vielleicht sogar provozierend und die soziale Stellung behauptend. Das braucht es in der Kranken- und Sterbebegleitung gar nicht. Manchmal hilft das breitbeinige Stehen, wenn man Stabilität sucht, um mit eigenem Körpereinsatz dem Betroffenen z. B. aus dem Bett zu helfen. Aber im Dialog ist das gemütliche Wechseln von dem einen auf das andere Bein mit angenehmem entlastetem Spielbein allemal angenehmer als die *Cowboy*-Stellung. Im Sitzen findet man eine entspannte Sitzposition, ohne sie stetig verändern zu müssen und so zur Ruhe kommend. Eine breite Beinhaltung ist für den Gegenüber nicht gerade angenehm. Viel besser ist ein locker übergeschlagenes Bein, welches sich zu dem Dialogpartner hinwendet. Gleichzeitig wenden sich automatisch auch Fuß und Schulter dem Dialogpartner zu und bilden so mit dem Gegenüber eine angenehme Einheit.

Körperhaltung, mimische und gestische Zeichen helfen, eine angenehme Atmosphäre für die Kommunikation zu schaffen. Weist beispielsweise das übergeschlagene Bein vom Dialogpartner weg, dreht sich automatisch auch unser Oberkörper ab. Selbst wenn wir unseren Kopf bewusst zum Dialogpartner hinwenden, werden wir bereits nach kurzer Zeit ermüden, denn der ganze Körper muss sich kräftezehrend verdrehen, um im Dialog mit dem Partner körpersprachlich Kontakt aufzunehmen.

Jeder von uns hat seine ganz individuelle Körpersprache, die u. a. durch kulturelle und anerzogenen Verhaltensweisen geprägt ist, sich aber auch orientiert an eigenen körperlichen Bewegungsmustern und neu entdeckten sensiblen Dialogformen. Wir haben im Laufe unseres Lebens immer wieder die Möglichkeit, unsere Körpersprache auch unserem Denken und Fühlen anzupassen. Dies gelingt vor allem dann besonders gut, wenn wir versuchen, unser Verhalten, unsere Körperhaltung, Mimik und Gestik zu beobachten und immer wieder auch bewusst einzusetzen. Der bewusste Umgang mit der eigenen Körpersprache sollte jedoch nicht dazu führen, dass wir unserem Dialogpartner nur noch starre Bewegungsmuster anbieten. Nach dem Motto: *Bein überschlagen, Hände auf die Oberschenkel, Kopf leicht neigen = Hinwendung zu einem Kranken.*

Ein lebendiger Dialog braucht eine lebendige, das heißt eine bewegte Körpersprache.

Vielleicht mögen Sie einfach zu Hause gemeinsam mit einem Partner ihre Körpersprache ausprobieren. Ein Spiegel ist in diesem Fall nicht besonders hilfreich, da das spiegelverkehrte Bild eher verwirrt. Bitten Sie lieber Ihren Partner, die Wirkung zu beschreiben, die Ihre Körperhaltung, Mimik und Gestik auf ihn hat und versuchen Sie verschiedene Alternativen zu finden. Stellen Sie sich unterschiedliche Situationen vor, versuchen Sie Ihre Gefühle nachzuempfinden und stellen, setzen oder legen Sie sich bzw. Ihr Partner sich entsprechend hin. Beginnen Sie im Alltag zu beobachten, wie Ihre Mitmenschen sich bewegen, stehen oder sitzen. Hilfreich und anregend sind auch einige Bücher zum Thema *Körpersprache* wie beispielsweise Molcho (1996) oder Wex (1980[2]).

Von sensiblen Händen

Die Drehung des Körpers hin zu dem Betroffenen, die Neigung des Kopfes, eine kleine Geste der Hand, all diese Bewegungen sind leichte Berührungen, die – wenn auch nicht direkt die Haut des Betroffenen berührend – in jedem Fall aber durch den Inhalt der Gesten unseren Dialogpartner berühren. *Jede Berührung erreicht unsere Sinne und rührt uns auf körperlicher und seelischer, geistiger sowie spiritueller Ebene.*

Außerhalb familiärer und partnerschaftlicher Kreise sind Berührungen in unserem Alltag reduziert auf rituelle Handlungen wie z. B. den Handschlag oder die Umarmung zum Gruß, sportliche Aktivitäten, Friseur- und Kosmetikstudio, medizinische, pflegerische oder therapeutische Maßnahmen. Gerade Erwachsene erleben direkte Berührungen nur sehr eingeschränkt, sind als Patient dann aber plötzlich in der Situation, überraschend viele Berührungen akzeptieren zu müssen. Pflege, Diagnostik und Therapie setzen voraus, dass der Patient ohne weitere Probleme dem Überschreiten der Grenze, dem Körperkontakt, zustimmt. Die Berührung zwischen Pfleger bzw. medizinischem Personal und Patient wird notwendig, die emotionale Wirkung wird aus diesem Grund versucht zu technisieren. Der menschliche Moment, die Berührung zweier Menschen, verschwindet in dem Versuch zu verdrängen, dass hier in eine Intimsphäre eingedrungen wird. Sowohl Patient als auch Begleiter stellen in der Regel die Notwendigkeit der Berührung über die emotionelle Beteiligung, die bis heute nur vereinzelt explizit in der Pflegeausbildung thematisiert wird. Obwohl im Rahmen der Pflege die Mitarbeiter immer wieder erleben, dass der Eingriff in die Intimsphäre des Betroffenen auch eine Wechselwirkung nach sich ziehen kann: Manch ein Patient berührt aktiv den Pfleger oder präsentiert eindeutig seinen Körper und begeht damit seinerseits einen *Übergriff* in die Intimsphäre der Pflegenden.

Die Berührung zwischen zwei Menschen ist immer auch Teil eines Dialoges zwischen ihnen. So sehr wir uns manchmal bemühen, den Kontakt mit Menschen auf einer technischen, naturalistischen Ebene zu führen, wir nehmen mit all unseren Sinnen wahr, dass wir diesen Menschen – und damit auch uns selber – berühren. Mit der Technisierung dieser Sinneseindrücke gehen wir nur die Gefahr ein, eine wichtige Kommunikationsebene zu verschenken.

Bewusster Körperkontakt in der Kommunikation ist wichtig, aber Tabu-Zonen sollten respektiert werden.

Abgesehen von individuellen Vorlieben, bewegt sich die Tabu-Zone von Männern in der Regel zwischen Bauchnabel und Knien, die von Frauen zwischen Schultergürtel und Knien (s. a. Morris 1981:310f). In der Zwangslage, aus pflegerischen und medizinischen Gründen auch die Tabu-Zonen berühren zu müssen, verfallen viele Pflegende, Therapeuten und Ärzte darauf, besonders grob den Patienten zu berühren, damit ihre Handlungen ja nicht missverstanden werden könnten. Neben der Überschreitung der Tabu-Zone führt dieser unsanfte Körperkontakt zu einer weiteren Verletzung der Intimsphäre. Besser wäre es, wenn Pfleger, Therapeuten und Ärzte dem Betroffenen zunächst die nötige Berührung erklären und ihn dann fragen, ob er mit dem Körperkontakt einverstanden ist. Dies gilt selbstverständlich auch für Betroffene, welche sich nicht verbal äußern können. Geben Sie ihnen die Zeit, sich auf ihre spezielle körpersprachliche Art zu äußern. Erst wenn wir dem Betroffenen die Möglichkeit der Mitsprache geben, werden wir in den meisten Situationen einen entspannten und offenen Mitmenschen erleben, der den nötigen Körperkontakt auch in den Tabu-Zonen akzeptiert und richtig einzuschätzen versteht.

Gerade die menschliche Hand ist ein sensibles und feinfühliges Organ, welches wir im Dialog mit einem Betroffen sinnvoll nutzen können. Nicht nur in der direkten Berührung, bereits auf Distanz haben wir die Möglichkeit, unsere Hände sensibel in der Begleitung von Schwerkranken und Sterbenden einzusetzen. Insbesondere in Kliniken und Pflegeheimen kommt es zu einem täglichen Reinemachen der Zimmer. Das Reinigungspersonal kommt in das Zimmer gestürmt, wischt auf dem Boden herum und schiebt die Betten mal eben hin und her. Ohne Vorankündigung ist diese Bettbewegung für die meisten Betroffenen eine willkürliche Bewegung, die Ängste, Orientierungslosigkeit, Schwindel und Schmerzen verursachen kann. Wenn der Betroffene auf das Bett angewiesen ist, entwickelt dieses sich zu seinem Lebensraum. Wenn aber dieser Lebensraum, der das körperliche und seelische Gleichgewicht des Betroffenen unterstützt, unreflektiert einfach verschoben wird, dann ist dies, als würden wir als Gesunde beispielsweise ein ganzes Erdbeben erleben.

Ähnlich geht es auch vielen Betroffenen, die vor allem an Schwindel und starken Schmerzen leiden, wenn von Pflegern, Ärzten und Besuchern der Rand des Bettes (z. B. bei der Visite Griff an den Holm am Ende des Bettes) berührt wird und dadurch Vibrationen entstehen. Oder auch viele Besucher, die sich neben dem Krankenbett hinsetzen, stellen ihre Füße auf das Gestänge unter dem Bett. Dies kann durch die entstehenden Vibrationen ebenso unangenehm für den Betroffenen sein. Mitunter führt das unangenehme Rütteln dazu, dass der Betroffene seinen Widerwillen auf die Kommunikation überträgt, den Kontakt zum Begleiter beendet oder das pflegende und medizinische Personal abzulehnen beginnt. Fragen Sie lieber zunächst den Betroffenen, ob ihm die Berührung des Bettes unangenehm ist bzw. beobachten Sie aufmerksam seine Mimik sowie Muskelspannung. Das Verschieben des Bettes sollte in jedem Fall zuvor angekündigt werden, so dass der Betroffene genügend Zeit hat, sich auf die Schwingungen einzustellen.

Linda war eine junge Frau, die nach vielen Jahren starker Oberbauchschmerzen nun eine große Bauchoperation in einer Klinik erlebt hatte. Linda litt nach der Operation an sehr starken Schmerzen. Sie hatte seit Jahren mit Schmerzen zu leben gelernt, nun aber ließen die Schmerzen sie laut stöhnen, die Schmerzmittel schienen nicht zu wirken. Dies stellte für das Pflege- und Ärzteteam nicht nur medizinisch ein Problem dar. Die Mitpatientin konnte nicht mehr schlafen und musste verlegt werden. Die Ärzte beschränkten ihre Visite auf die Frage, ob die Schmerzen nachließen. Aber Linda hatte weiter Schmerzen. Linda blieb drei Tage allein mit diesen Schmerzen. Pfleger wurden von Tag zu Tag schroffer im Umgang mit ihr. Die Ärzte hielten ihr vor, dass andere Patienten, die am selben Tag wie sie operiert wurden, bereits wieder laufen könnten.

Eines Nachts wechselte die Nachtschicht und ein neuer Pfleger kam in das Zimmer von Linda. Er meinte mitfühlend, er hätte von ihren starken Schmerzen in den Akten gelesen. Er hätte auch keine anderen Schmerzmittel, aber ob er ihr mal den Rücken mit Franzbranntwein einreiben könne? Linda war dankbar für eine Idee, den von Schmerzen verkrampften Rücken zu erleichtern. Der Pfleger erzählte, dass man im pflegerischen und medizinischem Team meinte, Linda könne keine Schmerzen mehr haben. Linda spürte, wie die Hände des Pflegers beim Reden unsicher und etwas ruppig auf ihrem Rücken den Franzbranntwein verteilten. Ganz offensichtlich befand sich der Pfleger in einer emotionellen Zwangslage, und dies übertrug sich auf seine Hände. Er fühlte sich hin- und hergerissen zwischen seiner persönlichen Wahrnehmung gegenüber einer leidenden Patientin und seiner sozialen Integration im Team.[23]

Unsere Hände ermöglichen eine variable und sensible Ausdruckskraft. In unseren Händen werden unsere Emotionen sichtbar. Mit ihnen können wir unsere Gefühle vermitteln. Jede Berührung unserer Hände lässt unser Gegenüber erfahren, wie es uns gerade geht, ob wir beispielsweise erschöpft oder kräftig sind. Mit Hilfe unserer Hände können wir liebevoll, aber auch schroff und rau den anderen berühren. Wir drücken soziale Überlegenheit aus oder vermitteln Unterwürfigkeit. Wir können durch unsere Hände Lebendigkeit und Aktivität darstellen. Oder wir zeigen mit Hilfe der Hände, dass wir gerade passiv, traurig und depressiv sind. Es ist uns möglich, dass unsere Hände durch die Berührung vermitteln, dass wir ängstlich, zurückweisend oder arrogant sind. Wenn wir ärgerlich oder gereizt sind, zeigen dies unsere Hände ebenso, wie wenn wir uns freuen und Glück empfinden.

In der Begleitung von Schwerkranken und Sterbenden helfen sensible Hände nicht nur in der Pflege, Diagnostik und Therapie, die Gestik der Hand und die Berührung selber sind wichtige Kommunikationselemente.[24] Versuchen Sie in Ihrem Alltag darauf zu achten, welche Gesten der Hand Ihnen angenehm bzw. unangenehm sind. Wenn Ihr Dialogpartner beispielsweise mit einem Finger direkt auf Sie zeigt, dann wird dies für Sie sicherlich nicht besonders angenehm sein. In dieser Situation würden wir gleich ein paar Schritte zur Seite machen, um so diesem direkten *Angriff* des zeigenden Fingers auszuweichen. Diese Möglichkeit hat beispielsweise ein Kranker im Bett oder Rollstuhl nicht. Versuchen Sie, daraufhin sensibel Ihre Gestik zu beobachten und evtl. zu verändern. In der Begleitung von Schwerkranken und Sterbenden ist die Berührung mit der Hand eine häufige Geste der Beruhigung, der Unterstützung, des Trostes, vor allem aber ein Zeichen *Ich bin bei dir.*

---

[23] Es stellte sich später heraus, dass die starken Schmerzen von Linda eine neurologische Ursache hatten.
[24] Vgl. hierzu auch Grossmann-Schnyder (1996).

Einige Tipps zur Berührung mit sensiblen Händen

- Kontrollieren Sie Ihre Hände, ob Sie nach Rauch, Knoblauch oder anderen Duftstoffen riechen. Diese Duftstoffe können dem sensiblen Geruchssinn eines Betroffenen besonders unangenehm sein.
- Achten Sie bitte darauf, dass Ihre Fingernägel nicht scharf oder rissig sind, raue Haut, Schmuck oder Textilien unangenehm den Betroffenen irritieren könnten.
- Berühren Sie den anderen nicht mit kalten Händen. Es hilft bereits, wenn Sie Ihre Handflächen einfach ein paar Mal aneinander reiben.
- Versuchen Sie nachzuvollziehen, welche Gefühle Sie mit Ihren Händen übertragen?
- Versuchen Sie Ihre Berührungen zu reflektieren: Druckintensität, evtl. zu schnelle Bewegungen. Verändern Sie bewusst die Bewegungsqualität und halten Sie die Hände nicht starr.
- Zu schnelle, hektische oder zu zögerliche Bewegungen sind unangenehm. Selbstbewusste Hände tun gut und sind angenehm.
- Liegt Ihre Hand auf der des Betroffenen, hat dieser nur schwer die Möglichkeit seine Hand wieder zu *befreien*, fühlt sich mitunter erdrückt. Wenn Sie Ihre Hand unter die des Betroffenen legen, fühlt dieser sich eher getragen und hat die Möglichkeit, seine Hand auch wieder von ihrer zu lösen.
- Fragen Sie den Betroffenen, welche Berührungen ihm am angenehmsten sind.

Von Wellen und Musik

Die natürliche Grundlage der Musik ist der Schall. Schwingungen und Wellen eines elastischen Mediums, wie beispielsweise die Saite einer Gitarre oder das Fell einer Trommel, ermöglichen, dass wir über unser Ohr einen Ton wahrnehmen. Allerdings nur dann, wenn dieser in einem bestimmten Frequenzbereich liegt, denn das menschliche Ohr nimmt Töne nur zwischen 16 000 und 20 000 Hertz wahr. Wir können die Schwingungen der tieferen Töne zwar nicht hören, nehmen sie aber über unseren Körper sensibel wahr. Taube Menschen *rufen* sich beispielsweise über ein kurzes Aufstampfen des Fußes. Die über den Boden übertragenen Schallwellen erreichen den Dialogpartner, der sich dann nach dem *Rufer* umschaut. Die Kommunikation kann dann durch den hergestellten Blickkontakt mit Hilfe der Gebärdensprache fortgesetzt werden.

Der bayerische Klangkünstler Wolfgang Deinert-Lörler entwickelte einen so genannten *Klangtempel* aus großen Messingröhren mit verschiedenen tiefen Tönen. Sein schwerhöriger Sohn konnte so mit seinem eigenen Körpers die unterschiedlichen Schwingungen wahrnehmen, auch wenn er die Töne nicht *hören* konnte. Inzwischen nutzen auch Kliniken und Reha-Zentren derartige Klanginstallationen im Rahmen der musiktherapeutischen Begleitung. Einige Patienten fühlen sich durch die obertonreichen Töne auf einem Klangteppich angenehm getragen. Werden bestimmte Intervalle, wie beispielsweise die Quinte angeschlagen, können sich mitunter körperliche und seelische Anspannungen lösen. Erfahrungen mit diesen Klanginstallationen, die auch von bettlägerigen Patienten genutzt werden können, haben u. a. das Reha-Zentrum Bad Blumenau (Österreich) und das Paraplegiker-Zentrum in Nottwil (Schweiz) (s. Adr.).

Ob wir schlafen, ob wir wach sind, ob wir uns auf etwas anderes konzentrieren oder selber reden, wir nehmen unsere Umwelt ständig akustisch wahr. Der Mensch hat keine Möglichkeit, sein Gehör *abzuschalten*. Wir nehmen Töne innerhalb und außerhalb unseres Körpers wahr. Unser Körper ist ein großer Klangkörper, der unser Leben mit Rhythmus und Tönen begleitet. Wir können das Herz *schlagen* hören, den Puls fühlen, unsere eigene Stimme in all ihrer Differenziertheit hören. Wenn wir unsere Ohren zuhalten, wenn wir eine *belegte* Stimme haben, wenn wir aufgeregt oder *heiser* sind, es gibt viele Möglichkeiten, wie wir sie unterschiedlich wahrnehmen bzw. wie sich unsere Stimme verändert. Unser Stoffwechsel, unsere Muskel- und unsere Darmtätigkeit erzeugen ebenso Töne wie die Bewegungen unseres gesamten Skeletts.

Auf der Suche nach dem eigenen Körperorchester
Vielleicht mögen Sie sich in einer ruhigen Minute einen stillen Raum suchen und ihren Körper als Klangkörper entdecken. Stellen Sie Ihre Füße etwa 30 cm nebeneinander. Wenn Sie nicht gut stehen können, setzen Sie sich gerade auf einen Stuhl und stellen Ihre Füße parallel vor sich hin.

- Atmen Sie bitte ganz entspannt und ruhig. Horchen sie einmal, wie Ihr Atem klingt. Versuchen Sie einmal kräftig ein- bzw. auszuatmen. Was ist Ihnen angenehmer? Hat sich das Atemgeräusch geändert? Versuchen Sie bewusst das Atemgeräusch zu verändern (Klangart, Lautstärke und Rhythmus).
- Es gibt drei Stellen an Ihrem Körper, wo Sie relativ leicht den Rhythmus des Pulses spüren können: an der Innenseite des Handgelenkes, gleich unterhalb des Daumballen, seitlich vorne am Hals neben dem Kehlkopf und an den Schläfen. Der Puls ist die Druckwelle des Blutkreislaufes, und nachdem Sie ein paar Gymnastikübungen gemacht haben, werden Sie bemerken, wie sich der Puls dabei verändert (Intensität, Dynamik).
- Um den Körper als Klangkörper empfinden zu können, bedienen Sie sich einmal Ihrer Hände. Legen Sie locker Ihre Finger auf Ihren Kehlkopf und summen verschieden hohe Töne. Wann spüren Sie die Vibration in ihren Händen besonders stark? Diese Sensibilität kommt Gehörlosen und Taubblinden[25] zugute, die allein durch die Wahrnehmung des vibrierenden Kehlkopfes so die Lautstärke Ihrer Stimme wahrnehmen und regulieren können.
- Wie nehmen Sie Ihren Atemzug und Ihre eigene Stimme wahr, wenn Sie Ihre Ohren zuhalten?
- Wenn Sie sich nach einer Mahlzeit die Zeit nehmen können, gönnen Sie Ihrer Verdauung all Ihre Kraft, indem Sie sich für eine halbe Stunde hinlegen. Horchen Sie einfach mal auf die verblüffend vielfältigen Töne und Rhythmen Ihres Körpers.
- Lassen Sie doch einmal vorsichtig und sanft Ihre Hand- und Fußgelenke kreisen. Entdecken Sie die Töne Ihres Skeletts.
- Beenden Sie die Übung mit einer entspannenden Ruhepause: *Lassen Sie Ihren Körper ausklingen.*

Die Töne, die unser eigener Körper produziert, beeinflussen auch unser Körperbewusstsein. Verändern sich diese Töne, so werden wir ganz aufmerksam und suchen nach der Ursache der Veränderung, z. B. Wasser im Ohr, Verdauungsprobleme, aber auch mögliche Erkrankung. Solange unsere ganz persönlichen Körpertöne sich nicht

---

[25] Literatur zum Thema: Green (1993).

verändern, nehmen wir sie in der Regel nicht bewusst wahr und sind mit all unseren Sinnen auf die uns umgebende Umwelt und ihre Töne fixiert. Damit wir uns in unserer Umwelt gut und sicher orientieren können, analysieren wir ständig neben den visuellen auch die akustischen Reize. Wir hören Töne aus der Natur von mechanischen und elektrischen Geräten. Wir hören die Stimmen von Menschen und die Töne von anderen Klangkörpern (wie beispielsweise Musikinstrumente). Ob nun eigenproduzierte oder von der Umwelt erzeugte Töne, wir unterscheiden zwischen Stille, Geräuschen, geformten und strukturierten Tönen (Wörter, Klangbausteine, Rhythmus, Tempo, Dis-/Harmonie etc.). Wo liegt aber nun der Unterschied zwischen Geräusch und Ton? Gerade, wenn Töne für die Begleitung von schwer kranken und sterbenden Menschen an Bedeutung gewinnen, dann müssen wir uns überlegen, wie wir mit den Tönen sensibel umgehen können. Die Klassifizierung zwischen *Geräusch* und *Ton* ist eine rein subjektive Wertung. Ein Geräusch wird als ein unbestimmbarer und unharmonischer Schall bezeichnet. Wir Menschen haben individuelle Vorlieben für Töne. Was für den einen nur ein Geräusch ist, ist für den anderen bereits ein angenehmer Ton.

Im Vergleich zu vielen Tieren haben wir Menschen nur eine sehr begrenzte Hörfähigkeit. Unsere Wahrnehmungsmöglichkeiten liegen zwischen dem tiefen Infraschall und dem hohen Ultraschall. Dies zeigt bereits auf, dass die von uns bezeichnete *Stille* – die Abwesenheit von akustischen Reizen – nur eine relative *Stille* ist und mitunter nur einen von uns nicht mehr wahrnehmbarer Klangraum von Infra- bzw. Ultraschall bezeichnet. Die oben beschriebene Klanginstallation von Wolfgang Deinert-Lörler geht beispielsweise genau auf diese für uns Menschen nicht akustisch wahrnehmbaren Klangräume ein. Die speziellen Klangkörper ermöglichen es hörenden und nichthörenden Menschen, den Schall von besonders tiefen Tönen mit Hilfe ihres Körpers wahrzunehmen: *den Ton zu fühlen*.

Auf Grund unserer unterschiedlichen Sensibilität für akustische Reize wirken Töne und Musik sehr unterschiedlich auf uns Menschen. Wir nehmen Töne mit unserem gesamten Körper wahr und so verwundert es nicht, dass wir unterschiedlich sensibel auf akustische Reize reagieren, je nachdem, ob und wie unsere körperliche und seelische

Kondition gerade beschaffen ist. In vielen Kliniken und Altersheimen laufen Radio oder Fernseher auf den Stationen oder gar in den Patientenzimmern über viele Stunden. Die Motivation für dieses Handeln ist oft: Radio- oder Fernsehen mögen die Betroffenen unterhalten. Musik kann auf einen körperlichen oder seelischen Heilungsprozess förderlich wirken, aber sie kann auch, vor allem wenn sie unbedacht und undifferenziert eingesetzt wird, beispielsweise bei ständig laufendem Radio im Hintergrund, den Heilungsprozess behindern und Stress erzeugen. Ein Radio oder Fernseher kann kein Ersatz für eine menschliche Begleitung sein.

Vielleicht haben Sie Lust, einmal auszuprobieren, wie Musik bei Ihnen wirkt. Suchen Sie sich bitte zunächst eine Musik, die so gar nicht Ihrem eigentlichen Musikgeschmack entspricht. Wenn Sie eher Klassikliebhaber sind, schalten Sie beispielsweise den Radiosender ein, der harte, fortlaufende Rhythmen spielt. Wenn Sie normalerweise aber genau jene Musik gerne hören, konfrontieren Sie sich doch einmal mit moderner Klassik. Es wäre vorteilhafter, wenn Sie keine Vokalmusik wählen. Hören Sie die Musik bitte in einem Moment, in dem Sie sich sehr erschöpft fühlen. Legen Sie sich dazu auf Ihr Bett und versuchen Sie, sich nicht mit Lesen oder anderem von der Musik abzulenken. Schalten Sie nach 15 Minuten die Musik aus und nehmen Sie sich bitte noch einmal 15 Minuten Zeit für folgende Fragen.

- Wie haben Sie sich am Anfang gefühlt, als Sie sich auf dem Bett ausgestreckt haben?
- Wann haben Sie die Musik bewusst wahrgenommen?
- Welche Stimmungen wurden durch die Musik erzeugt?
- Hatten Sie während der 15 Minuten das Gefühl, die Musik abstellen zu wollen?
- Wie hat sich das Gefühl der körperlichen und seelischen Erschöpfung während der 15 Minuten entwickelt?
- Welche Art von Musik würden Sie sich gerne das nächste Mal für eine Entspannungs- und Erholungspause aussuchen?
- Gibt es für Sie eine spezielle Musik, die Sie gerne hören, wenn Sie tatkräftig und engagiert etwas *anpacken* wollen, eine Musik, die Sie motiviert?

103

- Haben Sie in Ihrem Alltag ständig Musik im Hintergrund laufen?
- Können Sie sich vorstellen, dass Musik Sie bereits in geringer Tonstärke körperlich und seelisch beeinflussen kann?

In vielen öffentlichen Räumen wird heutzutage bereits Musik bewusst eingesetzt. Im überfüllten Supermarkt, im wartenden Flugzeug oder in der Telefonwarteschleife, überall werden wir mit Musik *wirkungsvoll begleitet*. Die Wirkung von akustischen Reizen hat sich die Werbung und die Wirtschaft bereits seit Jahrzehnten zu Nutze gemacht. Wie bereits beschrieben, reagieren Menschen unterschiedlich sensibel auf akustische Reize. Das sensitive Verhalten kann sich ausdrücken durch Entspannung oder auch durch Gereiztheit. In ihren vielfältigen Ausdrucksmöglichkeiten kann die Musik Belastung, sie kann aber vor allem auch eine sehr *sinn*volle Weise der Kommunikation bieten.

- Der Mensch reagiert auf akustische Reize in der Regel kommunikativ. Wir suchen den Dialog zum Tonerzeuger, wir imitieren beispielsweise den Ton, suchen eine musikalische Antwort, rufen, singen etc. Wir kommunizieren aber vor allem auch nicht-sprachlich mit Hilfe der Mimik, Gestik und Körperhaltung. Wir zeigen, ob wir das Gehörte angenehm oder unangenehm finden.
- Wir reagieren auf Gehörtes motorisch, bewegen uns rhythmisch, können Töne, Musik z. B. durch Händeklatschen oder durch Tanz umsetzen.
- Gehörtes lässt auch unseren Körper reagieren: Die Frequenz unseres Pulses reagiert je nach Tempo und Rhythmus verlangsamt oder beschleunigt, die Muskeln entspannen bzw. reagieren mit Anspannung oder sogar Verkrampfung.
- Das Hören von Musik kann zu Assoziationen und Gedankenverbindungen führen. Wir erinnern uns an bestimmte Begebenheiten in unserem Leben, an bestimmte Menschen oder an Orte. Diese Erinnerungen wecken bestimmte Emotionen.

Verschiedene medizinisch diagnostische und therapeutische Bereiche arbeiten bereits erfolgreich mit der sogenannten *Funktionellen Musik*, dem passiven Musikgenuss über Lautsprecher:

- Medizinische Diagnostik: z. B. musikalische Begleitung in engen CT- oder NMR-Röhren;
- Medizinische Therapien: z. B. zahnmedizinische Behandlungen, Schlafkuren;
- Physiotherapie und Ergotherapie: z. B. Herz-Kreislauf-Gruppen; medizinische Massage;
- Tanz- und Bewegungstherapie;
- Musiktherapie: wenn die funktionelle Musik in die aktive Spielpraxis überleitet.

Gerade die *Musiktherapie* ist eine besonders erfolgreiche Möglichkeit, mit schwer kranken und sterbenden Menschen zu kommunizieren. Die Musiktherapie versteht sich als Kommunikationstherapie, welche den Heilerfolg der medizinischen Therapie unterstützen möchte und als Ziel eine Verbesserung der Selbst- bzw. Fremdwahrnehmung des Patienten anstrebt. Weitere Informationen zur Musiktherapie erhalten Sie u. a. über die *Musiktherapeutische Arbeitsstätte* (s. Adr.). Musiktherapeuten bieten u. a. individuelle Einzelbegleitung an, ob nun auf der Intensivstation, am Krankenbett in der Klinik, im Altenheim oder zu Hause. Gerade in der Begleitung von Sterbenden liegt der Schwerpunkt des musiktherapeutischen Angebotes nicht so sehr im analytischen Bereich, vielmehr auf der emotionalen und kommunikativen Ebene. Wie bei jeder professionellen Sterbebegleitung sollte aber auch hier der Betroffene selber den Weg für den gemeinsamen Dialog vorgeben, der Begleiter bietet seine professionelle Kompetenz an. Musiktherapeuten können mit Hilfe Ihrer musikalischen und therapeutischen Ausbildung dem Betroffenen eine neue Kommunikationsebene öffnen helfen. Dies ist insbesondere auch deshalb so erfolgreich, da wir alle in unserem Alltag stetig musisch aktiv sind, wie das folgende Beispiel zeigt.

Vielleicht mögen Sie sich einmal vorstellen, dass Sie an einem Ende des Bahnsteiges eines großen Bahnhofes stehen und Ihnen gegenüber, weit weg am anderen Ende des Bahnsteiges, sehen Sie einen Bekannten, den Sie auf sich aufmerksam machen wollen. Vielleicht versuchen Sie, sich zunächst mit Hilfe von Handzeichen bemerkbar zu machen. Als Ihr Bekannter Sie jedoch nicht sieht, beginnen Sie zu rufen: „*Hal-lo!*" Versuchen Sie sich in diese Situation hineinzuver-

105

setzen und rufen Sie ruhig zwei-, dreimal. Damit Ihr Rufen gehört wird, versuchen Sie, das Grußwort in die Länge zu ziehen, dem ersten Wortteil einen höheren, dem zweiten einen tieferen Ton zu geben. Die Differenz zwischen zwei Tönen nennt man auch *Intervall*. Und die für das Rufen über weite Entfernung typischen Intervalle (Quarte, Quinte/Terz, Sexte/Quarte) werden z. T. auch in den Polizei- oder Rettungswagensirenen verwendet. Diese charakteristischen Intervalle haben einen so genannten *Appellcharakter*, der in uns Menschen besondere Aufmerksamkeit hervorruft. Wir verwenden diese Intervalle z. B. auch intuitiv, wenn wir jemanden leise aus dem tiefen Schlaf aufwecken wollen. Aber auch in der Begleitung von Komapatienten werden diese Intervalle im Rahmen der begleitenden Musiktherapie sensibel eingesetzt. So berichtete beispielsweise ein Komapatient später, dass die Musiktherapeutin, welche während seiner Komaphase wiederholt an seinem Bett gesessen und gesungen hatte, von ihm wie ein rettender Engel erlebt wurde, ihm Kraft und Hoffnung gegeben hatte. In der Begleitung von Schwerkranken und Sterbenden gilt es nicht nur, die verschiedenen Bewusstseinsebenen miteinzubeziehen. Mit Hilfe der Vielfalt unserer Kommunikations- ebenen haben wir auch die Möglichkeit, den Betroffenen zu erreichen, vielleicht sogar mit ihm in einen Dialog zu treten.

Als Begleiter von Schwerkranken und Sterbenden besitzen wir verschiedene Möglichkeiten, Musik sowohl passiv (das Hören von Musik über einen Tonträger) als auch aktiv (Summen[26], Singen und Musizieren) einzusetzen. Der Betroffene und sein Musikgeschmack, vor allem seine momentane Stimmung sollte uns in der Wahl der Musik leiten. Dies betrifft insbesondere die verschiedenen kommunikativen Signale[27] wie beispielsweise Rhythmus, Tempo, Dauer, Tonhöhe, Klangfarbe, Resonanz, Schall, Gleichgewicht, Spannung, Körperhaltung, Temperatur, Vibration, Haut- und Körperkontakt.

Geoffrey war 13 Jahre alt, als ich ihn im Hospiz der ugandischen Hauptstadt Kampala kennen lernte. Aufgrund eines Albinismus hatte seine weiße Haut unter der afrikanischen Sonne Hautkrebs entwi-

---

[26] Als Vorübung s. a. Teml (1995:76).
[27] Vgl. hierzu auch Spitz, 1974.

ckelt. Inzwischen war Geoffreys gesamter Körper von Tumoren befallen, er hatte nur noch auf einem Augen eine Restsehkraft und sein Hals war von einer offenen Wunde geschwollen. Geoffrey verbrachte jeweils einen Tag der Woche im Hospiz. Seine Wunde wurde versorgt und Geoffrey erhielt die nötigen Schmerzmittel. Neben der pflegerischen und medizinischen Unterstützung erlebte Geoffrey im Hospiz vor allem aber soziale Integration und menschliche Zuneigung, die er außerhalb des Hospizes auf Grund seiner anderen Hautfarbe und der Erkrankung vermisste. Geoffrey suchte immer wieder das Gespräch mit den Mitarbeitern im Hospiz. Aber die Tumore am Hals behinderten ihn mehr und mehr beim Sprechen. Eines Tages brachte ich eine Gitarre mit und setzte mich unter den großen Baum im Garten des Hospizes. Es dauerte nicht lange und Geoffrey setzte sich dazu. Ich fragte, ob er mit mir musizieren wolle und als Geoffrey nickte, holten wir gemeinsam die Trommel und andere Rhythmusinstrumente, welche morgens die Andacht begleiteten. Geoffrey war begeistert, dass ich allein für ihn eine kleine Melodie komponiert hatte. Schnell zeigte sich, dass Geoffrey nicht nur die traditionelle Art des ugandischen Trommelspiels beherrschte, sondern auch neue Formen der Spielweise fand. Geoffrey bestimmte mit seinem Trommelspiel, wie ich seine Melodie zu spielen hätte. Wir veränderten Tempo und Dynamik, setzten Pausen und fanden immer neue Varianten des Spiels. Geoffrey wählte lustvoll aus dem Sortiment meiner Gitarrenstücke aus und übernahm dann durch sein Trommelspiel die Rolle des Dirigenten. Neben der verbalen Sprache entdeckte Geoffrey nun eine neue Sprache, sich mitzuteilen. Geoffrey begann nach und nach, auch seine Wut, seine Traurigkeit, den Schmerz, aber auch die Momente der Freude und des Glücks mit Hilfe der Musik auszudrücken.

Miteinander Musik spielen ist mehr eine Kommunikation, denn alleine nur eine Interaktion.

Im Folgenden möchte ich einige spielfreudige Vorschläge machen, die sich auch als Angebot für schwer kranke Menschen eignen[28].

---

[28] Literatur zum Thema: Decker-Voigt (1991), Felber (2000), Latz (1993), Schwabe (1992), Spintge (1992).

Aber wie immer gilt, dass der Betroffene selber entscheidet, ob und wie lange er Musik hören oder aktiv produzieren möchte. In der Sterbephase wird sich der Betroffene immer mehr zurückziehen wollen, Stille genießen lernen. Aber wenn wir Sterben als einen Teil des Lebens verstehen, wird es möglicherweise auch Zeiten geben, in denen der Betroffene vielleicht einmal Lust verspürt, mit seiner ihm eigenen Kraft z. B. eine Handtrommel zu schlagen o. ä. Gerade in dieser Phase des Lebens wird beispielsweise eine vorwärtsschreitende Musik eine hilfreiche Unterstützung für den Loslösungsprozess bedeuten können, wenn begleitend dazu auch immer wieder Erholung und Entspannung geboten wird.

Mit dem Atem musizieren

Damit unser Klangkörper erklingen kann, benötigen wir vor allem eins: Luft. Luft versetzt unsere Stimmbänder in Schwingungen und Luft überträgt die Schwingungen auf den gesamten Klangkörper. Einer der Wege, mit Hilfe der Musik zu kommunizieren, ist: Atem zu holen! Wir haben mit dem Geräusch zum Ein- und Ausatmen zwei wunderbare Instrumente in unserem Körper. Versuchen Sie doch einmal, einen schönen Rhythmus zu erfinden, indem Sie einmal kurz einatmen und zweimal kurz und kräftig ausatmen. Besonders geräuschvoll wird dies, wenn Sie die Luft durch Zähne und Lippen streichen lassen. Spielen Sie mit verschiedenen Rhythmen und Mundformen herum, bis Sie sich ein ganz persönliches Atem-Instrumentarium zusammengestellt haben.

Vom a, welches schwingen will

Das sensibelste Instrument unseres Körpers ist unsere Stimme. Wenn Luft unsere Stimmbänder zum Vibrieren bringt, dann nehmen wir Töne wahr. Je nachdem, ob wir den Schall mehr in den Kopf oder in die Brust lenken, verändert sich der Klang der Stimme: sie wird voller, klingt rund oder metallisch usw. Sie meinen, Sie können nicht singen? Vielleicht probieren Sie einfach einmal, den Vokal a für 10 Sekunden ohne Unterbrechung auszusprechen. Wahrscheinlich empfinden Sie dies als ziemlich anstrengend. Dann lassen Sie doch besser einfach Ihren Unterkiefer fallen und geben der Luft die Chance, über die Stimmbänder aus Ihrem Mund zu entweichen.

Wenn Sie nun noch einen höheren Ton wählen, den Ton länger halten und dabei denken, Sie wollten eine Kellertreppe hinabsteigen (ohne den Ton zu verändern), dann hören Sie vielleicht bereits Ihre Stimme im ganzen Kopf. (Sollte das *a* immer noch klingen wie bei einer Rachenuntersuchung beim HNO-Arzt, lassen Sie Ihren Unterkiefer weiter fallen und singen Sie ruhig einen höheren Ton.) Wenn Sie mögen, probieren Sie doch einmal alle Vokale durch: *a, e, i, o, u*. Welche lassen sich leicht singen, welche sind für Sie anstrengender? Und dann trauen Sie sich ruhig und singen einfach so darauf los. Setzen Sie vor die Vokale ein *n* oder *m* und gestalten Sie eigene Melodien.

Von anderen Klangkörpern

Um zu musizieren, ist es nicht unbedingt notwendig, teure Musikinstrumente zu kaufen. Wir können auch in unserem Haushalt nach schön klingenden Klangkörpern auf die Suche gehen. Nehmen Sie zum Beispiel zwei Holzschalen. Füllen Sie die größere mit Wasser und lassen darin die kleinere umgekehrt schwimmen. Durch die eingeschlossene Luft erhalten Sie eine schöne Holztrommel, die Sie mit einem Filzschlegel spielen können. Oder Sie verwenden chinesische Essstäbchen als kleine Schlaginstrumente. Vielleicht finden Sie auch noch Glöckchen vom Weihnachtsbaum. Oder Sie mögen einmal ausprobieren, wie unterschiedlich gefüllte Wassergläser klingen, wenn man sie leicht mit einem Teelöffel zum Klingen bringt. Auch können Sie viele kleine Rhythmusinstrumente herstellen, wenn Sie Filmdosen ein Drittel mit unterschiedlichen Materialien füllen: z. B. Salz, Tee, Reis, Nelken, Mais- und Pfefferkörner.

Gerade in der Begleitung von Schwerkranken und Sterbenden sind vor allem jene Musikinstrumente sinn- und wertvoll, die sowohl dem Betroffenen angenehm im Klang sind, als auch seinen motorischen Fähigkeiten entsprechen. So ist z. B. ein kleines Keyboard einfach zu bedienen und für einen melodischen Dialog sehr geeignet.

Der stützende und der freie Rhythmus

Wählen Sie ein angenehmes Schlaginstrument: Fell- und Holzinstrumente werden in der Regel als angenehmer empfunden als beispielsweise Metallinstrumente. Versuchen Sie einmal, einen gleichmäßigen

Schlagrhythmus über etwa eine halbe Minute zu halten. Bitte achten Sie darauf, dass Sie nicht langsamer werden. Wenn Sie mögen, dann schlagen Sie danach frei einen Rhythmus, der aus verschiedenen Schlagrhythmen besteht. In welcher Phase des Spiels haben Sie sich wohler gefühlt? Unser Leben ist eine Suche zwischen dem *ordnenden und stabilisierenden Prinzip* (dem stützenden Rhythmus) und dem *freien, für Entfaltung offenen Raum* (dem freien Rhythmus). Da unser Leben in einem ständigen Wandel ist, werden wir immer wieder neu versuchen auszuloten, wie viel *Ordnung* und wie viel *Freiraum* unser Leben benötigt. Halten wir an einem Prinzip fest, dann werden wir Kraft für das Festhalten verlieren. Lassen wir uns auf einen stetigen Wandel zwischen *Ordnung* und *Freiraum* ein, werden wir den heilenden Prozess in uns fördern.

Dialog zwischen stützendem und freien Rhythmus

Versuchen Sie nun einmal gemeinsam mit einem Partner ein Zusammenspiel. Ihr Partner beginnt einen gleichmäßigen Rhythmus zu schlagen und wird diesen immer weiterführen. Beginnen Sie zunächst mit dem gleichen Rhythmus wie ihr Partner und befreien Sie sich dann immer mal wieder von diesem Rhythmus, in dem Sie z. B. Pausen, doppelte Schläge etc. setzen. Nach einer Zeit wechseln Sie die Rollen und Sie übernehmen den stützenden, gleichbleibenden Rhythmus, während Ihr Partner frei improvisieren darf.

Das Echo hören lassen

Einer der Spieler gibt einen Klang (z. B. Trommelschläge, Melodie singen) vor und der andere Partner wird diesen Klang wie ein Echo imitieren. Das Echo auf den ersten Klang ist eine in der Lautstärke abnehmende Wiederholung.

Frage – Antwort – Dialog

Einer der Spieler beginnt den Dialog mit einer kurzen Phrase von Rhythmusschlägen oder Tönen. Sein Dialogpartner ahmt zunächst diese kurze Phrase nach *(„ich habe dich gehört und verstanden!")* und wird dann von seiner Seite aus einen neuen Teil zu dem Dialog beitragen, der wiederum zunächst von dem ersten Spieler nachgeahmt wird. In einem fortgeschrittenen Dialog können auch längere

Phrasen verwandt werden, deren letztes Element aber nur noch wiederholen werden muss.

- Vielleicht beginnen beide Partner sich auch einmal ins *Wort* zu fallen?
- Beginnen Sie den Dialog ruhig einmal weiter zu improvisieren. Z. B. wenn wir einen Satz mit einem Fragezeichen beenden, heben wir unsere Stimme. Wenn wir einen Punkt am Ende setzen wollen, lassen wir unsere Stimme absinken. Und wenn wir den Gedanken noch nicht vollendet haben, dann bleibt unsere Stimme auf der gleichen Höhe. Können Sie dies auch in einen Dialog mit Musikinstrumenten übertragen?

Gefühle und Stimmungen ausdrücken
Vielleicht mögen Sie einmal ausprobieren, wie sich Ihre Gefühle und Stimmungen auf Instrumenten anhören? Versuchen Sie sich eine gefühlvolle Situation vorzustellen (z. B. Freude, Ärger, Wut etc.) und mit dem Instrument auszudrücken. Nutzen Sie ruhig die Vielfalt an Lautstärke, Dynamik und Rhythmik oder der Instrumentenwahl. Lassen Sie das Gefühl durch ihren Partner raten.

Versuchen Sie nun einmal, dass einer in der Gruppe beginnt, mit einem Instrument eine traurige Stimmung auszudrücken. Die Mitspieler versuchen, sich nach und nach mit ihren Instrumenten dieser Stimmung anzupassen, wobei sie dezent im Hintergrund bleiben. Nach einer Zeit beginnt einer der Mitspieler kleine, feine und sensible Impulse zu setzen, die einen Stimmungswandel anbieten. Vielleicht mögen Sie nach dem Spiel miteinander über Ihre Gefühle sprechen.

Ein gefühlvolles Konzert
Die im Moeck-Verlag erschienene Sammlung *flute emotion* (Otterstedt 2001a) ist ein Beispiel möglicher Integration von Musik in der Kranken- und Sterbebegleitung. Die Notensammlung ist sowohl für Flöte als auch für andere Solo-Instrumente geeignet und möchte mit leicht spielbaren Melodien vor allem Erwachsene motivieren, mit Hilfe der Musik ihre Emotionen kreativ zu gestalten. Die kleinen Stücke eignen sich sowohl zum Vorspiel als auch für die Regenerationsphase der Begleiter. Sie lassen sich aber auch ganz praktisch in

den Dialog zwischen Betroffenem und Begleiter einsetzen. Laden Sie als Begleiter doch einmal den Betroffenen ein, Sie zu dirigieren. Ermuntern Sie den Betroffenen, mit seinen persönlichen Ausdrucksmitteln anzuzeigen, welches der Lieder er auswählen möchte bzw. in welchem Tempo Sie das Lied zu spielen haben. Bei der Auswahl der Lieder spielen Sie zunächst die ersten Takte von drei Liedern und bitten dann den Betroffenen bei der Wiederholung der Liedanfänge eindeutig *ja* bzw. *nein* mit seinen Ausdrucksmöglichkeiten zu signalisieren. Verabreden Sie gemeinsam ein Zeichen, mit dem er Ihnen zeigen kann, dass Sie schneller bzw. langsamer spielen sollen, z. B. Lidschlag oder auch bewusste Atembewegungen.

Im Dialog mit Komapatienten

Üben Sie daheim, mit Ihrer Stimme (oder auch mit angenehmen, unaufdringlichen Instrumenten) zu improvisieren. Reihen Sie einfach Ton an Ton, vermeiden Sie bitte aber zu große Intervallsprünge und zu hektische Rhythmus- und Tempiwechsel. Überlegen Sie sich vor Ihrer Begegnung mit dem Betroffenen, welche kleine Melodie Sie als Begrüßungs- bzw. Abschiedsmelodie wählen mögen. Diese Melodien sind in Zukunft Ihre Erkennungsmelodien. Sie begrüßen den Betroffenen damit bereits, wenn Sie in das Zimmer kommen, wiederholen sie vielleicht noch einmal, wenn Sie an seinem Bett stehen und verabschieden sich mit der Abschiedsmelodie. Ausgehend von der Begrüßungsmelodie können Sie dann anfangen, z. B. summend oder singend zu improvisieren. Lassen Sie Ihre Gedanken einfach laufen, und Ihre Stimme wird im Gesang dem Betroffenen ganze stimmungsvolle *Geschichten* erzählen. Natürlich können Sie beim Singen, statt auf *na* zu singen auch Wörter formen. Aber es hat sich herausgestellt, dass dies oft eher eine Behinderung ist.

Vielleicht fragen Sie sich jetzt, warum Sie summen und singen sollen, wenn Sie doch auch sprechen könnten. Aber in diesem Dialog ist nicht so sehr der Inhalt der Wörter wichtig, vielmehr erreichen die Töne den Betroffenen auf einer anderen Kommunikationsebene als das Sprechen. Während beim Sprechen der Ton nur kurz anklingt, schwingen die gesummten und gesungenen Töne lange nach. Auch wenn der Betroffene auf einer anderen Bewusstseinsebene weilt, erreichen ihn diese Töne. Ob allein auf Grund der längeren Schwingungen oder der Variation des Sinneseindruckes im Gegensatz zur gesprochenen Sprache, ist nicht geklärt. Wir können aber davon ausgehen, dass Betroffene, die die sprechende Sprache auch mit negativen Sinneseindrücken wie beispielsweise unangenehmen Pflegemaßnahmen oder schmerzvollen therapeutischen Eingriffen verbinden, sensibel gestaltetes Singen oder Musizieren ausschließlich als willkommene Alternative und positiv bewerten.

Von Farben, Ton und Sand

blau,
wie der Himmel in dir[29]

Sicher kennen Sie das auch, dass man an einem Tag lieber den roten Pullover, an einem anderen Tag aber den blauen Pullover lieber anzieht. Und dann wieder gibt es Tage, wo man gar keine Farbe verträgt und am liebsten nur im düsteren Grau herumlaufen würde. Farben wirken. Sie wirken nicht nur, weil wir sie mit unseren Augen wahrnehmen können. Sie wirken auch, wenn wir sie gar nicht bewusst sehen. Das können wir sehr leicht selber ausprobieren. Ziehen Sie sich doch einmal ein T-Shirt über Nacht an, dessen Farbe Sie richtig unangenehm finden. Oder verbringen Sie mit denselben farbigen Socken einen Tag in Stiefeln. Sie werden sich nicht wohl fühlen und schnell das Kleidungsstück wechseln.

Wir leben mit Farben, und nur selten machen wir uns bewusst, wie sehr uns Farben positiv und negativ beeinflussen. Farben können uns Energie rauben und Farben können uns Kraft schenken. Welche Farben wem gut tun, ist individuell verschieden und abhängig von vielen Komponenten. Es gibt bereits einige Erkenntnisse, wie Farben auf Menschen wirken. Diese Erkenntnisse fließen bereits in vielen Kliniken und Altenheimen bewusst in die Farbgestaltung ihrer Räumlichkeiten mit ein. Aber wir haben vor allem auch in der Begleitung von Schwerkranken und Sterbenden daheim die Möglich-

---

[29] Im Kreuz-Verlag sind zu den Farben Rot, Gelb, Blau und Grün Sinngedanken von Ulrich Schaffer erschienen.

keit, mit Farben die Sinne zu stimulieren bzw. zu beruhigen, somit die Lebensqualität des Betroffenen zu unterstützen. Es ist zunächst wichtig zu erkennen, welche farblichen Vorlieben der Betroffene hat. Diese Vorlieben sind zu differenzieren in:

- Welche Farbe mag der Betroffene am eigenen Körper tragen?
- Welche Farben sind ihm im Raum angenehm (Kissen, Teppich, Wandfarbe)?

Die Vorlieben können je nach körperlicher und seelischer Kondition innerhalb kurzer Zeit wechseln und sind daher immer wieder zu überprüfen. Um ein kurzfristiges Wechseln der Farben zu ermöglichen, sind folgende *Farbträger* hilfreich: Kissen- und Bettbezug, Wolldecke, Handtuch, Waschlappen, Bilder in Wechselrahmen, Blumen, Tuch oder Schal, Socken etc. In Kliniken, Alten- und Pflegeheimen sowie Rehakliniken unterstützen schon heute die geeignete Farbwahl von Kissen, Wolldecken und leicht zu wechselnde Gardinen den Heilungsprozess.

Vielleicht mögen Sie sich einfach einmal ein Blatt Papier nehmen und mit weichen Buntstiften, besser noch mit Pastellwachskreiden dieses Blatt mit den Farben bemalen, welche Ihnen gerade gut tun. Vielleicht malen Sie zunächst eine Blumenwiese, aber vielleicht mögen Sie auch gleich die Farben einfach intuitiv und abstrakt auf dem Papier verteilen. Wir können so beispielsweise unsere Emotionen in Farbbildern zum Ausdruck bringen. Oder auch in Motiven und Symbolen unsere Phantasie entwickeln lassen. Wenn wir nach dem Malen in Ruhe das Bild betrachten, sind wir oft sehr erstaunt, wie viel Ausdruckskraft in unserem Malen steckt. Dabei kommt es nicht darauf an, ob wir gut zeichnen können oder ob ein anderer Betrachter es *gut* findet. Vielmehr liegt der Wert des Bildes darin, ob wir unsere Gefühle wiedererkennen können.

In der kommunikativen Begleitung von Schwerkranken und Sterbenden kann auch der Einsatz von *Maltherapie* anregend sein. In der professionellen begleiteten Maltherapie setzt sich der Betroffene ebenfalls auf einer bildnerischen Ebene mit seiner Situation und sei-

nen Stimmungen auseinander. Es geht nicht um ein besonders gelungenes Kunstwerk, vielmehr versucht der Betroffene, Gedanken
und Gefühle im Malen auf einer anderen Kommunikationsebene
auszudrücken. Im Umgang mit dem Farbspektrum, der Farbinten-
sität, ggf. verwendeter Symbolik können innere Prozesse (z.B. Erkennen von Barrieren, Loslösung) unterstützt werden. Die *Kunsttherapie*,
welche das Zeichnen, Malen und die Arbeit mit Ton beinhaltet, gilt
als ergänzende Therapieform[30]. „In der Kunsttherapie steht der aktive,
bildnerische und nonverbale Prozess im Vordergrund. Dies bewirkt
beim Patienten Entspannung, Klärung, Ausgleich und körperliches
Wohlbefinden. Verschüttete Ressourcen werden geweckt. Das künstlerische Erleben führt zu einer bewussteren Wahrnehmung, die die
Lebens- und Willenskräfte stärkt."[31] Der durch einen Schlaganfall
veränderte Alltag von Frau B. wurde bereits im Kapitel „Ein veränderter Alltag – eine veränderte Sprache?" eingehend beschrieben.
Nach einem Jahr der Trauer über den Verlust ihrer Sprachfähigkeiten
entdeckte Frau B. unter anderem mit Hilfe der Kunsttherapie neue
Ausdrucksmöglichkeiten, die sie sogar soweit motivierten, dass sie
eine relative verbale Sprachfähigkeit wiedererlangen konnte. Frau B.
malte in der ersten Begegnung mit der Kunsttherapeutin mit Buntstiften zunächst zaghaft einige kleine Blumen in eine der Ecken des
Blattes. Sie verwandte aber bereits hier schon die Farbe Rot, die ihr
Kraft geben sollte. Und auch in den weiteren Blumenbilder, die Frau
B. nun immer kräftiger, raumgreifender und selbstbewusster malte,
bestimmten alle Nuancen der Farbe Rot ihren Ausdruck. Frau B. entdeckte im Malen eine neue Ausdruckskraft ihrer Gefühle. Je nach
Stimmung variierte sie die Blumenbilder in zarten bis kräftigen Stri-
chen, Formen und Flächen. Aber Frau B. wollte nach der langen Zeit
der verbalen Sprachlosigkeit nicht weiter einen Monolog führen,
wollte sich nicht alleine mit ihren Bildern unterhalten. Sie vermittelte mir wiederholt, dass der Kontakt mit der kunsttherapeutischen Begleiterin ihr wichtig sei. Sie wollte mit jemanden malen,
über die Bilder sprechen und auf diese Weise kommunizieren kön-

---

[30] Literatur zum Thema: Golombek (2000), Marbacher (1991), Mees-Christeller
(1995) (2000), Vollmar (1992).
[31] S. a. www. Fachlinik Wangen.de

nen. Es scheint besonders wichtig, gerade auch Schlaganfallpatienten und anderen Schwerkranken eine alternative Kommunikationsebene wie das Malen anzubieten. Diese Kommunikationsebene sollte die krankheitsbedingt körperlichen, geistigen und seelischen Einschränkungen respektieren und positiv erlebbare, kreative Gestaltungsmöglichkeiten bieten. Hierbei stehen nicht nur neurologische Schwerpunkte und ergotherapeutische Ziele im Vordergrund (Schulung der Fein-, Senso- und Graphomotorik, Koordination von Bewegungsabläufen), vielmehr gilt es, Entspannungsmomente zu fördern und eine Motivation zu bieten, die Krankheit, den veränderten Alltag kreativ zu gestalten, zu verarbeiten. Die kunsttherapeutische Begleitung von Schwerkranken und Sterbenden bietet ein großes Repertoire für eine nonverbale Kommunikation zwischen Begleiter und Betroffenen. Dies befähigt sie gerade auch im Einsatz beispielsweise bei Patienten mit Sprachstörungen. Die Symbolkraft der Malerei entspricht durchaus auch der Ausdruckskraft von Menschen mit einer Demenz, vor allem aber von Sterbenden. Bilder, gezeichnet in der letzten Lebensphase von Menschen, spiegeln dies oft wider. Die neue Kommunikationsebene – das Zeichnen, das Malen, die Arbeit mit dem Ton –, all dies bietet für den Betroffenen die Möglichkeit, seine Selbstständigkeit neu zu erleben, sich mit seinen Gedanken und Gefühlen auseinander zu setzen, letztendlich sich mitzuteilen.

Es ist nicht schwer, mit Farbe zu kommunizieren. Es macht jedoch vor allem dann Freude, wenn man das richtige Material hat. Für die Arbeit am Bett ist es gut, wenn Sie folgende Materialien bereithalten: ein Brett oder einen festen Karton als Unterlage, ein nicht zu glattes Papier (ca. Din-A3) und Wachspastellkreiden oder weiche Bundstifte. Wenn der Betroffene beim Malen sich nicht beobachtet fühlen soll, malen Sie als Begleiter doch einfach parallel dazu auch ein Bild. Wichtig wie immer: Interpretieren Sie im Nachherein nicht gegenseitig ihre Bilder. Wer mag, kann dem anderen etwas über sein Bild erzählen. Oder lassen Sie die Bilder auch einfach so auf sich wirken. Nehmen Sie sich in jedem Fall Ruhe und Raum für das Malen und gestalten nur eine der folgenden Anregungen pro Zeit.

Die Blumenwiese
Stellen Sie sich doch einmal vor, Sie würden wie eine Biene über eine große Blumenwiese fliegen. Sie sehen viele verschiedenfarbige Blüten von oben. Lassen Sie Ihrer Phantasie freien Lauf und malen Sie mit den entsprechenden Farben eine große Blumenwiese.

Schatten und Licht
Knicken Sie einmal das Blatt Papier und lassen zunächst die eine Hälfte nach hinten geklappt. Auf der vorderen Hälfte verteilen Sie nun diejenigen Farben, die für Sie Düsternis, Dunkelheit und Schatten bedeuten. Überanstrengen Sie sich nicht und beenden Sie die Schattenseite, wenn es Ihnen zu viel Düsternis wird. Dann nehmen Sie die nach hinten geklappte Papierhälfte und bemalen Sie mit all jenen Farben, mit denen Sie das Licht assoziieren.

Der Übergang
Sie legen das Blatt Papier senkrecht vor sich und knicken es im unteren Drittel leicht schräg über die gesamte Breite. Glätten Sie danach das Blatt wieder und bemalen Sie das untere Drittel mit den Ihnen angenehmen Farben. Anschließend nehmen Sie Ihren Finger (oder eine weiße Wachspastellkreide) und ziehen ihn vom unteren Drittel über den Knick hinaus. Die Farben *verschwimmen* so in den oberen Teil des Bildes. (Natürlich können Sie diese Anregung auch mit Wasserfarben machen, wobei Sie später die Farben über den Knick hinaus mit einem feuchten Pinsel ziehen.)

Die Annäherung
Vielleicht mögen Sie mit einem Partner Ihres Vertrauens ein gemeinsames Bild malen. Legen Sie das Blatt Papier senkrecht, so dass beide Partner an einem Ende mit dem Malen beginnen können. Vielleicht mögen Sie zunächst eine Blumenwiese malen, vielleicht aber einigen Sie sich auch darauf, dass beide einfach improvisieren – abstrakt oder gegenständlich –, malen, Farben intuitiv wählen und jeder für sich in Richtung Blatt-

mitte sich vor*arbeitet*. Wie werden Sie sich wohl in der Mitte des Bildes treffen? Welche gemeinsame Bildmotive entstehen so?

Bild-Dialoge

Verabreden Sie sich, dass immer nur einer zur Zeit malt. Sie können sich vereinbaren, dass sie z. B. nur abstrakt mit einer Farbe bzw. gegenständlich mit mehreren Farben malen. So entsteht eine Reihe von kleinen Maleinheiten, wobei jeder mit seiner auf die des anderen eingeht. Vielleicht unterhalten Sie sich auch mit Hilfe von so genannten Piktogrammen, kleinen bildlichen Zeichen, die jeder versteht. Oder Sie malen ein Bilderrätsel, in dem ein Wort oder ein ganzer Gedanke enthalten ist. Lassen Sie Ihrer Kreativität ihren Lauf.

Das Bilder-Tagebuch

Wenn der Betroffene seine Liebe zu Farben und zum Malen entdeckt hat, vielleicht mögen Sie ihm ein Ringbuch mit Malpapier überreichen. So kann er jederzeit dies nehmen und, ähnlich einem Tagebuch, seine Gedanken und Gefühle in Farben und Formen als Erinnerung malen.

Farben Licht schenken

Vielleicht möchten Sie für den Betroffenen oder gemeinsam mit ihm eine Farben-*Ziehharmonika* basteln, welche das Licht auffängt und so die einzelnen Farben leuchten lässt. Der Betroffene kann durch das selektive Betrachten der ihm angenehmen Farben die positive Wirkung der Farben aufnehmen.

Sie benötigen 12 Blätter Aquarellpapier in der Größe von Postkarten, Wasserfarben und durchsichtiges Klebeband. Tragen Sie mit einem weichen, dicken Pinsel die Farben satt auf das Papier, wobei Sie immer zwei Blätter mit einem ruhigen, harmonischen Pinselstrich und derselben Farbe bemalen: Rot – Orange – Gelb – Grün – Blau – Lila. Verwenden Sie *klare Farben*. Lassen Sie die Farben trocknen und legen Sie die senkrechten Karten dann entsprechend der obigen Farbreihenfolge nebeneinander: 2 rote Karten, 2 orange Karten usw. Kleben Sie mit Hilfe des Klebebandes die Karten beidseitig aneinander und falten Sie die Karten so,

118

dass eine Ziehharmonika entsteht. Wenn Sie diese dann auf einem Fensterbrett aufstellen, kann das Licht die Farben von hinten erhellen. Die Lichtdurchlässigkeit des Papiers verstärkt die Intensität und die Wirkung der Farben. Und das Auge des Betrachters wird automatisch zu den Farben hinwandern, die ihm gerade besonders viel Kraft geben. Diese Farben können dann auch in anderen Accessoires des Tages sich wiederholen: z. B. Serviette, Trinkbecher, Handtuch etc.

Spaziergang in den Farben der Natur
In der Natur werden wir mit Farben reichhaltig beschenkt. Nicht immer gelingt es uns aber, die Natur nah zu erleben, sie in die Begleitung von Schwerkranken und Sterbenden zu integrieren. Mit Hilfe dieses Spazierganges in den Farben der Natur können wir aber wieder unsere Erlebnisse mit der Natur hervorrufen und die Farben der Natur noch einmal lebendig werden lassen.

Hören Sie zunächst gemeinsam mit dem Betroffenen etwa fünf Minuten heitere, aber nicht zu schnelle und laute klassische Musik, lesen Sie dann ganz ruhig den Text vor. Lassen Sie sich und dem Betroffenen Zeit, den Text in Ihrer eigenen Phantasie zu erleben. Machen Sie unbedingt eine Pause nach jedem Textabschnitt. Und vielleicht mag der Betroffene dabei entspannt seine Augen schließen.

- Es ist ein wunderschöner Frühsommertag. Der Himmel ist herrlich hellblau und die Sonne spiegelt sich in kleinen Tautropfen auf den Blättern. Sie fahren durch grüne Felder mit einem kleinen Vorortzug.
- Der Zug verlangsamt seine Fahrt und Sie erreichen einen kleinen rotbraunen Bahnhof.
- Sie steigen aus und entdecken am Bahnhofsgebäude ein großes lila Plakat, dessen obere Ecke im Wind flattert.
- Sie beginnen Ihre Wanderung in die weiten Felder und Wiesen. Das frische Grün steht bis an den Wegesrand.
- Sie sehen einen kleinen grünen Grashupfer von Zweig zu Zweig hupfen. Einer landet vor Ihren Füßen auf dem gelben Sandweg.

- In der Ferne sehen Sie ein großes Kornfeld mit seinen hellgelben Ähren. Dahinter ein Rapsfeld mit seinen kräftig gelben Blüten.
- Sie legen sich am Rande der Felder auf einen Rasenstreifen und entdecken das kräftige Blau einiger Kornblumen. Sie haben die Augen geschlossen und vergleichen in Gedanken das Blau des Himmels mit dem Blau dieser Blumen.
- Etwas kitzelt Sie an der Nase und als Sie die Augen öffnen, umflattert ein weißer Schmetterling Ihre Nase. Etwas ferner schwebt eine feine weiße Wolke am Himmel vorbei.
- Sie erheben sich und gehen den Weg weiter. Ein paar kräftig rote Mohnblumen stehen am Wegesrand. Ein Windstoß, und eines der Blütenblätter flattert im Wind hinauf zum Himmel und dann wieder hinab auf einen dunkelbraunen Acker.
- Sie gehen weiter bis in den Wald. Die Erde unter Ihren Füßen wird dunkler und große Farnblätter wiegen sich in Schatten und Licht. Auf einem der Farnblätter krabbelt eine kleine grüne Raupe.
- Sie gehen auf weichem, von rotbraunen Nadeln übersäten Boden durch den dichten Wald und entdecken in der Ferne eine kleine Lichtung. Dort haben sich Moose auf dem Boden angesiedelt, auf die Sie sich zu einer kleinen Pause niederlassen.

Beenden Sie diesen Spaziergang nach einer kleinen Pause mit leiser klassischer Musik und geben Sie dem Betroffenen Zeit, wieder aus seinen Phantasien zurückzukehren. Wenn Sie mögen, sprechen Sie über Ihre Erlebnisse auf dem Spaziergang: Welche Farben haben Sie gesehen? Welche waren angenehm, welche eher unangenehm?

Tragen wir Farbe auf ein Blatt Papier, können wir die Farben und Formen nur zweidimensional erleben. Unsere Umwelt ist aber dreidimensional und so haben auch unsere Sinne ein Bedürfnis die Dreidimensionalität, den *Raum zu begreifen*. Mit Hilfe von Ton und Sand haben wir die Möglichkeit, eben dies zu erleben.

Mit Ton formen

In Bastelgeschäften können Sie Modellierton oder weiche Plastiziermasse kaufen. Wenn Sie eine handgroße Menge des Tons nehmen und aus ihm eine Kugel formen und rollen, können sie z. B. eine Höhle formen. Stellen Sie sich eine schöne Musik an und lassen Sie Ihren Händen und Fingern freien Lauf. Oft sind es die abstrakten Formen, die unsere Phantasie anregen und unsere Gedanken und Gefühle besonders gut wiedergeben.

Vielleicht mögen Sie auch gemeinsam mit einem Partner den Ton formen. Jeder nimmt sich eine Kugel Ton und formt intuitiv eine Plastik, ohne dass der andere sie vorab sieht. Lassen Sie dann beide Formen auf sich wirken und betrachten Sie sie: Gibt es eine Berührungsstelle, wo beide Ton-Plastiken zusammenpassen könnten?

In Sand malen

Lassen Sie feinen Vogelbauer- oder Sandkastensand durch die Finger und die geschlossene Hand auf ein Tablett mit einem hohen Rand rieseln. Wenn Sie mögen, streichen Sie den Sand auf dem Tablett etwa einen Zentimeter dick glatt und ziehen Sie mit einem Finger spielerisch Kreise. Oder Sie malen Spiralen von innen nach außen (sich entfalten, befreiend) bzw. von außen nach innen (auf sich besinnend), wie es gerade Ihrer Stimmung entspricht. Vielleicht mögen Sie auch einmal eine liegende Acht malen, wobei Sie die Acht von oben rechts nach unten links beginnen. Wenn Sie die Acht mit Ihrem Finger im stetig fortlaufenden und ruhigem Tempo weiterverfolgen, kann dies ausgleichend, konzentrierend und meditativ wirken. Vielleicht mögen Sie auch eine schöne Tanzmusik anstellen, im Rhythmus und Tempo dieser Musik Ihre Kreise und Achten durch den Sand ziehen. In Bastelgeschäften gibt es auch farbigen Sand (Sandmal-Sets), wie er in vielen Kulturen zur Gestaltung von meditativen und symbolischen Bildern verwandt wird.

Dialoge mit Farbe, Ton und Sand sind Gespräche mit unserem *Selbst*, Begegnungen mit unseren Gedanken und Gefühlen. Sie können aber auch eine neue, kreative Kommunikationsebene in der Begleitung von Schwerkranken und Sterbenden aufzeigen, wenn Farbe, Ton oder

Sand das geeignete Medium wird, unsere Gedanken und Gefühle dem anderen nonverbal mitzuteilen. Die Basis für den Dialog mit Farbe, Ton und Sand ist die Freiheit, das Spiel mit den Materialien sinnlich zu genießen.

Tiere als therapeutische Begleiter

Tiere können als so genannte *therapeutische Begleiter* eine wichtige Rolle insbesondere auch in der Kommunikation mit schwerkranken Menschen übernehmen. In den angelsächsischen Ländern bestehen seit über 20 Jahren positive Erfahrungen mit Tieren als therapeutische Begleiter. Seit über zehn Jahren besteht mittlerweile auch in Deutschland der Verein *Tiere helfen Menschen* (s. Adr.), welcher in Form von Tierbesuchsdiensten in Altenheimen, Schulen und Kliniken sowie im Rahmen von Seminaren und Fachtagungen praktisches Engagement zeigt und theoretisches Wissen vermittelt. Für interessierte Pädagogen und Therapeuten wird seit 2001 in Deutschland eine berufsbegleitende Weiterbildung im Bereich *Tiergestützte Pädagogik bzw. Therapie* von dem *Institut für soziales Lernen mit Tieren* (s. Adr.) angeboten. 2000 entstand eine kleine Studie zum Thema *Wie können regelmäßige Tierbesuchsdienste die physische, psychische, mentale und soziale Konstitution unterstützen helfen?* Die Ergebnisse meiner Studie und eine umfangreiche detaillierte Erörterung zu dem Thema *Tiere als therapeutische Begleiter* (z. B. Wirkung der Tier-Mensch-Beziehung, Zielgruppe der Tier-Begleitung, Verhalten und Hygiene, geeignete Tiere, Integration von Tieren in ein Pflege-

bzw. Therapiekonzept etc.) finden sich in dem Buch *Tiere als therapeutische Begleiter* (Otterstedt 2001c). Aus diesem Grund erlaube
ich mir, im Rahmen dieses Buches nur einen kurzen Überblick zur
Wirkung von Tierbesuchen sowie jener Schwerpunkte der Mensch-
Tier-Beziehung vorzustellen, welche für die Begleitung von Schwerkranken und Sterbenden besonders interessant sind.

Welche physischen Auswirkungen werden durch den Kontakt mit
Tieren ausgelöst? Die Begegnung mit Tieren weckt beispielsweise
Freude. Eine Vorfreude auf den Besuch eines Tieres, die Freude während des Treffens und die freudige Erinnerung an eine gute Begegnung
zwischen Tier und Mensch können schon mal den Puls kurzfristig etwas höher treiben. Letztendlich aber zeigen langjährige Erfahrungen
aus den USA und Großbritannien, dass der regelmäßige Kontakt mit
Haustieren langfristig den Blutdruck senken hilft. Darüber hinaus
können motorische Fähigkeiten reaktiviert und gefördert werden.
Die Genesung von Krankheiten kann unterstützt, der Appetit gestei-
gert und vor allem die Atmung angeregt werden. Besonders bemer-
kenswert finde ich, dass gerade in der Zeit während der Tierbesuche
die Anfragen nach medizinischer und pflegerische Hilfe stark reduziert sind. Ein Grund dafür könnte natürlich eine durch den Tierbesuch entstandene kurzfristige Ablenkung vom eigenen Leid sein.
Viele Erfahrungsberichte beschreiben jedoch eine länger anhaltende
Mobilisierung eigener Kräfte, die Grund für einen Rückgang der
Hilfsbedürftigkeit sein könnte.

Wie und weshalb können sich Tiere positiv auf die Psyche des
Menschen auswirken? In der freien Begegnung zwischen Tier und
Mensch reagieren wir vor allem auf die (fast) bedingungslose Offenheit eines Tieres. Das freudige Schwanzwedeln eines Hundes zeigt
uns beispielhaft das *Angenommensein* durch ein anderes Wesen.
Oder die Katze, die sich an unsere Beine schmiegt, das Kaninchen,
welches sich in unseren Schoß kuschelt, beide Gesten vermitteln
uns eben das Gefühl des Angenommenwerdens. Aus diesem Gefühl
kann sich *Nestwärme* und *Geborgenheit* entwickeln, beide geben
heilende Impulse für unsere Seele und beidem begegnen wir vor allem dann, wenn wir selber die Gelegenheit erhalten, *Liebe zu empfangen* und *Liebe zu schenken*. Das ruhige Streicheln unserer Hände

wird beantwortet durch die entspannte Haltung des Tieres oder durch die sich vertrauensvoll schließenden Augenlider des Tieres. Uns wird *warm ums Herz* und wir entspannen uns, wenn wir sein weiches Fell streicheln, seine Körperwärme und die gleichmäßigen, ruhigen Atembewegungen spüren. Ein Stofftier kann man ebenso liebkosen und streicheln, aber es wird nie die Liebkosung erwidern, besitzt keine Körperwärme und keine Atembewegungen. Und mit unseren vielen feinen Sinnen, wie z. B. dem Geruchssinn, nehmen wir wahr: Das Kuscheltier ist Eigenleben. Stofftiere haben eine wichtige Funktion in der Therapie, Pflege und Betreuung von Menschen. Sie können aber den Kontakt und den Dialog mit lebendigen Tieren nicht ersetzen.

Die Begegnung mit einem Tier ruft in uns viele Gefühle und Erinnerungen wach. Manche Menschen genießen diese Gefühle und Erinnerungen. Für andere sind sie so schmerzhaft, dass sie lieber auf einen Tierbesuch verzichten möchten. Viele Menschen haben Erinnerungen an ein Haustier, welches früher einmal einen wichtigen Platz in ihrem Leben hatte. Und wenn damals die Zeit des Abschiednehmens und der Trauer nicht gelebt werden konnte, dann können jetzt – in der Begegnung mit einem anderen Tier – die schmerzhaften und traurigen Gefühle wieder präsent werden. Manchmal löst gerade so eine ausbrechende Trauer aus, dass nun der Mensch die Zeit und den Mut findet, seine Gefühle anzunehmen. Da ist es hilfreich, noch einmal das Foto vom längst verstorbenen Hund hervorzuholen und über all die schönen, vielleicht auch aufregenden Erlebnisse mit ihm nachzudenken. Und sicher darf man jetzt auch die Tränen noch einmal fließen lassen. Schön ist es auch, wenn jemand bei einem ist und man ihm die Geschichten erzählen kann. Jeder Mensch benötigt eine ganz individuelle Zeitdauer für das Abschiednehmen, das Loslassen und die Trauer. Manche Menschen finden durch die zunächst schmerzhaften Erinnerungen zu einer heilsamen Trauer und mögen so später erneut Tieren wieder begegnen.

Der Kontakt mit Tieren fördert auch die soziale Kompetenz von Menschen. Dies wurde speziell im Rahmen der Alten- und Krankenbegleitung beobachtet und natürlich auch bei Menschen, die zunächst wenig oder keinen Kontakt zu ihrem sozialen Umfeld aufbauten (z. B. Behinderte, Traumatisierte [z. B. nach Krieg, sexuellen

124

Übergriff]). Durch den körpersprachlichen Dialog mit einem Tier finden viele Menschen alternative Kommunikationsebenen und können sich so auch gegenüber Menschen artikulieren. Tierbesuche fördern den sozialen Kontakt, holen den Menschen aus einer möglicherweise bestehenden Isolation heraus. Menschen werden im Umgang mit Tieren körperlich, geistig und seelisch gefordert, erleben aktiv ihre physischen, psychischen und mentalen Talente. Im Gespräch mit ihren Mitmenschen werden vor, während und nach einem Tierbesuch Erinnerungen, Gedanken und Gefühle ausgetauscht und führen so auch zu einer sozialen Kontaktaufnahme zwischen zuvor Fremden.

Der Einsatz von Tieren in der Begleitung von schwer kranken und sterbenden Menschen kann nur dann erfolgreich sein, wenn der Betroffene selber diese Begegnung Mensch-Tier möchte. Diese Begegnung kann für einen Schwerkranken ebenso eine Bereicherung sein wie für einen Komapatienten, einen Menschen mit einer Demenz oder für Menschen in der letzten Lebensphase. Immer gilt, sehr sensibel das Thema anzusprechen und nicht den Betroffenen mit einem Tierbesuch zu überfallen. In der Regel sind vor allem jene Tiere günstig, welche der Betroffene bereits kennt. Insbesondere für Komapatienten gilt, den Betroffenen nicht mit einer fremden Tierart zu überfordern. Versuchen Sie den Tierbesuch gut vorzubereiten[32]:

- Wie geht es dem Betroffenen an diesem Tag? Wie ist die momentane körperliche, seelische und geistige Konstitution? Ist der Tierbesuch möglicherweise eine Überforderung oder könnte es für ihn eine willkommene Abwechslung bzw. Anregung sein?
- Wie geht es dem Tier? Ist es gut auf den Tierbesuch vorbereitet?
- Bin ich als Begleiter gut auf den Tierbesuch bei dem Betroffenen vorbereitet?

Ein Besuch von Verwandten oder auch die Lieblingssendung im Fernsehen kann für den Betroffenen an einem Tag mitunter gerade mehr Wert besitzen als ein Tierbesuch, denn Verwandtenbesuch und Fernsehsendung sind bekannte Elemente des eigenen Lebens und bieten Sicherheit. Vor diesem Hintergrund wird noch einmal deutlich, dass

---

[32] S. a. Otterstedt (2000).

der Tierbesuch – wie auch andere Kommunikationsebenen – immer nur ein Angebot an den Menschen sein kann. So, wie auch das Tier deutlich zu verstehen geben wird, wann es keine Lust auf Kommunikation hat, so wäre es gut, wenn wir auch den Betroffenen unterstützen mögen, frei zu sagen, wenn er keine Lust auf einen Tierbesuch hat oder wann er den Besuch beenden möchte.

Frau H. lebt auf der gerontopsychiatrischen Station eines Münchner Altenpflegeheimes. Neben der Betreuung durch Fachpersonal und Beschäftigungstherapeuten partizipieren die Bewohner dieser Station von den Tierbesuchen des Münchner Tierheimes, die ich seit Sommer 2000 fachlich begleite. Frau H. erhält einen gezielten Einzelbesuch durch ein Kaninchen. In der einfühlsamen Begegnung zwischen Tier und Mensch werden auch Frau H.s kommunikative Fortschritte sichtbar.

Bei meinem ersten Besuch treffe ich Frau H. an einem Tisch sitzend im Wohnzimmer der Station an. Auf meine Frage hin, ob es ihr recht sei, wenn ich sie heute mit einem Kaninchen besuche, nickt Frau H. Ihre Mimik verändert sich kaum. Ihr Gesichtsausdruck wirkt ängstlich, verschlossen, ein wenig mürrisch; ihr Blick scheint skeptisch das auf meinen Schoß sitzende Kaninchen zu betrachten. Frau H. wiederholt nur einen Satz: „Ich mache alles kaputt!" Dieser Satz kommt ohne Dialogzusammenhang und immer wieder auch als Antwort auf konkrete Fragen. Da Frau H. meine Fragen dem Sinn nach aber zu verstehen scheint, beginne ich mit ihr eine ganz normale Unterhaltung. Ich gebe ihr die Zeit, ihre Gedanken zu entwickeln und Antworten zu suchen. Diese Antworten finde ich in den unmerklichen Veränderungen ihrer Mimik und Körperhaltung, letztendlich in der sich langsam entwickelnden Gelöstheit der anfänglichen Körperanspannung. Verbal wiederholt Frau H. stetig: „Ich mache alles kaputt!", aber ihre nichtsprachlichen Zeichen zeigen, dass nicht so sehr der Inhalt dieses Satzes ihr Dialogbeitrag ist, vielmehr benutzt Frau H. ihre gesamten Ausdrucksmittel, um sich an diesem Dialog zu beteiligen. Sie zeigt, dass Worte in dieser Situation nicht wirklich wichtig sind. Im Laufe des Gespräches, in dem ich sie auch immer wieder einlade, einmal das Kaninchen zu streicheln, verändert sich auch die Stimmmelodie und das Sprechtempo von Frau H.

126

Ich erzähle Frau H., dass das Kaninchen nicht *kaputt* gehen kann, da ich ganz persönlich für das Tier Sorge tragen werde. Letztendlich, nach mehreren zögernden Versuchen, berührt Frau H. kurz einmal das Fell des Kaninchens. Wir kommen in ein Gespräch darüber, wie sich das Fell anfühlt. Frau H. bietet in diesem Dialog verschiedene Varianten von „Ich mache alles kaputt!" an, ihre Augenbewegung hat sich aus einem starren Blick auf den Tisch zu einem bewegten Blickkontakt zwischen Tisch, Kaninchen und meinen Augen entwickelt. Ich versuche auf Frau H.s nonverbale Kommunikation einzugehen, fordere sie bewusst mit Hilfe von ruhigen Bewegungen der Augenbrauen, Augen und des Lidschlusses auf, ihren Blick auf dem Kaninchen ruhen lassen zu dürfen. Frau H. konzentriert sich noch einmal auf das Tier und probiert letztendlich – ohne Aufforderung von meiner Seite – erneut aus, wie sich das Fell des Kaninchens anfühlt.

Als ich beim nächsten Termin Frau H. erneut mit einem Kaninchen besuche, huscht Frau H. ein kurzes Lächeln über das Gesicht. Sie sitzt an derselben Stelle, am gleichen Tisch im Wohnzimmer, aber ihr Körper ist weniger unter Spannung. Ich setze mich wieder an denselben Platz wie beim ersten Mal und nehme das Kaninchen auf meinen Schoß. Vom Heimleiter höre ich, dass Frau H. immer wiederholt: „Ich mach' alles krank!" Der stetig wiederholte Satz hat sich in den Wörtern geändert, scheint aber nach wie vor dieselbe Funktion im Dialog zu besitzen. Beim letzten Besuch hatte ich ein braunes Kaninchen mitgebracht. Als ich Frau H. eine Auswahl anderer Farben angeboten hatte, hatte sie sich ein weißes Kaninchen gewünscht. Und nun sitzt ein weißes Kaninchen auf meinem Schoß und Frau H. lächelte mich an und meint erstaunt: „Dass Sie daran gedacht haben!" Diese veränderte Fellfarbe, vielleicht noch mehr, dass ein Mensch für sie einen kleinen Wunsch erfüllt hat, dies scheint für Frau H. ein Impuls, ihren Satz „Ich mach' alles krank!" zeitweise zu verlassen. Frau H. genießt es, ab und zu über das Fell des Kaninchens zu streicheln und meint: „Wie schön weich es ist!" Ich frage sie, ob es ihr angenehm wäre, wenn ich es ihr mal auf ihren Schoß setzen würde. Sie nickt bestimmend und wir arrangieren gewissenhaft ein Plätzen auf ihrem Schoß, so dass das Kaninchen sich sicher fühlt. Frau H. betrachtet das Kaninchen und streichelt es ab und zu. Ihre Mimik zeigt hohe Konzentration und zwischendurch lächelt sie mich an.

Bei dem folgenden Besuch hat sich bereits die Sprache von Frau H. soweit variiert, dass sie das Kaninchen und mich begrüßt und mit mir kurze verbale Dialoge führt. Immer ist der Besuch des Kaninchens Anlass des Gespräches. Auch wenn Frau H. sagt, dass sie ja eigentlich jedes Kaninchen gerne mag, unser Abschiedsritual bleibt: *„Welches Kaninchen hätten Sie denn gerne?"*

Verwirrte oder desorientierte Menschen können von der Begegnung mit Tieren sehr profitieren. Es werden nicht nur motorische und sprachliche Fähigkeiten re-/aktiviert, vor allem das Gedächtnis wird auf eine besonders reizvolle Art und Weise motiviert. Darüber hinaus können gerade Tiere, die beispielsweise gemeinsam mit den Bewohnern einer gerontopsychiatrischen Station leben, die Lebensqualität im emotionalen Bereich verbessern helfen. Eine Bewohnerin eines Münchner Altenpflegeheimes ließ sich immer von ihrem Teddy begleiten, den sie liebevoll in ihrem Arm hielt, mit dem sie sprach und den sie herzte. Allein während der Tierbesuche, wenn ihr gerade ein Kaninchen angeboten wurde, legte sie kurzfristig das Stofftier bei seite, wurde das lebendige Tier eine wahre Alternative zu dem ihr bekannten Stofftier. Für Menschen mit einer Demenz, welche beispielsweise mit einem Stofftier Dialoge führen, kann ein lebendiges Tier eine ergänzende bzw. alternative Dialogerfahrung bedeuten.

Tiere als therapeutische Begleiter bei Komapatienten einzusetzen, verlangt eine hohe Sensibilität der Begleiter. Als Begleiter sollten wir uns sicher sein, dass der Betroffene dem Tier begegnen möchte. Eine andere Bewusstseinsebene impliziert oft auch ein verändertes phantasievolles Erleben der Umwelt, in dem beispielsweise ein bekanntes Haustier plötzlich einen anderen Wert, eine andere Funktion erhalten kann. Auch kann es bei einer Begegnung Mensch-Tier überraschend zu Abwehrreaktionen kommen, die wir sofort akzeptieren sollten. In der Regel aber können gerade bekannte Tiere oder auch nur ihr Geruch dem Komapatienten wichtige Impulse für die seelische Stärkung geben und zu einem körperlichen Wohlgefühl beitragen. Oft sind Begegnungen zwischen Komapatienten und Tier mit großen Erwartungen verbunden. Angehörige, Freunde und medizinisches Personal hoffen, dass der Tierbesuch neue Impulse setzt, vielleicht dem Komapatienten einen

Weg zurück auf unsere Bewusstseinsebene leitet. In der Regel setzen die Tierbesuche kleine, aber wichtige Impulse, welche vor allem die Lebensqualität des Komapatienten steigern helfen. Dies kann die beim Komapatienten im Klinikbett schnurrende und schlafende Katze sein. Oder beispielsweise ein Colli-Welpe im Schoß einer Wachkomapatientin, deren Handspasmus sich daraufhin löste, so dass sie den kleinen Hund streicheln konnte. Die Einbindung von Tieren in die Begleitung von Komapatienten scheint vor allem dann erfolgversprechend, wenn man an die Tiererfahrungen und -begegnungen anknüpft, die der Komapatient zuvor erlebt hatte; z. B. ein eigenes Haustier. [33]

Durch die aufmerksame Begleitung einer Pflegedienstleiterin eines ambulanten Pflegedienstes gelang es, für eine schwer kranke Tumorpatientin eine Begegnung mit einem Hund zu vermitteln. Die Betroffene hatte früher selber Hunde gehalten und wünschte sich nun eine Sterbebegleitung mit Hund. Glücklicherweise wurde schnell eine engagierte Tierärztin gefunden, die bereit war, mit ihrem Labrador die Patientin zu besuchen. Die erste Begegnung war recht lebhaft, da die Patientin ganz aufgeregt war und sich über den Tierbesuch freute. Sie versuchte, dem braven Hund alle möglichen Befehle beizubringen, die ihre damaligen Schäferhunde verstanden hatten. Aber da die Patientin ihre Hunde damals als Schutzhunde abgerichtet hatte, der Labrador aber kein Schutz-, sondern ein Begleithund war, kam es zu Enttäuschungen. Die Patientin sah, dass der Besuchshund ihre Erinnerungen an ihre eigenen Hunde nicht erneut lebendig werden lassen konnte. Bereits beim zweiten Treffen wurde deutlich, dass die Patientin kein weiteres Interesse an dem Tierbesuch hatte. Dieses Beispiel macht deutlich, wie sensibel die Integration von Tierbesuchsdiensten in die Begleitung von sterbenden Menschen ist. Die Betroffene hatte eine große Sehnsucht verspürt, noch einmal eine Begegnung mit einem Hund zu haben. Dass diese Begegnung ihren Erwartungen an den Hund nicht entsprach, war sicherlich schmerzvoll für sie, kann aber durch eine gute Begleitung aufgefangen werden, die einfühlsam ggf. auch auf eine mögliche Wiederbegegnung zwischen Mensch und Haustier nach dem Tod hinweisen kann. Die Begegnung

---

[33] Auszug aus Otterstedt (2001c).

zwischen dem Menschen und einem artfremden Wesen, hier dem Tier, kann heilsame Impulse im Menschen bewirken, welche den Betroffenen auf seinem Lebensweg unterstützen. Im oben genannten Beispiel führten die Tierbesuche bei der Patientin im Rahmen ihrer Trauerarbeit zu einer weiteren Loslösung: Die Sehnsucht nach der innigen Begegnung mit ihren Hunden löste sich von einer Realisierung dieser Begegnung im *Jetzt*. Die Patientin konnte mit Hilfe dieser Sehnsucht nun nach vorne blicken. Die Zuversicht, ihren Hunden bald, nach ihrem eigenen Sterben, begegnen zu können, half ihr im Prozess der Loslösung vom Leben.

Dank der ambulanten Hospizvereine und Pflegedienste können inzwischen viele Menschen in Deutschland ihre letzte Lebensphase daheim verbringen. So melden sich glücklicherweise auch viele Pflegedienstmitarbeiter oder Hospizvereine beispielsweise bei dem Verein *Tiere helfen Menschen*, wenn sie einen Sterbebegleiter mit Tier suchen. Denn viele Schwerkranke und Sterbende haben auf Grund der langen Krankheit und Klinikaufenthalte ihr Haustier bereits abgeben müssen und freuen sich nun wieder auf einen regelmäßigen Tierbesuch.

Zahlreiche Altersheime haben heute schon eine so genannte *Stationskatze* und berichten, dass die Katze sich unter anderem gerne in jenen Zimmern aufhält, wo Bewohner im Sterben liegen. Dort, wo Tiere das Leben der Bewohner mitleben, sind Tiere auch in der letzten Lebensphase wichtig. Warum auch sollte man das Tier gerade in den letzten Stunden des Lebens ausschließen? Noch dazu, wo Tiere so sensibel auf die seelische Stimmungslage der Menschen reagieren. Sie schenken durch ihre Anwesenheit Trost und Kraft sowohl den Sterbenden als auch den Zurückbleibenden.[34]

Anregungen zur Stimulation der Sinne

In der Kranken- und Sterbebegleitung begegnen wir oft Betroffenen, welche auf Grund ihrer Krankheit oder des nahen Sterbens unter *isolierenden Lebensbedingungen* leben. Die physische, psychische,

---

[34] Vgl. hierzu auch A. Claus (2000:36f).

mentale oder soziale Isolation besteht in der Regel aus einer Kombination unterschiedlicher Ursachen wie Hirntrauma, -blutung, Schlaganfall, Infektion, Stoffwechselstörung, Vergiftung, Sauerstoffmangel, aber auch Stress, Fehlen einer Lebensaufgabe, geringe soziale Eingebundenheit, unpersönlicher Umgang mit Heimbewohnern und Klinikpatienten. Die Isolation wird symptomatisch erlebt in Einschränkungen der Lebensqualität wie beispielsweise starke Erschöpfung, Querschnitts- und Halbseitenlähmung, Sprachbehinderungen, Taubheit, Blindheit sowie starken Schmerzen und Depressionen.

Sinnliche Wahrnehmungen benötigen einen Raum
zur Entfaltung und zur Kommunikation.

Wollen wir als Begleiter isolierenden Lebensbedingungen durch eine sinn*volle* Kommunikation begegnen, gilt es zunächst, auf den Betroffenen zuzugehen, ihm zuzuhören und ihn schließlich annehmen zu können. Im verbalen Dialog vertrauen wir auf unsere einfühlsamen Worte und die sprachbegleitenden Gesten. In einem körpersprachlichen Dialog werden wir als Begleiter nicht nur auf Distanz zum Betroffenen agieren können, vielmehr den direkten Körperkontakt zu unserem Dialogpartner – soweit es diesem angenehm ist – nicht scheuen.

Viele alte Menschen, aber auch Kranke erleben, wie die sie begleitenden Menschen sich scheuen, den Betroffenen anzufassen. Das mag aus der Angst heraus geschehen, dem Betroffenen nicht weh tun zu wollen, oft aber ist die Scheu auch begleitet von Scham- und Ekelgefühlen, den Mitmenschen berühren zu müssen. Wenn wir aber diesen Menschen ganz annehmen wollen, dann auch ganz mit seinem Körper, seinem Geist und seiner Seele. In der Berührung mit dem anderen haben wir auch die Gelegenheit, uns selber zu berühren. Wir kommen uns näher. Und die Berührung holt uns und unseren Gegenüber aus einer Isolation, welche nicht nur die körperliche Ebene meint, sondern auch die seelische und geistige. Fehlt dieser körperliche Kontakt, kommt es zu einem Entzug von taktilen Reizen. Dieser Entzug (sensorische Deprivation) kann sowohl Ursache, aber auch Folge der körperlichen, psychischen, mentalen und sozialen Isolation des Betroffenen sein.

Freiwillige Psychologiestudenten hatten 1954 in England an einem Experiment[35] zum Thema *Reizentzug* teilgenommen und waren in einer kleinen Einzelzelle durch diffuses Licht, Augenbrille, Handschuhe und das stetige Summen einer Klimaanlage in ihren Sinnen stark eingeschränkt. Auch Unterhaltung, Musik oder Lektüre waren verboten. Breits nach 12 Stunden begannen die Studenten den Entzug von Tastempfindungen zu vermissen und entwickelten einen *Reizhunger*. Geringe technische Geräusche wurden als willkommene Abwechslung begrüßt. Das Fehlen äußerer Reize versuchten die Studenten durch *Selbstreizung* wettzumachen (Singen, Klatschen, Kratzen mit den durch Handschuhe behinderten Händer). Die von einigen Studenten entwickelten Halluzinationen (Muster an den kahlen Wänden, Tiere) wurden ebenfalls als Selbststimulation gewertet, welche den Ausfall von Wahrnehmungen auszugleichen versuchten.

Wenn wir uns jetzt vorstellen, wie oft alte Menschen, Schwerkranke, Komapatienten oder Sterbende viele Stunden und Tage daheim, im Pflegeheim, auf Intensiv- oder anderen Stationen eben ohne bzw. nur mit einseitigen Sinnesstimulationen (z. B. pflegerische, diagnostische, therapeutische Maßnahmen) leben, wird deutlich, welche Bedeutung die sinn*volle* Stimulation der Sinne im Rahmen einer sinn*vollen* Kommunikation mit Schwerkranken und Sterbenden besitzt.

Bienstein/Fröhlich (1995[8]) haben in Ihrem Buch *Basale Stimulation in der Pflege* u. a. eine Übung zum Reizentzug angeboten, die ich im Folgenden zitieren möchte.

Vielleicht haben Sie Lust, nehmen sich etwa zehn Minuten Zeit und erleben einmal selber, wie Reizentzug auf Sie wirkt. Nehmen Sie bitte auf einem normal gepolsterten Stuhl entspannt Platz. Schieben Sie Ihre beiden Hände ganz unter Ihr Gesäß. So verbleiben Sie bitte etwa fünf Minuten – ohne die geringste Bewegung. Bevor Sie sich wieder bewegen, beantworten Sie für sich bitte folgende Fragen:

---

[35] Vgl. hierzu Bexton,W. H.; Heron, W. & Scott, T. H. (1954): Effects of decreased variation in the sensory enviroment. Canadian Journal of Psychology, 8, 70-76. Schönpflug (1997[4]: *Psychologie*, München.

- Wie spüren und erleben Sie nach etwa fünf Minuten Ihre Hände?
- Können Sie – ohne sich zu bewegen – die Form und Lage Ihrer Hände nachspüren?
- Bekommen Sie Informationen über Ihre Finger (z. B. Stellung, Temperatur)?
- Welche Stellung haben Ihre Hände zu dem restlichen Körper (z. B. Richtung)?
- Ist Ihnen diese Erfahrung angenehm/unangenehm?

In der Begleitung von Schwerkranken und Sterbenden, insbesondere in der Begleitung von Menschen, welche lange Zeit im Stuhl oder im Bett verharren, begegnen wir vielfältigen Situationen der *Stimulationsdefizite der Sinne*. Nach den einzelnen Sinnen gegliedert sind im Folgenden einige für die Begleitung von Schwerkranken und Sterbende relevante Reizsituationen dargestellt.[36]

Tastsinn
Eine Reizsituation, die sich nicht verändert, wird immer undifferenzierter. Sie reduziert sich allmählich auf grobe Wahrnehmungen wie Druck, Temperatur, Schmerzreiz. Dieses Phänomen wird als Habituation (Gewöhnung) bezeichnet. Die aktive Differenzierungsfähigkeit nimmt ab. Dies gilt jedoch nur, wenn der Reiz stetig gegeben wird und bedeutet z. B. nicht, dass der Betroffene sich irgendwann an wiederholtes Spritzen oder Absaugen gewöhnt.

Hörsinn
Ständig gleichbleibend vorhandene Geräusche, z. B. Monitorpiepen, Ventilatoren, Uhrticken werden langsam aus der aktiven Wahrnehmung ausgeblendet, können aber weiter Stress erzeugen.

Geruchssinn
Angenehme oder unangenehme Gerüche werden nach einiger Zeit reduziert oder gar nicht wahrgenommen, man gewöhnt sich daran, z. B. verbrauchte Luft, dezentes Deodorant.

---

[36] U. a. nach Bienstein/Fröhlich (1995[8]:15f).

Visueller Sinn

Beispielsweise beim Lesen sorgt das Auge durch aktive dreifache Bewegung (Links-Rechts-Bewegung, Abtasten der oberen Zeilenhälfte, Hin-Her-Bewegung des Auges), dass Stäbchen und Zäpfchen der Netzhaut abwechselnd stimuliert werden. Bereits bei leichter Müdigkeit funktioniert die Hin- und Her-Bewegung des Auges (Nystagmus) nicht mehr ausreichend und die Zeilen verschwimmen, das Lesen wird mühevoll.

„Veränderungen und Bewegung ist Grundlage für die Wahrnehmung von Information. Der Verlust eigenaktiver Bewegungsfähigkeit führt zu sensorischer Deprivation (völliger Entzug sensorischer Anregung) und dadurch zu ungenügender neuraler Verknüpfung und Ausstrukturierung im Gehirn. Bei längerem Krankenhausaufenthalt, insbesondere des älteren Menschen, sind häufig eindeutige geistige Rückbildungstendenzen zu erkennen (Regression)" Bienstein/Fröhlich (1995[8]:17). Gerade im Rahmen einer sinn*vollen* Kommunikation mit Schwerkranken und Sterbenden haben wir die Chance, dies zu verhindern, in dem wir zunächst reflektieren, wo Ursachen von möglichen Stimulationsdefiziten in der Begleitung, Pflege, Diagnostik- und Therapiesituation vorhanden sein könnten.[37]

- Wo erkennen Sie in Rahmen Ihrer Begleitsituation mögliche Stimulationsdefizite?
- Wie sieht beispielsweise die Raumgestaltung des Zimmers aus? Ist das Zimmer, die Station, die Klinik entsprechend einer sinn*vollen* Stimulation der Betroffenen gestaltet?
- Welche Möglichkeiten haben Sie im Rahmen des verbalen oder auch körpersprachlichen Dialoges mit dem Betroffenen – seinem Wunsch entsprechend – Sinne zu stimulieren?

*Einige Anregungen zur sinn*vollen* Stimulation im Alltag*

Bieten Sie bewusst Handlungen des Alltags sinn*voll* an und ergänzen Sie diese durch *kreative Gestaltungsmöglichkeiten*[38]:

---

[37] S. a. Doering (1996), Fischer (1998), Fröhlich (1998).
[38] Detaillierte Beschreibung der *Kreative Gestaltungsmöglichkeiten*, s. Otterstedt 1999.

- *Körperpflege*
  persönliche Pflege; Erscheinungsbild; Wohlbefinden (taktiler Sinn, Geruchsinn, soziales Bedürfnis [Zahnprothese, Körperkontakt])
- *Schaffell im therapeutischen Bereich*
  Medizinische Felle stimulieren den Geruchssinn leider nicht, daher sind fachgerecht gegerbte Tierfelle (z. B. mit Mimosarinden-Extrakt), die bereits eine Schur hatten, oft besser geeignet: Das Fell stützt und ist sanft zur Haut. Sein Eigengeruch kann positive Impulse setzen, es nimmt Feuchtigkeit auf und gibt sie nach außen wieder ab, wirkt temperaturausgleichend, lässt sich gut reinigen. (taktiler Sinn, Temperatur- und Geruchssinn, Nestwärme, Geborgenheit)
- *Essen*
  Differenzierte und ausgewählte Geruchs- und Geschmacksnoten im Essen anbieten sowie eine kreative Gestaltung der Darbietung der Mahlzeiten.
  (Geruchs- und Geschmackssinn)
- *Bewegung*
  Körperhaltung, Mobilität, Koordination der Bewegung, Beweglichkeit, Mobilisierung der Kräfte
  (Vorstellung vom eigenen Körperbild, Gleichgewichtssinn)
- *Gehirnjogging*
  Kreuzworträtsel, Memory und knifflige Aufgaben oder auch Auswendiglernen der Lieblingsgedichte oder -lieder, Beteiligung an einer Diskussion zu einem selbstgewählten Thema oder einem Thema der Zeitgeschichte.
  (mentale Bedürfnisse)
- Begegnungen
  Verbale und nonverbale Dialoge anbieten
  Pflege-, Arzt- und Therapeutenbesuche
  (informative, pflegende und therapeutische Bedürfnisse)
  Besuche u. a. von Familie und Freunden
  (soziale Bedürfnisse)
  Tierbesuche
  (taktiler und Geruchssinn, vermittelt Geborgenheit und Nestwärme, soziale Bedürfnisse)

- *Arbeiten und Spielen*
  Wann immer möglich, Wege zur Lebensgestaltung anbieten (berufliches Engagement, sich Einbringen in die Familie, Freizeit), Beschäftigung und Entfaltungsmöglichkeiten im Pflegeheim bzw. Krankenhaus schaffen, auch dort aktive Integration der Angehörigen (soziale Bedürfnisse, relativen Ausgleich zwischen Aktivität und Erholung ermöglichen)
- *Meditationen*
  Aktive oder passive Meditation anbieten
  Musikmeditation
  (auditiver Sinn, auch Tastsinn bei eigenem Musizieren)
  Bildmeditation
  z. B. Diavortrag mit Musik
  (audiovisueller Sinn)
  Stundenmeditation
  (spirituelle Bedürfnisse)

Immer mehr Hospize, Pflegeheime und Kliniken wählen eine bewusste Farbgestaltung ihres Hauses. Das Bewusstsein, dass sorgsam ausgewählte Farben wohltuend wirken und Impulse für den inneren Heilungsprozess setzen können, ist für die einfühlsame Farbgestaltung vieler Häuser bestimmend. Mit der Auswahl der Farben können wir bestimmte emotionale Wirkungen erzielen. Es gibt sogenannte *kalte* oder *warme* Farben, die je nach Anteil von bestimmten Farbpigmenten stark oder weniger stark auf die Atmosphäre eines Raumes wirken. Wenn wir die Farben der Natur betrachten, so gibt es kaum einen Ort, der nur von *kalten* bzw. *warmen* Farben geprägt ist. Die Natur bietet eine Vielzahl verschiedener Farbnuancen an, deren Zusammenspiel auf uns *lebendig* wirkt. Je mehr Farbnuancen wir einsetzen, desto natürlicher wirkt die Farbgestaltung. Dabei kommt es nicht darauf an, dass die Farben immer *harmonieren*. Sie dürfen sich auch mal *reiben* oder *beißen*, jedoch ist die Farbnuancen-Auswahl dafür bestimmend, ob die Gesamtwirkung der Farbgestaltung eher *aggressiv, lebendig, ausgeglichen* oder *langweilig* wirkt bzw. *kalt, kühl, technisch, natürlich* oder ob sie *Wärme* und *Geborgenheit* vermittelt. Eine weiße Wand beispielsweise wirkt kälter als eine Wand mit einem so genannten *gebrochenen Weißton*, d. h. einem

Weiß, dem ein warmer Farbton (z. B. Gelb) in kleinsten Mengen bei-
gemischt wurde. Wenn wir Farben in ihrer Leuchtkraft herausbringen,
strahlen lassen, fördern sie die Kraft, Energie und Wärme. Farben,
welche still, sanft und ruhig wirken, unterstützen das Sich-Geborgen-
fühlen, das Sich-Einlassen auf neue Lebenswege. Durchsichtig ange-
legte Farbnuancen von hoher Transparenz und Sensibilität fördern
das Einlassen auf einen behutsamen, feinsinnigen, sensiblen Umgang
mit anderen Menschen. Wenn kräftige Impulse in Schattierungen oder
Farbkombinationen gesetzt werden, kann dadurch die Aktivierung aus
einer gedämpften Stimmung heraus sowie die Motivierung zum
Handeln unterstützt werden. Die Verwendung von warmen Farben
erwärmt Menschen mit niedrigen Blutdruck, entspannt bei Frustra-
tion, lässt das Gefühl des Wohlbehagens entwickeln. Und die Verwendung von kalten Farben beruhigt und kühlt erregte Gemüter, fördert die Konzentration, kann dem verwirrten oder übersteigerten
Geist zu Klärung und Beruhigung verhelfen. Während Rottöne das
Einatmen fördern, unterstützen Blautöne das Ausatmen. Es gibt eine
Vielzahl von Erkenntnissen, die eine sorgsame Farbwahl und -gestal-
tung ermöglichen hilft. Farben wirken auf unser Lebensgefühl, regen
unsere Atemtechnik, unsere Konzentrationsfähigkeit und unsere
Kreativität an. Günstiger Lichteinfluss auf die Farbfläche kann die
Wirkung der Farbe dazu noch erhöhen. Mit Hilfe einer bewussten
Farbgestaltung kann man eben die Wirkung der Farben unterstützen
und themenbezogen in die Zimmer von Betroffenen daheim, in Pflegeheimen und Kliniken integrieren. Ausgehend davon, dass weiße Räume
vorhanden sind und eine farbige Wandgestaltung zu kostenintensiv
wäre, könnte man mit Hilfe der Einrichtungsgegenstände die Farbgestaltung eines Raumes beeinflussen und gleichzeitig flexibel hand-
haben. Sollte z. B. ein Bewohner eines Pflegeheimes mit einer bestimmten Farbe nicht glücklich sein, könnte man mit wenigen
Handgriffen die Farbgestaltung im Raum austauschen. Um eine aus-
geglichene Atmosphäre in den Räumen zu erreichen, sollte man nur
eine Farbe auswählen, diese jedoch in 2–3 Farbnuancen umsetzen.
Die Farbnuancen können in Helligkeitsunterschieden bestehen oder
aber durch leichte Pigmentverschiebung zur Lebendigkeit der Farbgestaltung beitragen. So ist es beispielsweise einfach, Textilien wie
Gardinen, Bettwäsche, Kissenbezüge, Wolldecke, Vase, Kerze, Bild

(rahmen) und Handtücher entsprechend der Nuancen in einem Zimmer zu variieren.

Für eine harmonische, naturnahe Wandgestaltung hat sich beispielsweise die Lasurtechnik sehr bewährt, bei der die Farbe in schwungvollen Kreisen mehrschichtig auf die Wand aufgetragen wird, um dadurch eine erhöhte Plastizität zu erlangen. Die Wände wirken so weniger platt, vielmehr entsteht eine raumgebende, natürliche Raumoptik, die auch ein gutes Beispiel für die sinn*volle* Stimulation des Sehsinns ist. So erfährt der Sehsinn durch die bewusste Auswahl der Wandfarben bzw. Farbnuancen der Accessoires sowie durch die variantenreiche Optik der Lasurtechnik alternative Stimulationspunkte, welche z.B. bei einer schlicht weißen Wand nicht gegeben sind.

- Wenn der Betroffene nicht daheim lebt, bieten Sie dem Betroffenen ruhig einmal an, sein Zimmer nach seinem persönlichen Geschmack gemeinsam mit Ihrer Hilfe kreativ zu gestalten. Machen Sie dieses Angebot auch an die Bewohner von Pflegeheimen, Patienten einer Klinikstation (Flure, Zimmer), (visueller Sinn, soziale Bedürfnisse).
- Nutzen Sie Wechselrahmen, deren Bilder regelmäßig und nach den (inhaltlichen, formalen, farblichen) Bedürfnissen der Betroffenen ausgetauscht werden können (visueller Sinn).
- Bieten Sie einem bettlägerigen Patienten an, auch die Decke über dem Bett zu gestalten. Machen Sie ihm Vorschläge und lassen Sie ihn wählen (private Fotos, Bilder, Datum und Uhr (veränderbar auf Pappe), (visueller Sinn, soziale Bedürfnisse).

Spielerische Förderung der sinnvollen Stimulation der Sinne

- *Augenwanderung*
  Animieren Sie den Betroffenen, Sie mit seinen gezielten Augenbewegungen durch das Zimmer zu dirigieren. Er kann Sie mit einer Augenbewegung an einen Ort *befehlen* oder durch langsame Augenbewegungen durch das ganze Zimmer *führen*.
- *Einkaufskorb*
  Nehmen Sie sich einen schönen Einkaufskorb mit einem Tuch, welches einige Gegenstände im Korb verdeckt. Lassen

Sie den Betroffenen die Dinge im Korb ertasten. Als Alternative können Sie auch den Korb ohne Gegenstände zwischen sich stellen und jeder darf mal in den Korb greifen und pantomimisch dem anderen zeigen, welchen Gegenstand er in dem Korb gefunden hat. Zeigen Sie Ihrem Gegenüber, wie sich der imaginäre Gegenstand anfühlt, wie er riecht, ob ein Geräusch zu hören ist usw.

- *Fünf-Sinne-Ritual*
  Dies ist ein wunderschönes Ritual, welches sich auch zum Abschluss des Tages eignet. Nehmen Sie sich einen ruhigen Moment dafür Zeit, und vielleicht mögen Sie auch eine Kerze anzünden. Gehen Sie dann die folgenden Fragen durch und lassen Sie ganz spontan Ihre Phantasie kommen. Jede Antwort ist eine gute und schöne Antwort.
  - Was haben Sie heute Angenehmes *gesehen*?
  - Was haben Sie heute Angenehmes *gehört*?
  - Was haben Sie heute Angenehmes *gerochen*?
  - Was haben Sie heute Angenehmes *geschmeckt*?
  - Was haben Sie heute Angenehmes *gefühlt*?
  Manchmal hilft es, entspannt die Augen zu schließen. Suchen Sie nicht verzweifelt eine Antwort, wenn Ihnen mal eine nicht sofort kommt. Wenn Sie mögen, machen Sie dieses Ritual an jedem Abend und freuen Sie sich über die vielen schönen kleinen Dinge, die Sie am heutigen Tag wieder erleben durften.

In der Begleitung von Schwerkranken und Sterbenden ist der Begleiter jener, der den Bedürfnissen und Wünschen des Betroffenen folgt. Soviel Anregungen es auch für eine sinnvolle Stimulation der Sinne gibt, es ist für jeden Menschen – ob Betroffener oder Begleiter – unbedingt nötig, zwischendurch immer mal wieder zu Ruhe zu kommen und seinen Sinnen eine Pause der Wahrnehmung zu gönnen. Die Nacht und der gesunde Schlaf bieten uns und unseren Sinnen eine relative Ruhepause. Aber gerade Schwerkranke und Sterbende erleben oft die Nacht als Tag, wenn Sie von Gedanken, Ängsten oder Schmerzen abgelenkt keinen Schlaf finden können. Gerade in dieser Situation können wir als Begleiter versuchen zu verhindern, dass die Sinne durch kleine Unachtsamkeiten noch zusätzlich stimuliert werden.

Einige Tips für die Nacht

- Jeden Abend mit einem Abendritual beenden (z. B. Entspannungsübung[39], Kerze anzünden und ein ruhiges, tröstliches Gedicht lesen, gemeinsam beten oder singen).
- Notizbüchlein zum Niederschreiben der Gedanken in Greifweite legen.
- Angenehmes Kissen (mit angenehmen und bekanntem Geruch oder Fell) in die Nähe des Gesichtes oder der Hände legen.
- Unangenehme Hautirritation (z. B. durch Falten im Laken, [kalter] Stoff, Windzug) vermeiden.
- Starke Lichtkontraste (z. B. durch Straßenlampe, Jalousie) mit einem Tuch verhängen.
- Unerwünschte Geräuschquellen (z. B. Uhrticken Radio, etc.) abschalten oder die Sinne mit einer leisen angenehmen Musik ablenken.
- Unangenehme Geruchsquellen (z. B. durch Sinne anregende Duftlampe, stark riechende Blumen) vermeiden.
- Schlechter Geschmack im Mund (z. B. durch Tabletten) mit Hilfe einer lauwarmen Mundspülung oder Mundbefeuchtungsstäbchen beheben.

---

[39] Schöne Entspannungsübungen, Teml (1995).

Sensibler Dialogaufbau

Dem zentralen Teil unseres sensorischen Nervensystems gelingt es, Fehlendes zu ergänzen, Mehrdeutiges aufzulösen und verstreute Informationen zu einem einheitlichen Bild zu organisieren. Die Informationsverarbeitung in unserem Gehirn kann uns den Bedeutungsgehalt von Wahrnehmungsgegenständen vermitteln. Wir erkennen beispielsweise: *Dies ist ein Infusionsständer.* Wir haben auch mit Hilfe unseres Gehirns die Möglichkeit, Bedeutungszusammenhänge, also das Erkennen des raum-zeitlichen Bezuges, nachzuvollziehen: *Der Infusionsständer steht bei mir.* Und die Informationsverarbeitung unseres Gehirns bietet uns eigene Erfahrungen von Symbol- und Zeichencharakteren an. In diesem Fall wäre der Infusionsständer das Sinnbild für Kranksein und Krankenhaus mit der Schlussfolgerung: *Ich bin ernstlich krank!* Als Begleiter Schwerkranker und Sterbender, insbesondere von Menschen, welche sich nicht verbal mitteilen können, ist es von großem Nutzen, wenn wir um einen möglichen Ablauf derartiger Erkenntnisketten wissen. Als Begleiter können wir keine Gedanken lesen, wir haben jedoch die Möglichkeit, Orientierungsfragen und evtl. aufkommende Ängste des Betroffenen einfühlsam anzunehmen und nachzuvollziehen.

In einem kleinen ländlichen Krankenhaus in Spanien hatte ich bei einer jungen deutschen Patientin die Nachtwache übernommen. Wie es in dieser Klinik üblich war, standen die Türen zu den Patientenzimmern weit offen, was den Einblick in die verschiedenen Zimmer der Station ermöglichte. Die Klinik war in der Nacht spärlich beleuchtet, die Patienten schienen zu schlafen und Ruhe trat in das kleine Gebäude ein. Die Patientin, die ich begleitete, wurde regelmäßig wach, musste sich übergeben, bevor sie wieder erschöpft in den Schlaf sank. Gegen zwei Uhr erwachte sie erneut, erbrach sich und wollte gerade wieder erschöpft in den Schlaf sinken. Ich sah aber ihre Augen, deren Blick über meine Schulter hinüber in ein anderes

141

Zimmer starrten. Ihr Blick war von Entsetzen gezeichnet. Ich ahnte, was sie dort zu sehen glaubte, konnte sie beruhigen, dass es nicht so sei, wie es schien. Die wenigen Worte beruhigten sie und sie schlief wieder ein. Ihr Gehirn hatte Alarm geschlagen, denn sie hatte im anderen Zimmer auf dem Boden im spärlichen Lichtschein ein abgetrenntes Bein gesehen. Noch halb im Schlaf hatte sie diese Wahrnehmung nicht einordnen können, denn ihr Gehirn hatte nahe liegend die Begriffe *Klinik – Patienten – abgetrenntes Bein auf dem Boden* aneinandergefügt. Diese Assoziationskette wurde möglicherweise noch durch Bilder aus ihrem berufliche Arbeitsfeld als Veterinärin im Schlachthof unterstützt. Da ich selber kurze Zeit zuvor in dem spärlichen Licht der Station *das Bein* liegen gesehen hatte, war ich auf eine mögliche Wahrnehmung der Patientin vorbereitet und konnte die Reaktion bei der Patientin rechtzeitig erkennen. Am nächsten Morgen lachten wir gemeinsam über die aufregenden Nachforschungen, die ich mitten in der Nacht angestellt hatte, um dem *abgetrennten Bein* auf die Spur zu kommen. Glücklicherweise konnte ich feststellen, dass das Bein einem sehr lebendigen Angehörigen eines Patienten gehörte, welcher die Nacht auf dem Boden schlafend hinter einer Zimmertür verbracht hatte. Das spärliche Licht und die nächtliche Atmosphäre eines Krankenhauses hatten unserer visuellen Wahrnehmung und Phantasie einen Streich gespielt. Im Prozess der Informationsverarbeitung ist es möglich, eine Reihe von *Pannen* zu erleben: z. B. durch Fehleinschätzungen, Verwechslung, Verkennung, physische, psychische und mentale Einschränkungen, Anspannung, Blockade und Voreingenommenheit sowie durch Bedürfnisse und Erwartungshaltung des Beobachters.

Wahrnehmungen, Bewegung, Verhaltensweisen, Sprach- und Lernmöglichkeiten hängen nicht alleine vom Nervensystem ab, vielmehr von der persönlichen Geschichte des Betroffenen und vor allem auch von seinen Erfahrungen in sozialen Beziehungen. Dieser so genannte *soziale Faktor* besitzt auch eine besondere Bedeutung für die Begleitung von Schwerkranken und Sterbenden. Im Dialog können wir dem Betroffenen beispielsweise zeigen, dass er für uns bedeutsam ist, wir ihn so, wie er gerade ist, annehmen wollen, seine Meinung, sein Dialogbeitrag uns wichtig ist. Durch den Dialog wird er sozial aufgewertet, ist beispielsweise nicht mehr *„der Parkinson auf Zimmer 7 "*,

142

vielmehr ein wahrhaftiger Mensch, der mit uns im Dialog steht, ein *Du*, mit dem wir eine vertrauensvolle Beziehung aufbauen. Gelingt dies, fühlt sich der Dialogpartner nicht nur sozial angenommen, auch das Selbstwertgefühl des Betroffenen steigt.

Der Dialog ist nicht nur Teil der Kommunikation, er ist auch wichtig für die kreative Weiterentwicklung der Persönlichkeit.

Phasen einer Begegnung

Verhaltensforscher haben festgestellt, dass Menschen, unabhängig von ihrer kultureller Herkunft, im Rahmen einer Begegnung eine bestimmte Reihenfolge von Phasen einhalten. Die verschiedenen Phasen einer Begegnung dienen der schrittweisen Annäherung und der Entwicklung einer vertrauensvollen Beziehung. Mit zunehmender Vertrautheit *erlauben sich* die Begegnungspartner auch die eine oder andere Phase zu überspringen, ohne die Gefahr einzugehen, die gemeinsame Vertrautheit dabei zu riskieren. Gerade in der Kranken- und Sterbebegleitung ist die vertrauensvolle Atmosphäre in der Beziehung zwischen Betroffenem und Begleiter besonders wichtig. In der Regel folgen wir als Begleiter ganz intuitiv den hier vorgestellten *Phasen einer Begegnung*, da wir eben eine vertrauensvolle Beziehung anstreben. Vielleicht ist es aber einmal ganz interessant, genau anzuschauen, wie wir die einzelnen Phasen gestalten. Die Beispiele spiegeln sehr eindrucksvoll wider, dass Begegnung – ob nun verbal oder nonverbal – immer auch Dialog meint.

Die folgenden Protokolle der Begegnungen entstanden im Rahmen von Einzelgesprächen mit Kranken- und Sterbebegleitern. Der begrenzte Rahmen dieses Buches erlaubt leider nicht, z. B. jeden illustrierenden Laut oder alle lautbegleitenden Gesten zu notieren. Es wurde jedoch besonderen Wert darauf gelegt, die Übergänge von einer Phase der Begegnung zur nächsten zu dokumentieren. Das Beispiel *A* zeigt die Begegnung zwischen einer erfahrenen Hospizhelferin und einer von ihr begleiteten alten Dame auf. Da die alte Dame schlecht gehen kann, gab sie der Hospizhelferin ihren Wohnungsschlüssel.

Die beiden Damen treffen sich erst zum dritten Mal und lernen sich
langsam kennen. Das Beispiel *B* zeigt gibt die Begegnung zwischen
einem Vater und seiner seit drei Monaten im Koma liegenden Tochter (21 J.). Der Vater geht jeden Tag in seiner Mittagspause die Tochter besuchen. Er ist geübt, die körpersprachlichen Ausdrucksformen
im gemeinsamen Dialog seiner Tochter zu erkennen und ihm gelingt
es, den Dialog nicht nur zum sachlichen Informationsaustausch zu
nutzen, vielmehr z. B. auch zu einer humorvollen Ebene zurückzu-
finden, welche die Vater-Tochter-Beziehung vor dem Unfall der
Tochter bereits charakterisiert hatte.

Phasen der Begegnung	Primär verbale Begegnung – Beispiel A –	Verbale/nonverbale Begegnung – Beispiel B –
Phase der Vorbereitung Wenn wir uns äußerlich und innerlich auf eine Begegnung vorbereiten, richten wir z. B. die Klei-dung und die Haare her, vor allem versuchen wir, uns auf die bevorstehen-de Begegnung (z. B. durch Lesen der Therapiepro-tokolle, Patientenakten, durch Meditation) ein-zustimmen.	Hospizhelferin: *(noch im Wagen sitzend) Soll ich meinen Mantel lieber gleich im Wagen lassen? Bei Frau D. ist es immer so warm. – Wie sehen meine Haare aus? Na ja – (noch im Wagen: kleines kraftspendendes Gebet) (auf dem Weg zur Woh-nung von Frau D.) Wie es wohl Frau D. heute geht?*	Vater: *(im Park der Kli-nik auf einer Parkbank sitzend) Wie warm sich der Sonnenstrahl auf meinem Fuß anfühlt. – Es wird Frühling. Wie schön. (Nach einer Wei-le steht er auf, fühlt sich gestärkt, geht ruhig auf die Station, wo seine Tochter liegt.) Mal se-hen, wie es ihr heute geht. Vielleicht spürt sie ja auch den Frühling.*
Phase der Annäherung In der Phase der Annähe-rung erklären wir mit unserem Verhalten un-sere Kontaktbereitschaft und stellen uns gleich-zeitig selber dar. Dazu nutzen wir unsere Aus-drucksmittel der Körper-haltung, Mimik, Gestik, auch Laute und die ver-bale Sprache. Wir ma-chen auf uns aufmerk-	Hospizhelferin: *(schließt die Wohnungs-tür auf und ruft durch die Wohnung) Frau D., ich bin's, Frau M.! (öff-net die Wohnzimmertür) Grüß Gott, Frau D.!* Frau D.: *(liegt auf dem Sofa im Wohnzimmer) Ach wie schön, Frau M., dass Sie gekommen sind. (greift sich mit einer Hand an die Haare, ver-*	Vater: *(öffnet die Tür zu dem Zimmer, wo seine Tochter und eine andere Patientin liegen). (von der Tür aus fröhlich rufend) Hallo Schatz, ich bin's! (zur anderen Patientin) Grüß Gott, Frau B.! Wie geht es Ihnen heute?*

sam, beispielsweise durch Winken, Nicken, Handzeichen, Augengruß, Lächeln, Grußwort, persönliche Ansprache mit Namen oder verbindende Worte.	*sucht sich aufzurichten)* Hospizhelferin: *Bleiben Sie doch ruhig liegen. Haben Sie gerade geschlafen?*	
Phase des Aufeinander-Einstimmens Die Phase der sogenannten Bandbekräftigung ist geprägt durch solidarische Handlungen und Gesprächsinhalte, die beide Partner bejahen können: „Jetzt regnet es schon wieder!" (Da es tatsächlich regnet, kann der andere Gesprächspartner die Aussage nur bestätigen (sogenanntes grooming talk). Gemeinsame Erfahrungen, Interessen und gemeinsames Handeln werden verbal und nonverbal bestätigt und führen so zu einer angenehmen Atmosphäre der Begegnung.	Frau D.: *(hat sich mit Hilfe von Frau M. aufgesetzt) Danke. Ich war schon wieder so müde. Vielleicht ist es aber auch nur das Wetter draußen. Es regnet, nicht wahr?* Hospizhelferin: *Ja, zwischendurch regnet es immer mal wieder. Was meinen Sie, soll ich trotzdem ein wenig lüften?* Frau D.: *Ja das machen Sie mal. Wo ist denn meine Jacke?* Hospizhelferin *(legt Frau D. ihre Strickjacke um)*	Vater: *(Er holt sich einen Stuhl vom Fenster her und stellt ihn neben das Bett seiner Tochter) (neckend zu seiner Tochter) Du, der schwere Stuhl steht doch tatsächlich wieder am Fenster. Sagst du eigentlich immer den Putzfrauen, sie sollen hier so gut aufräumen? (schaut sie an)* Tochter: *Leichtes Flattern der Augenlider.* Vater: *(steht neben dem Bett) Sag mal, wollen wir uns nicht erst mal richtig begrüßen? (gibt seiner Tochter einen Kuss auf die Stirn und setzt sich neben das Bett, hält leicht die Hand seiner Tochter von unten. Nach kurzer Zeit, neckend:) Sag mal, heißt das, du freust dich etwa auf meinen Besuch?* Tochter: *Leichtes Flattern der Augenlider.*
Phase der inhaltlichen und emotionellen Begegnung In dieser Phase der Begegnung kommt es zum Austausch von sachlichen und emotionellen Informationen. In der Regel eröffnen wir zu-	Frau D.: *Das ist aber schön, dass Sie mal wieder zu mir kommen.* Hospizhelferin: *Ja, ich freu mich auch jedes Mal, wenn ich zu Ihnen zu Besuch komme. Sie wissen ja, jeden Mittwoch komme ich zu Ihnen.*	Vater: *Was gibt es Neues bei dir? Erzähl mal! (er bleibt ruhig am Bett sitzen, stützt leicht ihre Hand und schaut in ihr Gesicht)* Tochter: *(bleibt ruhig, kein Augenflattern.)* Vater: *(nach einer Zeit)*

145

nächst das Thema, unterbreiten dann Fakten und stellen ggf. auch Ziele des Grundes der Begegnung vor. In dieser Phase versuchen die Partner, ihre Beziehung auch zu vertiefen.

Frau D.: *Ja – (Frau D. scheint sich nicht sicher.)* Hospizhelferin: *Frau D., würde es Ihnen Freude machen, wenn ich Ihnen bei meinem nächsten Besuch einen schönen Kalender mitbringe, den wir Ihnen hier an die Wand hängen? Und jeder Tag, an dem ich zu Ihnen komme, kreuzen wir groß an.* Frau D. *'nickt)* Hospizhelferin: *Was für ein Kalender würde Ihnen denn gefallen, einer mit Blumen oder lieber einer mit schönen Landschaften?* Frau D.: *Einer mit Blumen. Aber bunt müssen sie sein!* (...weiteres Gespräch ...)

Heißt das, du hast seit gestern gar nichts erlebt? (meint eine Anspannung der Hand zu spüren) (auffordernd) Hey, Franziska, was ist los? Tochter: *(weint)* Vater: *(spürt seine Angst vor der Hilflosigkeit, versucht seine Tränen wegzuschlucken, nimmt die Hand seiner Tochter fester in seine beiden Hände) Hey, Schatz, was ist? Ist etwas Schlimmes gewesen?* Tochter: *(weint)* Vater: *(streichelt ihre Hand) Weißt du, ich bin bei dir. Ich kann dir leider nicht alles abnehmen, aber ich bin bei dir.* Tochter: *(hört auf zu weinen)* Vater: *(streichelt ihre Wange) Und ich sprech mal mit Schwester P. Was hältst du davon?* Tochter: *(leichtes Flattern der Augenlider)* (. . . Gespräch mit der Krankenschwester, weiteres Gespräch mit der Tochter, Austausch von Neuigkeiten von Freunden und Familie bei guter emotionaler Stimmung, etc. . . .)*

Phase der Vorbereitung des Abschieds
In der Phase der Vorbereitung zur Trennung versuchen die Partner, eine plötzliche und dadurch evtl. kränkende Trennung zu vermeiden.

Hospizhelferin: *(nach einer Zeit des gemeinsamen Teetrinkens und eines guten Gespräches) Frau D., ich werde jetzt mal langsam unsere Teetassen wieder abräumen.* Frau D.: *Müssen Sie denn*

Tochter: *leichtes Augenlider)* Vater: *(neugierig, interessiert) Was ist?* Tochter: *(leichtes Flattern der Augenlider)* Vater: *(mit leicht, neckender Stimme) Ja toll,*

146

Körperhaltung (z. B. Öffnung des engen Gesprächskreises), Gestik (z. B. leichte Unruhe, auf die Uhr schauen, Zurechtrücken der Kleidung) und Mimik (z. B. verstärkte Augenbewegungen) deuten auf eine bevorstehende Trennung. In dieser Phase beginnen die Partner, die Begegnung zu resümieren und in ihrer Beurteilung eine Bekräftigung ihrer Beziehung einfließen zu lassen.	*schon wieder gehen?* Hospizhelferin: *Na, etwas Zeit habe ich noch. Aber dann muss ich wieder nach Hause.*	*Schatz. Ich würd' dir ja gerne alles von den Augen ablesen, aber wahrscheinlich willst du jetzt mal wieder ein Ratespiel mit mir veranstalten. Also: Brauchst du Hilfe?* Tochter: – Vater: *(scherzhaft) Brauch ich Hilfe?* Tochter: *(leichtes Flattern der Augenlider)* Vater: *(ungläubig) Ach, ich brauch Hilfe?* Tochter: *(leichtes Flattern der Augenlider)* Vater: *(nachdenkend) Also, ich brauch dich, das steht mal fest . . .* Tochter: – Vater: *(scherzhaft, ernst) Doch, ich brauch dich!* Tochter: *(leichtes Flattern der Augenlider)* Vater: *So, so! Aber du willst noch etwas anders sagen?* Tochter: *(leichtes Flattern der Augenlider)* Vater: *(zufälliger Blick auf die Uhr) Mein Gott, ich muss ja zurück ins Büro!* Tochter: *(leichtes Flattern der Augenlider)* Vater: *(etwas ungläubig) Hast du das gemeint?* Tochter: *(leichtes Flattern der Augenlider)*
Phase des Abschieds In der Phase des Abschieds wird die Bekräftigung und der Erhalt der Beziehung zum Thema. Die Hoffnung auf ein	Frau D.: *Das ist aber kurz gewesen.* Hospizhelferin: *Ja das finde ich auch. Leider kann ich immer nur eine halbe Stunde in der Woche.*	Vater: *(umarmt seine Tochter und küsst sie auf die Wange) Schatz, was bist du für eine tolle Tochter!* Tochter: *(leichtes Flat-*

147

Wiedersehen kann sowohl Ausdruck eines Abschiedsrituals wie auch Ausdruck eines wahrhaftigen emotionalen Anliegens sein.[40] Neben sprachlichen und körpersprachlichen Grußformen ist auch der Austausch eines materiellen Grußes (z. B. Kerze, schöne Postkarte, Foto) gerade in der Kranken- und Sterbebegleitung als Erinnerung an die gemeinsame Begegnung beliebt. Der Abschiedsgruß gilt als eine gegenseitige Versicherung der Verbundenheit auch über die Entfernung hinweg.	Aber ich freue mich jedes Mal Sie wieder besuchen zu können. Frau D.: Ich freu mich schon, wenn Sie wieder zu mir kommen. Hospizhelferin: Und nächstes Mal bringe ich einen schönen farbigen Blumenkalender mit und wir werden gemeinsam die Tage ankreuzen, an denen ich Sie besuchen komme. Frau D. und die Hospizhelferin verabschieden sich herzlich. Hospizhelferin: (noch von der Tür aus rufend) Bis zum nächsten Mal, auf Wiedersehen!	tern der Augenlider) Vater: Pass auf dich gut auf! Heute Nachmittag bekommst du noch Besuch von Maren und Peter. Schatz, ich liebe dich! (geht zur Tür und ruft von dort aus noch) Auf Wiedersehen, Frau B.! Tschüß Franziska, ich freu' mich, bis morgen!
Phase der Abschiedsgestaltung Spätestens nach dem Abschied und der Trennung beginnt die Abschiedsgestaltung, die Phase der sachlichen und emotionellen Reflexion der Begegnung, ein kreativer und schöpferischer Umgang mit den Gefühlen der Trennung.	Hospizhelferin: (in ihren Wagen steigend, sich zur Wohnung von Frau D. zurückblickend) Vielleicht bringe ich ihr noch die nächsten Tage den Kalender rein. Mal sehen, wo ich noch einen schönen Blumenkalender finde – vielleicht male ich die Blumenbilder für ihren Kalender auch einfach selber! (im Wagen sitzend Dankesgebet für die Begegnung).	Vater: (auf dem Weg zurück zum Auto bleibt er kurz bei der Bank stehen, wo er eine Stunde zuvor noch in der warmen Sonne gesessen hatte. Schaut in den Himmel und dann zurück zum Klinikgebäude. Er fühlt eine Mischung aus Trauer und Liebe. Er macht sich auf den Weg zurück in sein Büro.)

Sowohl die Hospizhelferin als auch der Vater hatten in einem individuellen Beratungsgespräch mir gegenüber berichtet, sie seien sich nicht sicher, ob sie wirklich gut mit Frau D. bzw. der Tochter kom-

---

[40] In der Kranken- und Sterbebegleitung sollte eine Wiederbegegnung nur dann versprochen werden, wenn sie auch eingehalten werden kann.

munizieren würden. Mit Hilfe eines genauen Protokolls der Begegnung wurden sich die Begleiter ihrer eigenen verbalen wie nonverbalen Handlungen bewusst. Dies half ihnen, ihre eigenen Talente in der verbalen und nonverbalen Kommunikation mit den Betroffenen zu reflektieren und auch darauf stolz sein zu können. Darüber hinaus haben die Protokolle den Begleitern auch helfen können, evtl. Alternativen zu ihrem eigenen Verhalten zu entwickeln. Es scheint zunächst sehr mühsam, ein so detailliertes Protokoll einer Begleitung niederzuschreiben. Aber vielleicht mögen Sie einmal anhand der verschiedenen Phasen eine Begegnung mit dem von Ihnen begleiteten Betroffenen nachvollziehen. Manchmal ist es sehr hilfreich, wenn Sie dies mit einem vertrauensvollen Menschen im Dialog tun können.

Dialogformen einer sensiblen Kommunikation

Herr F., der ein fortgeschrittenes Tumorleiden hat, bekommt daheim regelmäßig Besuch von einer Hospizschwester. Sie kommen miteinander ins Gespräch.

Hospizschwester: *Guten Morgen Herr F. Wie geht es Ihnen heute?*

Herr F.: *Na ja, etwas schwindelig fühle ich mich heute Morgen. Vielleicht kommt das aber auch von den neuen Medikamenten.*

Hospizschwester: *Ja, das kann eine der Nebenwirkungen des Medikamentes sein. Mal sehen, wie es Ihnen morgen geht. Vielleicht hat sich bis dahin der Körper an den Wirkstoff besser gewöhnt. Meinen Sie, Sie können bis dahin noch den Schwindel ertragen?*

Herr F.: *(nickt bejahend) Das ist aber auch alles ein Mist. Da geht es einem schon schlecht und dann bekommt man durch die Medikamente noch mehr Probleme.*

Hospizschwester: *Das ist für Sie im Moment ganz schön schwer zu ertragen, nicht wahr?*

Herr F.: *(weint) Manchmal weiß ich gar nicht, wozu das alles noch nütze sein soll.*

Hospizschwester: *(hat sich parallel zu ihm gesetzt, streichelt die Schulter von Herrn F. und hält die Pause aus, schaut zusammen mit Herrn F. aus dem Fenster)*

Herr F.: *(seufzt) Ich würde so gern eine Abkürzung nehmen – oder doch noch einfach wieder gesund werden.*

Hospizschwester: *(hat den Blickkontakt zu Herrn F. wieder aufgenommen) Denken Sie da jetzt gerade an etwas ganz Bestimmtes?*

Es entsteht ein angeregtes und phantasievolles Gespräch zwischen Hospizschwester und Herrn F. über sinnliche Wünsche ans Leben und Alternativen des Sterbens.

In diesem kleinen Gesprächsausschnitt können wir jene Dialogformen erkennen, welche wir tagtäglich in Gesprächen verwenden und mannigfaltig variieren.

- Frage / Antwort
- Beitrag / Weiterführung des Gedanken
- Beitrag/ Reflexion des Beitrags (aktives Zuhören, Spiegelung)

Die Dialogformen werden durch verbale Sprache oder mit Hilfe von körpersprachlichen Zeichen gestaltet. Aber auch die Pause ist gerade im Dialog mit Schwerkranken und Sterbenden ein wichtiges Dialogelement.

Die *Frage* ist eine Dialogform, welche stereotyp angewendet, also durch ausdrucksgleiche Wiederholungen, schnell ihren Reiz verliert. Versuchen wir, kreativ und phantasievoll Fragen zu formulieren, erhalten wir dadurch eine höhere Reizpräsenz. Stetig angewandte Fragen wie: *Wie geht es dir? Wie war das Essen heute? Wie fühlst du dich hier? Wie kann ich dir helfen? Wie möchtest du das Bett gerichtet haben? . . .* wirken durch ihre sprachliche Wiederholung eintönig und ermüdend. Der Betroffene wird den Eindruck erhalten, dass der Begleiter möglicherweise wenig Interesse an einem wahrhaftigen Gespräch hat. Versuchen Sie, alle Fragewörter *(wer, wie, was, wo, wohin . . .)* zu verwenden, versuchen Sie aber nicht, bei dem Betroffenen durch Überfall mit lauter Fragen den Eindruck eines Interviews aufkommen zu lassen, in dem Sie als Begleiter den Betroffenen auszufragen scheinen. Versuchen vielmehr, ein wirkliches Gespräch sich entwickeln zu lassen, in dem beide Dialogpartner Fragen stellen, vor allem aber Gesprächsbeiträge in den Raum stellen, welche von dem anderen aufgegriffen werden können. *Ein kleiner Tipp:* Achten Sie darauf, dass nicht jeder Dialogbeitrag von Ihnen mit einem Fragezeichen oder einem Ausrufezeichen endet. So können

Sie verhindern, dass Sie den Betroffenen mit zu vielen Fragen oder gut gemeinten Ratschlägen überhäufen.

Mögliche körpersprachliche Zeichen in den Dialogformen:
- *Frage*
  - verstärkt schräge Kopfhaltung
  - entspanntes, offenes Gesicht
  - ruhiger, auffordernder, akzentuierter Lidschluss
  - offene Körperhaltung (z. B. weiter Oberkörper, aber auch offene Hand)
- *Wiederholung*
  - z. B. Muskelanspannung, Geste, taktiler Reiz (Aufmerksamkeit beim Dialogpartner erreichen)
  - Körpersprachliche Zeichen der vorherigen Frage bzw. Aussage werden ggf. verstärkt wiederholt
- *Antwort*
  - mit Hilfe kulturell oder familiär geprägter Zeichen: z. B. Daumen hoch halten
  - die nonverbalen Zeichen sollten möglichst eindeutig sein
  - Das Weglassen einer Antwort ist z. B. kein günstiges Zeichen einer Verneinung (missverständlich), besser für das *Nein* ein individuelles Zeichen finden.
- *Ergänzung*
  - z. B. Muskelanspannung, Geste, taktiler Reiz (zunächst Aufmerksamkeit beim Dialogpartner erreichen)
  - Ergänzung mit Hilfe individueller nonverbaler Zeichen
- *Pause*
  Es ist ganz wichtig, dass der Dialogpartner eine Pause nicht zu überbrücken versucht, vielmehr ihr die Zeit gibt und die aufmerksame Zuwendung zum Betroffenen während der Pause nicht abbrechen lässt.
  - Blick zur Ursache der Unterbrechung, wenn negativ empfunden: Blick weg von der Ursache der Unterbrechung (äußere Dialogunterbrechung [z. B. Unterbrechung durch einen Dritten])
  - Blick in die Ferne bzw. auf den Boden oder Fixierung eines Objektes (z. B. Foto)

(innere Dialogunterbrechung [z. B. emotional, mental motivierte Unterbrechung])

- Blick in die Ferne bzw. auf den Boden oder Fixierung eines Objektes
  (Gedanken von weit herholen)
- Blick in die Ferne, nach oben oder Fixierung eines Objektes
  (Erinnerungsschwierigkeit)
- Blick in die Ferne bzw. auf den Boden
  (Entscheidungspause)
- Starrer Blick, gesenkt auf den Boden oder Fixierung eines Objektes
  (emotionale Blockade)
- Entspannter Blick in die Ferne bzw. auf den Boden
  (gemeinsames entspanntes Schweigen)
- Blick auf sich selber gerichtet, in die Ferne bzw. auf den Boden oder Fixierung eines Objektes
  (Nachempfinden von Gedanken und Emotionen)
- Blick auf sich selber und auf den Dialogpartner gerichtet, in die Ferne bzw. auf den Boden oder Fixierung eines Objektes
  (in sich hineinhorchen und Intuition für ein weiteres Gespräch empfinden)

- *Blickkontakt*
  - starrer Blickkontakt
    (wirkt fordernd, neugierig und beobachtend)
  - entspannter Blickkontakt mit Unterbrechung
    (kann wahrhaftes Interesse, Einfühlung und Geborgenheit ausdrücken)
  - Möglichkeit, den Blick schweifen zu lassen, den Blick in die Ferne gehen zu lassen
    (zeigt eine gewisse Vertrautheit: Der Dialogpartner ist trotz schweifendem Blick *ganz Ohr*)

Unsere Körpersprache teilt unserem Dialogpartner auch mit, wie wir uns fühlen. So kann beispielsweise hinter der motorischen Unruhe des Betroffenen ein innerer Konflikt stehen. Gefühlsspannungen wie Wut oder auch Angst können mit Hilfe der Mimik, Gestik und der Körperhaltung und -spannung motorisch ausgedrückt werden. Versuchen Sie, mit dem Betroffenen ins Gespräch zu kommen. Beginnen

Sie den Dialog beispielsweise mit dem Angebot: *„Ich sehe, Ihnen geht es heute nicht so gut. Ich würde gerne für Sie da sein"* statt „Ich würde Ihnen gerne helfen" oder „Ich würde Ihnen gerne etwas Gutes tun". Oft haben wir keine Möglichkeit, dem Betroffenen zu *helfen* oder ihm etwas *Gutes zu tun,* und unser Angebot birgt für ihn bereits eine Last, er fühlt sich evtl. verpflichtet, dass es ihm allein durch unsere Anwesenheit dann auch wieder etwas besser gehen muss. Wenn allerdings das Verhältnis zwischen Betroffenem und Begleiter von einem großen Vertrauen getragen ist, werden die Worte von beiden sicher richtig aufgenommen und keiner der Dialogpartner fühlt sich dadurch verpflichtet und belastet.

Versuchen Sie eine Frage wie die Folgende zu vermeiden: *„Ich würde mich in Ihrer Situation auch nicht wohl fühlen. Sicher haben Sie eine rechte Wut über Ihr Schicksal!"* Sie stellen möglicherweise Ihre eigenen Vorstellungen und Ängste dar. Bieten Sie dem Betroffenen lieber wertfreie, aber mitfühlende Fragen an, die er auch mit *Ja*- oder *Nein*-Zeichen beantworten kann. *„Plagen Sie gerade körperliche Schmerzen!", „Sind es vielleicht schwere Gedanken (Träume), die Sie zur Zeit sehr belasten!", „Möchten Sie mir im Moment darüber etwas erzählen!"* Auch wenn der Betroffene Ihnen nur mit *Ja* und *Nein* antworten kann, Sie also seine Gedanken als Angebot vorformulieren müssen, versuchen Sie Ihre Wortwahl sensibel zu wählen. Bedenken Sie, Sie sind ein sehr hilfreiches Sprach*werkzeug,* indem Sie ihm Angebote unterbreiten. Und als mitfühlender Zuhörer lassen Sie sich von dem Betroffenen seine Gedanken und Gefühle *mitteilen,* auch wenn Sie gleichzeitig Mittler dieser Mitteilungen sind. Diese Doppelrolle bedarf einer starken Konzentration, vor allem aber einer wahrhaftigen Zuwendung gegenüber dem Betroffenen, soll der Dialog nicht zu einem technischen Austausch von Informationen verkommen. Sie helfen sich und dem Betroffenen, in dem Sie sich immer wieder Pausen zwischen den Dialogen gönnen. Ihre Gespräche werden nicht reichhaltiger durch die Anzahl von ausgetauschten Wörtern, Sätzen, vielmehr steigt die Qualität und Intensität Ihres Dialoges durch die Möglichkeit, die Gedanken des anderen wirken zu lassen und auch gemeinsam schweigen zu können.[41]

---

[41] Literatur zum Thema: Lotz (2000), Piper (1993b).

Das Verstehen zweier Menschen gelingt nicht allein über das Wort,
es entwickelt und vollendet sich im Schweigen.

Hilfreiche Schritte zu einem gelungenen Dialog

Was ist ein gelungener Dialog? Eine Begegnung, welche die am Dialog Beteiligten erfüllt. Dies scheint vor allem dann gut zu gelingen, wenn die Dialogpartner eine gemeinsame Kommunikationsebene gefunden haben und kreativ mit ihren Möglichkeiten der Dialogführung experimentieren, sich mitteilen können. Mitteilen jedoch nicht allein, um auf einer sachlichen Ebene Informationen auszutauschen, vielmehr eine Kommunikationsebene finden, auf der auch Gedanken und Gefühle emotional übermittelt werden können.

In der Regel bedienen wir uns ganz intuitiv der geeigneten Kommunikationselemente. Aber gerade wenn wir erschöpft, müde oder überlastet sind, greifen wir immer wieder aus Gewohnheit zu den gleichen Elementen und Dialogformen. Dies kann manchmal von Vorteil sein, oft aber hilft uns gerade der kreative Wechsel, das Dialogangebot für den Betroffenen zu erleichtern. Im Folgenden möchte ich Sie einladen, einige hilfreiche Schritte zu einem gelungenen Dialog zu durchdenken, besser noch mit Hilfe eines Partners auszuprobieren. Vielleicht können Sie dann später das eine oder andere in der konkreten Situation Ihrer Begleitung umsetzen.

Zur Vorbereitung einer Begegnung[42]
Werden Sie sich bitte bewusst, mit welchen Gefühlen Sie selber zu einer Kranken- oder Sterbebegleitung gehen, was Sie anbieten und leisten können.
- Was haben Sie vorher und hinterher zu erledigen?
- Bleibt Ihnen genügend Zeit für einen ruhigen Besuch?
- Wäre die Zeit ausreichend für ein möglicherweise längeres Gespräch?
- Warum möchten Sie den Betroffenen besuchen?

---

[42] Weitere praktische Hinweise zur Vorbereitung einer Begegnung in Otterstedt (1999).

- Haben Sie zur Zeit ein wahrhaftiges Interesse an der Begegnung? Was könnte Ihr Interesse an der Begegnung vielleicht zusätzlich wecken (z. B. Tierbesuch)?
- Worauf freuen Sie sich (besonders)?
- Wovor haben Sie evtl. Angst? (sein äußerer Anblick, Schmerzen des Betroffenen, kann ich ihm überhaupt etwas Gutes tun, falsches Verhalten, eigene Fehler)
- Was möchten Sie den Betroffenen oder auch seine Begleiter fragen?
- Wie könnten Sie dem Betroffenen notfalls rechtzeitig erklären, dass die heutige Begegnung begrenzt ist?
- Könnten Sie ihm ein längeres Gespräch zu einem späteren Termin zusichern?
- Möchten Sie ihm versprechen, ob und wann Sie ihn wieder besuchen werden?

Unser Kommunikationsverhalten ist geprägt durch kulturelle Werte, vor allem aber auch durch die soziale Beziehung zum Dialogpartner. Wir differenzieren unsere Dialogformen beispielsweise nach Geschlecht und Anzahl unserer Dialogpartner, nach dem sozialen Rang und dem Alter des Dialogpartners, ob eine Sondersprache (z. B. Jugend-, Berufssprache) gesprochen wird oder in welchem Lebensraum (Land, Stadt, Dialekt, etc.) wir uns befinden. Ein Dialog zwischen einem Elternteil und einem (auch) erwachsenen Kind wird beispielsweise anders verlaufen als zwischen zwei Freunden. Die soziale Beziehung und die so genannte soziale Hierarchie wird vor allem dann besonders deutlich, wenn ein Abhängigkeitsverhältnis zwischen den Dialogpartnern ihr Vertrauen bereits einschränkt. So wird beispielsweise ein Arzt, der sich in der Rolle als alleiniger *Heiler* sieht, nicht nur sich selber, vor allem aber die Beziehung zu seinem Patienten in große Not bringen. Eine Arzt-Patienten-Beziehung, welche die Rollen des Hilfesuchenden und des Helfers festgelegt und zu einem einseitigen Abhängigkeitsverhältnis entwickelt hat, wird nur solange Erfolg haben, wie der Arzt den Patienten *heilen* kann. Insbesondere aber in einer Begleitung von Schwerkranken und Sterbenden gelingt das *in sich heil werden* (im ganzheitlichen Sinne) allein, wenn Betroffener und Arzt partnerschaftlich zusammenarbeiten. Der Betroffene ist der Fachmann seines Körpers, der Arzt ist Fachmann durch

155

Studium und Praxiserfahrung. Diese gleichberechtigte Zusammenarbeit kann vor allem dann erfolgreich und für beide Seiten befriedigend sein, wenn sowohl Arzt als auch Betroffener sich in ihren Wahrnehmungen unterstützen. Dies gilt natürlich auch für all jene Gruppen (Therapeuten, Pfleger, Seelsorger, Angehörige), die den Betroffenen begleiten.

Das gleichberechtigte Geben und Nehmen
entspricht nicht nur dem Bedürfnis des Menschen nach
einem Selbstwertgefühl,
es fördert auch die Erfahrung, als Mensch mal Hilfesuchender,
mal Helfer sein zu dürfen.

Zwei Brüder besuchen eine gemeinsame Freundin im Krankenhaus. Der eine bleibt am Ende des Bettes stehen, hält sich am Holm des Bettes fest. Der andere läuft gleich auf die Bettseite zu und setzt sich auf die Bettkante. / Ein Seelsorger macht seine Runde in der Klinik. Vorsichtig klopft er an der Zimmertür, eine Entschuldigung murmelnd kommt der Seelsorger zaghaft ins Zimmer, wo er schließlich, mit den Händen auf seinem Rücken, an die Wand gepresst Halt sucht. / Ein kräftiges kurzes Anklopfen und gleichzeitig kommt mit dem Chefarzt eine Woge aus Ober-, Stations-, Assistenzarzt, Praktikanten und Pflegern in das Zimmer gerauscht. Der Chefarzt bleibt mit offenem Kittel und auf den Rücken gefalteten Armen am Kopf des Bettes stehen, während einer seiner Mitarbeiter über den Patienten referiert. Der Patient versucht, seinen Kopf verdrehend, zum Chefarzt zu schielen und gleichzeitig immer wieder auch den berichtenden Arzt anzuschauen. Der Vortrag, kaum beendet, Chefarzt: „*Wird schon wieder, Kopf hoch!*" Und alle sind wieder draußen. Vor der Tür, das Gemurmel der Ärzte, wie sie sich über den Patienten beraten.

Es gäbe viele Geschichten, wie vor allem bettlägerige Patienten ihre Besucher wahrnehmen. Es lohnt, sich als Begleiter zuvor einmal vorzustellen, wie die Perspektive eines Menschen ist, der sich in einem Bett befindet und welche sinnlichen Wahrnehmungen (z. B. Erschütterungen, veränderter Blickwinkel, geblendet durch Licht) – beeinflusst durch die Lage, Position und evtl. Symptome (Übelkeit etc.) – er erlebt. Vor diesem Hintergrund können die folgenden Anregungen für eine einfühlsame Begleitung hilfreich sein:

- Machen Sie sich bewusst, dass Sie jetzt nur für den Betroffenen Zeit haben möchten. Versuchen Sie ruhig zu sprechen, Hektik und Aufregung zu vermeiden, denn dies würde Ihre Stimme unangenehm hoch, laut und schrill klingen lassen.
- Versuchen Sie sich dem Betroffenen immer von vorne zu nähern. Beginnen Sie erst zu sprechen, wenn der Betroffene Sie sehen kann. Sprechen Sie den Betroffenen direkt mit seinem Namen an.
- Versuchen Sie sich bitte so zu setzen, dass Ihr Dialogpartner Sie gut sehen kann. Setzen Sie sich in seine Augenhöhe. Setzen Sie sich auf die bevorzugte Seite des Betroffenen, wo er z. B. besser sehen oder hören kann. Vielleicht mag er sich auch im Bett auf- bzw. in einen Sessel umsetzen. Denken Sie bitte daran, dass der Betroffene für das Gespräch möglicherweise eine Hör- oder Sehhilfe benötigt.
- Halten Sie während des Gespräches einen angenehmen Blickkontakt.
- Körperlicher Kontakt kann Sicherheit vermitteln, aber überstürzen Sie nichts und achten Sie auf sensible Zeichen des Betroffenen, ob er die Berührung mag oder nicht.
- Prüfen Sie, was den Betroffenen evtl. von einem Dialog mit Ihnen ablenken könnte (z. B. Lichtreflexe, Geräusche, Hunger, Durst, Harndrang etc.)
- Vermeiden Sie den Betroffenen in einer Kindersprache anzusprechen. Bedenken Sie, dass der Betroffene ein Erwachsener ist und kein Kind. Und dass er bereits Leben erfahren und gelebt hat, eine Persönlichkeit entwickeln konnte, der mit Respekt begegnet werden möchte. Vermeiden Sie daher auch die Befehlsform: z. B. *Trinken Sie jetzt!* o. ä.
- Versuchen Sie es zu vermeiden, *über* den Betroffenen hinweg zu reden. Machen Sie bitte niemals heimliche Zeichen, auch wenn Sie den Eindruck haben, der Betroffene bekommt nichts mit. Gehen Sie davon aus, dass jeder Mensch wahrnehmen kann, was Sie tun, und beziehen Sie den Betroffenen immer in das Gespräch mit Dritten ein, als könne er sich auch aktiv an dem Dialog beteiligen.

Als Begleiter nehmen wir viele Dinge unbewusst wahr. Diese Wahrnehmungen beeinflussen unsere Stimmungen und Gefühle, letztendlich auch die Gesprächsatmosphäre und unseren Umgang mit dem Betroffenen. Vielleicht mögen Sie einmal ganz bewusst in einen Raum Ihrer Wahl gehen (z. B. die Küche, den Keller). Was nehmen Sie alles wahr? (Menschen, Licht, Farben, Düfte, Technik, etc.) Haben Sie mit Ihren Sinnen Emotionen wahrgenommen? Wurden vielleicht auch Bilder und Erinnerungen geweckt? Vielleicht können Sie sich mit Hilfe dieser Übung auch bewusster auf die Atmosphäre in den Räumlichkeiten des Betroffenen (z. B. Klinik, Stationszimmer, eigenes Zuhause) einlassen. Was nehmen Sie wahr, wenn Sie als Begleiter in den Raum des Betroffenen gehen? Welche angenehmen, welche unangenehmen Bilder entstehen in Ihnen? Haben Sie die Möglichkeit, auch die unangenehmen Wahrnehmungen für die Zeit der Begegnung bewusst anzunehmen?

Als Begleiter haben wir die Möglichkeit, positiv die seelischen Stimmungen des Betroffenen zu unterstützen. Versuchen Sie so, das Selbstwertgefühl des Betroffenen zu unterstützen. *Lange Reden sind weniger wirkungsvoll als ein wahrhaftiger Satz.*

- Versuchen Sie, dem Betroffenen gerade bei einem Wechsel der Versorgung (z. B. von Intensiv- auf Normalstation, aus der Klinik heraus, neuer Pflegedienst) mit Gesprächen hilfreich zur Seite zu stehen: Verlust von individueller Aufmerksamkeit der Intensivpflege, Orientierungslosigkeit, Konfrontation mit Ängsten und Einsamkeit, evtl. soziale Isolation.
- Nach einer Diagnose, wie z. B. *„Sie sind austherapiert! Für Sie können wir nichts mehr tun"* gilt es, die Betroffenen einfühlsam zu begleiten, sie z. B. an eine psychologische und sozialtherapeutische Beratungsstelle zu vermitteln, sie vor allem nicht einfach alleine nach Hause zu schicken.
- Krankheiten lassen sich nicht miteinander vergleichen. Jeder Mensch hat ein individuelles Leid, empfindet eine individuell Not, die es sensibel zu begleiten gilt.
- Versuchen Sie dem Betroffenen zu vermitteln: Er ist wichtig, egal *wie* krank er ist und wie viel Hilfe er benötigt.
- Wenn der Begleiter beim Betroffenen ist, dann ist er ganz bei ihm: *„Jetzt habe ich mir nur Zeit für Sie genommen"*. Als Begleiter dür-

fen wir unsere Zeit und unser Dasein einem anderen Menschen
schenken.
- Versuchen Sie zu vermeiden, dass Sie den Betroffenen in seiner Intimsphäre verletzen. Notfalls erbitten Sie den Betroffenen zuvor um
seine Zustimmung (Z. B. erwünschte Hilfe beim Toilettengang o. a.)[43]

Dialogangebote bei sensorischer Stimulation[44] mit Hilfe so genann-
ter *kommunizierbarer Sinnesbereiche*:
- *Elementarsinne*
  Körpergefühl, Propriozeption[45], Gleichgewicht, Lage- und Bewe-
  gungssinn:
  Gemeinsames Atmen, Schaukeln, Aufrichten, Mobilisieren, Hin-
  stellen, Herumfahren
- *Nahsinne*
  Geruchssinn: z. B. vertraute Duftstoffe, Rasierwasser, Parfüm
  Geschmackssinn: z. B. Lieblingsspeisen, Getränke
  Berührungen: z. B. Streicheln, Liebkosen, Küssen, gemeinsames
  Betasten
- *Fernsinne*
  Gehör: (einfühlsames) Ansprechen, Namen rufen, Lieblingslieder
  und Musik
  Gesicht: vertraute Gesichter, Objekte, (Stoff)Tiere, Bilder, Uhrblatt
  zeigen, Gesten und Gebärden, Betrachten des eigenen Gesichts im
  Spiegel

Gerade wenn wir direkt aus dem lauten und schnellen Alltag heraus
in das Zimmer eines Patienten gehen, ist es nicht immer ganz leicht,
sich auf seinen Lebensrhythmus einzustellen. Versuchen Sie einmal
bewusst, den Atemrhythmus des Betroffenen nachzuvollziehen. Und

---

[43] Ein Seelsorger einer Uniklinik wollte seinen Rundgang in dem Wachraum
einer Intensivstation nicht abändern und stellte sich einfach neben einen Patienten, der gerade versuchte, auf dem Toilettenstuhl, notdürftig durch ein paar
Gardinen von anderen Patienten getrennt, seine Ruhe zu finden. „*Und wie geht
es heute so?*", fragte der wenig einfühlsame Seelsorger und ließ mit dieser nichts-
sagenden Frage den Patienten – nun an Verstopfung leidend – zurück.
[44] Nach Zieger (1996:86), mit zahlreichen Beispielen aus der Begleitung von Koma-Patienten. S. a. Piaget (1974), Mall (1984).
[45] Die Eigenempfindung des Körpers oder eines Organs, z. B. durch Sehnen, Muskeln, Gelenke etc.

wenn er und Sie es mögen, legen Sie ruhig einmal leicht Ihre Hand auf des Partners Oberkörper, die Schulter oder den Rücken, um den Atemrhythmus des anderen zu fühlen.

Dialogangebote im Rahmen der *sensorischen Stimulation* sind vor allem dann sehr wirksam, wenn wir als Begleiter das Leben und die Vorlieben des Betroffenen kennen. So berichtete mir ein Arzt, der mit seinem Team Komapatienten betreut, dass ein Landwirt, der im Koma lag, sehr angeregt auf den Geruch eines Kuhfladens reagierte. Ein anderer Patient berichtete, dass er während seiner Zeit im Koma die Anwesenheit der Putzfrau im Zimmer sehr motivierend fand; vor allem als sie eines Tages zu ihm sagte: *„Heut' sehen Sie aber schon viel besser aus!"* Aber nicht nur Koma-Betroffene profitieren von der sensorischen Stimulation. Eine junge Frau mit Muskelschwäche begann letztendlich ihren Rollstuhl auch zu genießen. Seit vielen Jahren waren ihre Schritte immer kürzer und langsamer geworden, jetzt aber konnte sie mit Hilfe des Rollstuhls wieder die Geschwindigkeit und den Fahrtwind auf der Haut erleben. Ein komplexes Zusammenspiel all dieser Sinne erleben vor allem auch jene Behinderten, die das Glück haben, mit Pferden reiten zu können. Gerade mit Hilfe von Tieren haben wir die Möglichkeit, eine Vielfalt unterschiedlicher Sinne zu stimulieren und den menschlichen Dialog noch durch ein Zwiegespräch zwischen Mensch und Tier zu ergänzen.

Den stillen Augenblicken nachspüren. Ein gelungener Dialog gibt Worten und Gesten, vor allem auch Pausen Raum. Pausen benötigen wir, um wieder Luft zu holen, zur Ruhe zu kommen. In Pausen spüren wir dem eben Gesagten noch einmal nach, sammeln unsere Gedanken oder lassen einfach die Stimmung auf uns wirken. In Pausen zeigt sich, ob wir mit unserem Dialogpartner stimmig sind. Das gleichzeitige Atmen, und jeder hat es schon einmal erlebt: Nach kurzer Zeit beginnen beide Dialogpartner, wie auf ein geheimes Kommando auch gleichzeitig an zu sprechen. Aber es gibt auch die Dialoge, in denen vor allem einer der Partner spricht, der andere ihm zuhört. Als Begleiter von Schwerkranken und Sterbenden bieten wir vor allem unser Ohr an: Manchmal wird insbesondere dieses gewünscht und ein anderes Mal entwickelt sich ein gleichberechtigter Dialog.

Aber manchmal findet man für die Gefühle auch einfach keine Worte. Und wenn die Worte verstummen, zeigt der Körper in Mimik, Gestik und Körperhaltung die Emotionen. Da gilt es, als Begleiter sensibel wahrzunehmen, ob jetzt der geeignete Moment ist, den Betroffenen auf seine Stimmung anzusprechen. „Ich habe das Gefühl, es geht Ihnen im Moment nicht sehr gut ...?" Pausen dürfen, müssen auch sein, damit wir den Worten, Gesten und insbesondere auch den Gefühlen einen Raum geben, in dem wir den Wert der Worte und Gefühle erkennen können.[46]

Im Bochumer Marienhospital entwickelten die Ärzte für die Kommunikation mit kranken Kindern eine Schmerz-Skala mit Hilfe von Smilies. Die Kinder können ihr Schmerzempfinden den Ärzten mitteilen, in dem sie entsprechend ihrer Schmerzen auf eines der sechs Gesichter zeigen. Die differenzierte Mimik der Gesichter kann dem Arzt Hinweise geben, wie sich das Kind fühlt und ob eine Schmerztherapie notwendig ist. Auch für erwachsene Schmerzpatienten ist es in der Regel sehr schwer, den Schmerz näher zu beschreiben. Solange der Betroffene sich jedoch verbal ausdrücken kann, sind auch Umschreibungen der Schmerzqualität und genaue Auskunft über die Häufigkeit der Schmerzen für einen Schmerztherapeuten wichtige Informationen und Voraussetzung für eine gute Schmerztherapie. Wenn aber der Betroffene in seiner verbalen Ausdrucksweise so stark eingeschränkt ist, dass er sich nicht mitteilen kann, ist vielleicht die Skala aus dem Marienhospital in Bochum eine Anregung auch für die Begleitung erwachsener Schmerzpatienten. Die unten dargestellte Graphik ist eine Anregung, eine auf die Kommunikationsmöglichkeiten des Betroffenen individuell zugeschnittene Skala anzufertigen. Der Betroffene zeigt auf jenes Gesicht, welches seiner momentanen Situation am ehesten entspricht. Wann der Betroffene welche therapeutische oder pflegerische Unterstützung erhalten muss, entscheiden Betroffener, Pfleger und Schmerztherapeuten[47] auf Grund ihrer Erfahrungen in der schmerztherapeutischen Begleitung des Betroffenen.

---

[46] S. a. Otterstedt (1999).
[47] Schmerztherapeuten in Ihrer Nähe erfahren Sie über die Deutsche Hospiz Stiftung bzw. bei der Deutschen Schmerzliga (s. Adr.)

Heutzutage kann man den Betroffenen die Schmerzen immer besser lindern helfen, manchmal sogar ganz nehmen. Schmerztherapeuten arbeiten zusammen mit den behandelnden Haus- und Fachärzten sowie mit den Hospiz-Vereinen und ambulanten Pflegediensten. Wenn es aber so ist, dass trotz aller fachkundigen Bemühungen der Schmerz nicht zu lindern ist, so kann der Mensch (auch ein vertrautes Tier) als Begleiter allein durch sein *Dasein* hilfreich sein. Als Begleiter gilt es nun, sehr einfühlsam herauszufinden, was dem Schmerzleidenden wohl tut: eine direkte Berührung oder eben ihre Vermeidung, abgedunkeltes Licht, Wärme oder doch besser frische Kühle etc. Die Atmosphäre der Geborgenheit, die der vertraute Begleiter schaffen kann, erleichtert die Schmerzen und macht das Leid erträglicher. Wenn es dem Begleiter gelingt, das Leid des anderen auszuhalten, besser noch mitfühlend anzunehmen, dann kann ein Dialog der Worte, der Tränen oder auch nur des gemeinsamen Schweigens hilfreich entstehen.

Wenn ein Mensch stöhnt oder sogar schreit, werden bei uns unmittelbar die Gefühle geweckt. Wir möchten vielleicht fliehen, weg von dem Leid, vielleicht aber auch fühlen wir uns gerade kräftig genug, um zu schauen, was denn der Grund für diese Laute ist, die wir in uns zunächst mit *Gefahr, Angst, Not, unermessliches Leid* verbinden. Menschen stöhnen und schreien, wenn sie beispielsweise starke körperliche oder seelische Schmerzen erleben. Aber es kann auch Ausdruck von innerer und äußerlicher Unruhe sein, welche z. B. Harndrang, eine Willensäußerung oder schlicht Protest bedeuten kann.

Es gibt aber auch eine andere, eine existentielle Ursache: Kehlkopfschwingungen erzeugen das Stöhnen. Nicht die Laute sind entscheidend, dass z. B. durch Schmerzen eingeschränkte Körpergefühl lässt nur noch eine Sensibilität für den Kehlkopf übrig. Mit jedem Stöhnen spürt der Betroffene die Vibrationen und Schwingungen, weiß: *Es gibt noch einen Körper.* Schreie füllen die Stille aus. Das Echo der eigenen Stimme im Raum hören: *Ich bin noch da, ich existiere noch.* „Selbst hinter Schreien und ständigem Wiederholen gleicher Worte kann sich ein ‚Sinn' verbergen: Vielleicht will der Kranke verhindern, dass Stille eintritt, vielleicht sucht er Kontakt oder sollen seine Redefetzen eine für ihn bedrohliche Leere füllen. Wenn sich der Kranke zunehmend ‚kindlicher' verhält, so kann dies den Wunsch nach mehr Sicherheit und Geborgenheit ausdrücken (sich wieder so zu fühlen wie in früheren Lebensphasen). Vielleicht hofft der Kranke, durch seinen ‚Rückzug in die Vergangenheit' wieder an frühere Fähigkeiten und Fertigkeiten anknüpfen und so gekräftigt in die Welt der Gegenwart zurückkehren zu können."[48] Als Begleiter von Schwerkranken und Sterbenden gilt es, sehr kreativ und phantasievoll dem Stöhnen und dem Schreien zu begegnen. Versuchen Sie zuerst herauszufinden, ob das Stöhnen und die Schreie Ausdruck von körperlichem Schmerz sind. Wenn dies nicht der Fall ist, der Betroffene gut schmerztherapeutisch versorgt wird, haben Sie weitere Möglichkeiten, einfühlsam Ihre Unterstützung anzubieten:

- Halten von der Seite mit einem schützenden Arm um die Schultern;
- Halten des Betroffenen von hinten, so dass er sich geborgen in Ihre Arme fallen lassen kann;
- Sanftes Streicheln des Rückens;
- Der Betroffene wird im Rücken gut von Kissen gestützt und erhält eine weiche Decke um die Schulter;
- Setzen Sie sich vor den Betroffenen und bieten Sie ihm eine *starke Schulter* an, an der er sich vorfallen lassen bzw. anlehnen kann.

---

[48] Mück/Neske: 150 Vorgehenswiesen für Betreuer Demenz-Kranker, in: www. Alzheimerforum/Demenz/Tipps.

- Bieten Sie dem Betroffenen eine Musik (nicht zu laut und schnell, aber auch mit aufmunternden Phasen) an, die er jeder Zeit wieder hören kann (von Schalplatte, Kassette oder CD). Diese Musik wird immer dann gespielt, wenn der Betroffene *Halt* benötigt. Oder vielleicht mögen Sie in angenehmer Mittellage (nicht zu hoch oder zu tief, nicht zu traurig) auch eine ruhige Melodie summen.

Achten Sie bitte sehr genau auf die Reaktionen des Betroffenen, welche Ihrer Angebote er als angenehm bzw. unangenehm empfindet und überfordern Sie ihn nie mit zu vielen Angeboten.

Wir dürfen Fehler machen und: Wir dürfen auch über Gelungenes uns freuen. Wollen wir in der Begleitung menschlich bleiben, so dürfen wir uns zugestehen, dass es möglicherweise auch einmal zu einem für den Betroffenen nicht optimalen dialogischen Handeln kommt. Wir profitieren von unserem eigenen *Fehlhandeln* vor allem dann, wenn wir dieses akzeptieren können. Die Annahme und der Umgang mit der eigenen Fehlbarkeit lässt nicht nur uns selber entspannter in eine Begegnung gehen bzw. einen Dialog führen, vielmehr zeigt sie auch unserem Gegenüber, dass wir keine *Übermenschen* sind: Wir bleiben menschlich und *annehmbar*.

Manchmal denken wir, wir sind für den Betroffenen nicht der richtige Ansprechpartner. In einem afrikanischen Krankenhaus besuchte ich für ein Hospiz eine Patientin. Kaum saß ich an ihrem Bett, verschlechterte sich ihr Zustand. Ich wollte für sie schnell einen der Mediziner finden. Aber sie hielt mich zurück. Ich fühlte mich hin- und hergerissen. Die Patientin alleine lassen wollte ich nicht, aber ein Arzt war vom Zimmer aus nicht herbeizurufen. Die Patientin begann gehetzt zu erzählen, wo der Körper schmerzte. Vor allem aber sprach sie von ihren Ängsten über das Sterben und erzählte mir ihre Träume der letzten Nächte. Während ihr Körper immer mehr von Krämpfen geschüttelt wurde, ihre Augen sich unkontrolliert bewegten, wurde diese Patientin in sich immer ruhiger. Ich war ihr ganz nahe, auch damit ihr Sprechen zum Flüstern werden durfte. Meine Ungewissheit, wie ich Hilfe holen hätte können, war verflogen, denn die Patientin hatte meinen Arm umfasst. Ich nahm ihre Reden und dies als ein klares Zeichen: *Bleib bei mir!*

Wichtig scheint mir, dass wir den Betroffenen nie alleine lassen, wenn er doch ein klares Zeichen gibt: *Bleib bei mir!* Vielleicht sollten wir den Betroffenen trauen, die sich *den* Menschen aussuchen, welcher sie begleiten soll: einen Menschen, der ihre Not nicht nur mit Medikamenten beantwortet, dem sie vielmehr ihren leidenden Körper zumuten, ihre Angst vor dem Sterben, letztendlich auch ihre Träume anvertrauen mögen. Manchmal ist dieser Mensch nicht ein behandelnder Arzt oder ein Angehöriger, manchmal ist es gerade ein Mensch, der des Weges kommt, dem der Betroffene sich anvertrauen mag.

Ebenso wie eine gute Vorbereitung das Gelingen eines Gespräches beeinflussen kann, ist es gut, als Kranken- und Sterbebegleiter auch ein professionell begleitetes *Gespräch nach dem Gespräch* zu suchen, vor allem dann, wenn wir uns selber einmal sprachlos fühlen, die Grenzen unserer eigenen Belastbarkeit spüren oder auch einfach den fachlichen und kollegialen Austausch mit anderen Kranken- und Sterbebegleitern genießen wollen. Die soziale Verbundenheit im (fachübergreifenden) Team unterstützt die gelungene Begleitung der Betroffenen.

Nur wer selber auch Halt sucht, kann anderen Halt geben, findet durch andere auch Kraft in sich, die er wieder an andere weiterschenken kann.

Im Folgenden möchte ich spezielle Anregungen für den Dialog mit Patienten auf der Intensivstation bzw. mit Aphasie- Demenz- und Koma-Betroffenen sowie Sterbenden geben.

Dialog auf der Intensivstation
- Kommunikationsangebote an den Betroffenen unter der Beachtung der geringen Intimsphäre auf einer Intensivstation;
- Bezugspflege, mind. eine Bezugsperson (z. B. Angehörige, Freunde);
- Schaffen von Orientierungshilfen:
  - Schild mit großer Schrift: Sie sind im Krankenhaus *Name;*
  - Uhr, Kalender: Wochentag, Monat, Jahr;
  - Fotos mit bekannten Gesichtern, persönliche Dinge bei persönlicher Ansprache erwähnen: eigenen Namen vorstellen;
  - Patient mit Vor-/ oder Nachnamen und *Sie* ansprechen;

165

– Situation des Patienten entsprechend seiner Persönlichkeit und seiner seelischen Situation angemessen erklären.
• Tag-/Nacht-Rhythmus durch Veränderung der Lichtverhältnisse;
• Vermeidung von chronischem Schlafentzug (z. B. Gedächtnisaufgaben, Entspannungsübungen, Suggestiv-Reisen);
• Mögliche Einschränkungen von monotonen Geräuschen und Vermeidung von einer akustischen Überstimulierung (z. B. Isolierung von technischen Geräten, Dauerberieselung vom Radio etc.)

Dialog mit Aphasie-Betroffenen [49]
Aphasiker haben durch eine Hirnschädigung, z. B. nach einem Unfall oder einem Schlaganfall, eine Sprachstörung. Je nach individueller Einschränkung im verbalen Ausdruck können Aphasiker sich im Dialog mit anderen Menschen mitteilen. Als Begleiter können wir den Betroffenen den Dialog durch unsere Verhaltensweisen zu erleichtern versuchen.

• Aphasiker brauchen Zeit und Ruhe für ihre Äußerungen. Haben Sie Geduld und warten Sie auch längere Pausen im Dialog ab. Versuchen Sie dem Aphasiker die Zeit zu lassen, welche er zum Auffinden der geeigneten Wörter benötigt. Machen Sie bitte keine Wortvorschläge, denn diese könnten den Betroffenen beeinflussen und er fühlt sich unter Druck, Ihre Worte einfach zu übernehmen. Versuchen Sie sich auf den Inhalt, weniger auf die Form der Äußerung zu konzentrieren. Manchmal ergibt sich der Sinn eines Gespräches erst nachträglich.

• Manchmal ist es sehr hilfreich, im Dialog nicht allein auf verbale Äußerungen zu achten. Mit Hilfe von mimischen und gestischen Zeichen oder auch das Zeigen von Bildern lassen sich Inhalte gut vermitteln.

• Beim Auftreten von so genannten Blockierungen wie beispielsweise stetigem Wiederholen eines Wortes oder einer ganzen Phrase (*Hängenbleiben*) versuchen Sie, den Betroffenen kurzfristig abzulenken. Zu einem späteren Zeitpunkt können Sie dann das Thema wieder aufnehmen.

---

[49] Informationen auch beim Bundesverband für die Rehabilitation der Aphasiker e.V. (s. a. Adr.), Literatur zum Thema: Fenske-Deml (1998), Huber u. a. (1991), Kroker (1993), Lutz (1996), Taylor (1981), Tropp-Erblad (1994).

- Machen Sie sich und vor allem dem Betroffenen immer wieder Mut. Es ist nicht immer einfach, einen Dialog zu führen, aber: *Wir werden gemeinsam den Gedanken schon herausfinden. Fangen Sie ruhig noch einmal den Satz an!*
- Schaffen Sie selber eine Atmosphäre, in der der Betroffene vor allem auch Sie gut verstehen kann: Hintergrundgeräusche wirken auf den Betroffenen beim Verstehen und Artikulieren störend. Auch fällt es den meisten Betroffenen leichter, wenn sie nur einen Dialogpartner haben.
- Sprechen Sie bitte langsam, deutlich, aber in einer normalen Lautstärke.
- Versteht der Betroffene Sie zunächst nicht, versuchen Sie es bitte mit einer Umschreibung, einem Alternativausdruck und greifen dann erst zu alternativen Kommunikationsmitteln (z.B. Zeigen des Gegenstandes oder einer Abbildung, pantomimische Darstellung).
- Benutzen Sie besser kurze Sätze. Alternativfragen (*Magst du lieber Vanille- oder Schoko-Pudding?*) sind in der Regel für Betroffene schwerer als Fragen, die mit *Ja* oder *Nein* zu beantworten sind.

Dialog mit Demenz-Betroffenen

Das Gehirn sucht eine Ordnung, konstruiert eine Wirklichkeit, um das Erlebte zu verarbeiten. Verwirrtheit ist ein *alternativer Bewusstseinszustand*, in dem, statt einer äußeren Wahrnehmung verstärkt eine innere Wahrnehmung gelebt wird. Wenn wir die Verwirrtheit eines Menschen als einen Defekt bezeichnen, würden wir jegliche Möglichkeit von Kommunikation von vornherein ausschließen. Verwirrtheit aber ist nicht notwendigerweise und ausschließlich ein pathologisches Zeichen, sie ist oft Ausdruck von sozialer Einsamkeit, ein Versuch, eine Monotonie zu überbrücken bzw. einer isolierenden Lebensbedingung zu entfliehen. Beziehungspflege kann die Dialogbereitschaft und einen Dialogaufbau mit verwirrten Menschen fördern helfen. Als Begleiter können wir kommunikative Elemente wie den verbalen und nonverbalen Ausdruck, Pausen, Wiederholungen und Alternativen anbieten. Das Gespräch fördert die Weiterentwicklung bzw. die Aufrechterhaltung der Funktionen des Gehirns und damit unmittelbar die mentalen Fähigkeiten und psychischen Bedürfnisse. Der gelungene Dialog mit verwirrten Menschen hat einen direkten und positiven Einfluss auf die Lebensqualität der Betroffenen. „*Gespräche* sind selbst mit sprachlich stark gestörten Demenz-Kranken möglich. Allerdings lassen sich die Betroffenen dann eher ‚unterhalten'. Sprachlich weniger stark beeinträchtigte Demenz-Kranke können durchaus in der Lage sein, Konfliktsituationen zu verstehen, von eigenen Werten und Idealen zu berichten und damit Stellung zu beziehen."[50]

Wer ist eigentlich dieser verwirrte Mensch? Wenn Sie bereits einen verwirrten Menschen begleiten oder sich auf eine Begleitung vorbereiten, vielleicht mögen Sie sich einmal die folgenden Fragen beantworten.

- Wie sieht die derzeitige Lebens- und Wohnsituation von dem Betroffenen aus?
- Welche Menschen (Tiere, Pflanzen) gehören zu seinem alltäglichen Umfeld?
- Wissen Sie, wie der Betroffene vor seiner Demenz gelebt hat (Familie, Arbeit, Hobbys)?
- Wie nehmen Sie den Betroffenen wahr (seinen sprachlichen und körpersprachlichen Ausdruck, seine Bedürfnisse etc.)?
- Welche Rechte und welche Aufgaben (Verpflichtungen) besitzt der Betroffene?
- Wie kommunizieren Sie in der Regel mit ihm?
  - sprachlich (Welche Wörter, welchen Satzbau verwenden Sie besonders oft?)
  - mit den Augen (z. B. Pupillenbewegung, Lidschluss)
  - mit den Händen (z. B. Gesten)
  - taktile Reize (z. B. Streicheln, Umarmen)
  - andere Sinneseindrücke (welche?)
  - Muskelreaktionen
- Worin liegen die inhaltlichen Schwerpunkte in den Dialogen mit dem Betroffenen?

Es hat sich gezeigt, dass im Laufe der Zeit die Sprachebenen von Betroffenem und Begleiter sich immer ähnlicher werden: mimisch,

---

[50] Mück/Neske, s. Fußnote 48.

gestisch, verbale Ausdrucksweisen. Oft entwickeln sich Begleiter von *stummen* Betroffenen auch selber zu *stummen* Begleitern. Als Begleiter versuchen wir dem Betroffenen Angebote zu machen, ihn aber den Weg bestimmen zu lassen. Das, was vor allem in der Sterbebegleitung unbedingt notwendig ist, kann in der Begleitung von verwirrten Menschen unter Umständen behindernd wirken. Der Begleiter eines Demenz-Betroffenen wird diesem keinen Gefallen tun, wenn er selber immer *stummer* wird.

Einige hilfreiche Tipps für den Dialog mit Demenz-Betroffenen

- Nutzen Sie für ein wichtiges Gespräch die Vormittagsstunden (bzw. die durch Medikamentenwirkung *guten* Stunden), da dann die Betroffenen erfahrungsgemäß besser aktiv am Dialog teilnehmen können.

- Versuchen Sie immer direkt *mit* dem Betroffenen zu sprechen und nicht *über* ihn. Es ist möglich, dass der Betroffene unter dem Gespräch vergisst, mit wem er spricht. Stellen Sie sich ihm ruhig mit Namen und *Funktion (ich besuche Sie jeden Mittwoch)* wiederholt vor.

- Oft haben Demenz-Betroffene eine besondere Bezugsperson, von der sie sich besonders verstanden wissen. Bitten Sie im Notfall diese zu Hilfe.

- Wenn der Betroffene einen Dialekt spricht, ist es für ihn hilfreich, auch im Dialekt mit ihm zu kommunizieren.

- Versuchen Sie sich positiv auszudrücken und Negierungen *(Du brauchst keine Angst zu haben!* oder *Niemand will dir wehtun)* zu vermeiden, da möglicherweise der Betroffene nur das Wort *Angst* bzw. *wehtun* wahrnimmt und Ihre Aussage missversteht.

- Verwenden Sie am besten kurze Sätze, machen Sie zwischen den Sätzen Pausen und wiederholen Sie ggf. die Sätze. Versuchen Sie ruhig zu sprechen und nicht die Stimme zu erheben.

- Ermuntern Sie den Betroffenen bewusst zum Sprechen, auch und gerade wenn er einsilbig wird. Manche Demenz-Betroffene haben einen besonderen Zugang zu den ihnen bekannten Liedern oder Musikstücken (z. B. symbolische Aussage z. B. zum Thema *Abschied, Trennung, Krankheit, Tod*). Vielleicht mögen Sie diesen Zugang für einen Dialogaufbau zum Thema nutzen? Versuchen

Sie, das noch lange erhaltene Rhythmusgefühl des Demenz-Betroffenen in den Dialog miteinzubinden.

- Versuchen Sie, auf seine Gefühle einzugehen und nicht mit ihm darüber zu diskutieren. Suchen Sie nach kurzen, beruhigenden Sätzen, die die Gefühle des Betroffenen ansprechen und nicht seine entschwindende Gedächtnisleistung überfordern. Statt: *Wir haben doch gerade alles für das Wochenende eingekauft!* Besser: *Wir haben noch genügend Vorräte daheim.*
- Unser Verhalten (z. B. Geste, Mimik, Unterton in unserer Stimme) kann mitunter bei dem Betroffenen Emotionen auslösen, welcher er nicht in der Lage ist auszudrücken. Versuchen Sie, die Emotionen sensibel wahrzunehmen und einfühlsam zu beantworten. Ein verwirrter Mensch kann trotz seiner Einschränkungen sensibel differenzieren, ob eine Zuwendung wahrhaft gemeint ist.
- Extreme mimische und gestische Ausdrücke sowie schnelle, unvorhergesehene Bewegungen können den Betroffenen irritieren. Versuchen Sie innerlich ausgeglichen und mit einer entspannten Körperhaltung dem Betroffenen zu begegnen. Setzten Sie aber ruhig Ihre Mimik und Gestik bewusst und unterstützend zu Ihren Worten ein.
- Über angenehmen Körperkontakt und Ihrem wahrhaftigen Lächeln werden Sie den Betroffenen besonders gut erreichen können, ihm Geborgenheit und Vertrauen vermitteln können.
- Unterstützen Sie den Betroffenen immer auch durch aufrichtiges Lob für seine Bemühungen (z. B. bei bleibendem Blickkontakt, nach Wortfindung); im Dialog zu bleiben.
- Versuchen Sie auch die Mobilität des Betroffenen zu fördern. Denn durch die Bewegungsabläufe wirken die Anregungen des Körpers auch fördernd auf die geistige Beweglichkeit.

Dialog mit Koma-Betroffenen[51]

Wenn wir den Menschen im Koma allein als einen *Menschen mit einem Defekt* ansehen, dann wird der (Körper-)dialog, eine menschliche Kommunikation mit ihm erschwert oder gar unmöglich. Wie bereits weiter oben näher ausgeführt, können wir mit Hilfe der Beo-

---

[51] Literatur zum Thema: Bauby (1993), Mindell (1999), Pantke (1999).

bachtungen aus der modernen therapeutischen und seelsorgerischen Begleitung von Koma-Betroffenen ein ganz anderes Menschenbild gewinnen. Der Körper erinnert sich an erlebten Körperkontakt und körperliche Irritationen. Dieses so genannte *Körpergedächtnis* kann auch durch eine Narkose nicht ausgeschaltet werden, und Erinnerungen können beispielsweise durch eine therapeutisch sinnhafte und seriöse Hypnose wieder erlebbar werden. Wenn wir also annehmen, dass das Körpergedächtnis des komatösen Patienten wahrnimmt, dann liegt in dieser Annahme für uns als Begleiter auch die Motivation für einen mitmenschlichen kontaktualen Dialog und eine sensible Begleitung. Wie und mit welchen Elementen der Kommunikation wir mit Koma-Betroffenen kommunizieren können, wurde bereits ausführlich anhand von Beispielen dargestellt.

Dialog mit Sterbenden[52]
Neben den bereits erläuterten Möglichkeiten der Dialogführung scheint im Gespräch mit Sterbenden vor allem ein Punkt wichtig: Mit Sterbenden sollte man nicht notwendigerweise diskutieren. Dies meint natürlich nicht, dass wenn ein Betroffener ausdrücklich eine Diskussion zu einem ihn interessierenden Thema möchte, ihm diese verwehrt bleibt. Vielmehr meint es, dass das Hinterfragen von seinen Handlungen uns möglicherweise eher von ihm wegführt. Wenn wir für ihn *da sind*, versuchen, ihn so wahrzunehmen, wie der Betroffene in diesem Moment *ist*, dann spüren wir mitunter mehr, als was er mit Worten oder Gesten uns sagen kann. In der letzten Phase des Lebens ist nicht notwendigerweise die Ratio gefragt. Spüren wir lieber da hin, wo Leben gelebt wird.

Mit 75 Jahren erfuhr Frau M. von ihrer Knochenkrebserkrankung. Frau M. wurde in einer großen Uniklinik medizinisch versorgt und erhielt eine Strahlentherapie. Ihre Enkelin bat mich, sie während der Ferienzeit zu vertreten und Frau M. regelmäßig in der Klinik zu besuchen. Frau M. legte größten Wert auf eine korrekte Erscheinung, Frisur, Kleidung etc. Als ich aber zu unserem ersten gemeinsamen Termin in der Klinik erschien, hieß es, Frau M. sei unverhofft in die

_____

[52] Literatur zum Thema: Ebert/Godzik (1993), Lückel (1994), Piper (1990).

Strahlentherapie geschickt worden. Ich beschloss, ihr entgegenzuge-
hen und traf Frau M. dann schließlich vor den Behandlungsräumen
der Strahlentherapie an. Sie freute sich sehr über meinen Besuch,
war aber zunächst sehr erschrocken, dass ich sie nun ganz ohne
Perücke sah. Dieser erste entblößende Augenblick unserer Begegnung wurde bald durch eine sich entwickelnde angenehme Vertrautheit zwischen uns abgelöst. Frau M. konnte nun auch die Fragen
stellen, die sie sich gegenüber den Ärzten und Pflegern nicht traute
zu stellen: Werde ich sterben müssen? Wie lange werde ich noch leben können? Frau M. hatte noch keine Lust zu sterben. Aber gleichzeitig drängten und quälten sie immer mehr ihre Schuldgefühle:
War ich gegenüber meiner Tochter, die ich nicht haben wollte, un-
gerecht im Leben? Werde ich daher qualvoll sterben müssen? Frau
M. war sicher, dass sie in die Hölle kommen werde und hatte daher
große Angst vor dem Sterben. Frau M. erzählte mir auch von ihren
Enttäuschungen im Leben: von einem Mann und davon, dass sie
eigentlich lieber in ein Kloster gegangen wäre. Frau M. empfand es
als große Erleichterung, endlich über all diese Dinge sprechen zu
können, ohne die Angst zu haben, dass diese Gedanken ihre Familie belasten würden. Aber Frau M. behielt auch einige ihrer Ängste,
Sorgen und Schuldgefühle für sich. Einiges davon mag sie vielleicht
in den noch vermittelten Gesprächen mit ihrer Tochter und mit
einem katholischen Pfarrers ausgesprochen haben.

Frau M. wurde zusehends schwächer und wurde in ein Pflegeheim
verlegt. Eines Tages besuchte ich Frau M. gemeinsam mit ihrer Enkelin. Frau M. lag in dem Bett. Ihr Körper schien bereits sehr erschöpft
und schwach, aber ihre Augen waren fröhlich und voller Lebenskraft. Frau M., die ich oft sehr verängstigt wahrgenommen hatte, erschien mir nun entspannt, gelöst und heiter. Sie erkannte uns und
bat, im Bett sich aufrichten zu dürfen. Auf dem Tisch lag eine Orange,
die sie nun gerne essen wollte. Begierig genoss sie die Orangenschei-
ben, aber kaum dass sie die Frucht geschluckt hatte, gab ihr Körper
alles wieder her. Neben den Fruchtstücken landete gleich noch ihr
Gebiss in der Schale. Und wir mussten alle schrecklich lachen.
Äußerlichkeiten schienen Frau M. jetzt nicht mehr zu belasten.

Ich gebe gerne zu, dass ich neugierig war und gerne Frau M. gefragt hätte, was sie denn alles seit unserem letzten Treffen erlebt

hatte. Manchmal fragen wir uns als Begleiter, wie es zu so eindeuti-
gen – in der Regel positiven – Stimmungsänderungen bei den Betrof-
fenen kommen konnte. Auf Grund meiner Erfahrung in der Beglei-
tung von Sterbenden scheinen diese Stimmungsänderungen oft mit
zuversichtlichen Träumen oder Wahrnehmungen mit Symbolcharak-
ter (z. B. Geborgenheit, Zuversicht, Erlösung) einherzugehen. Aber
nicht immer entwickelt sich darüber ein Gespräch zwischen Betrof-
fenen und den Begleitern. Bei diesem Besuch mit Frau M. hat sich
kein Gespräch ergeben. Frau M. genoss es, dass ihre Enkelin und ich
bei ihr waren und wir die Gelegenheit wahrnahmen, uns intensiv
von ihr zu verabschieden. Frau M. starb in aller Ruhe am darauf
folgenden Tag.

Sehen Sie den schwarzen Raben?

Was ist Wirklichkeit, was ist Phantasie? In der Definition von *Wirklichkeit* orientieren wir uns zunächst am sozialen Miteinander: *Was viele als wirklich ansehen, das muss wohl auch wirklich sein.* Es gibt somit einen Konsens von Wahrnehmungen, der durch langwierige Interaktionen sich immer wieder neu entwickelt. Es besteht keine feste Objektivität, denn aufgrund veränderter sozialer Situationen und sozialem Miteinander verändert sich auch die Wahrnehmung des Einzelnen und die *Wirklichkeit* der sozialen Gemeinschaft.[53] Neben der *Wirklichkeit*, welche mit der eigenen und der sozialen Erlebniswelt verglichen wird, gibt es auch die *Illusion*, welche wir z. B. in Träumen oder Halluzinationen erleben können.

Eine Halluzination ist eine Wahrnehmung mit Realitätscharakter unter Einbeziehung einzelner bzw. mehrerer Sinne. Aber wie können Halluzinationen als wahrhaftig erlebt werden, wenn doch die Umwelt sie nicht wahrnehmen, dadurch in der Regel nicht annehmen und akzeptieren kann? Eben weil wir unsere individuell erlebte Wirklichkeit immer auch mit der unserer sozialen Umwelt vergleichen und im Fall einer Halluzination notwendigerweise eine Differenz im Erleben *unserer Wirklichkeit* erfahren, führen Halluzinationen auch immer zu einer physischen, psychischen, mentalen und sozialen (mitunter auch spirituellen) Irritation in uns. Diese Irritation hat eine unmittelbare Wirkung auf unser *Ich*-Bewusstsein und unser Selbstvertrauen: *Habe ich wirklich einen schwarzen Raben auf meinem Bettholm sitzen gesehen? Vielleicht war es ja nur ein dunkler Schatten?*

Mit Hilfe einiger Kriterien versuchen wir, uns der *Wirklichkeit* zu versichern[54]:

---

[53] S. a. auch Balgo (1993:144).
[54] S. a. Balgo (1998:143).

174

- strukturell (u. a. Helligkeit, Kontrast, Schärfe, Dreidimensionalität, Lokalisierbarkeit, Art und Tempo der Bewegung): *War es nicht etwas zu dunkel für einen echten Raben? Er hat sich ja eigentlich gar nicht bewegt.*
- inhaltlich (u. a. Bedeutungsinhalt, Kontextstimmigkeit, Aufforderungscharakter): *Was sollte denn auch ein Rabe in einem Haus?*
- praktisch (u. a. kann man es be*greif*en, ist es *wirk*lich, steht es in Bezug zu dem Wahrnehmenden): *Was sollte denn auch ein Rabe in* meinem *Zimmer?*

Begegnungen mit der Symbolsprache

Mit Hilfe der Symbolsprache versuchen wir, das Extrakt des Erlebten in einem *Bild* wiederzugeben. Dieses Bild mag die Wirklichkeit oder auch eine Illusion widerspiegeln. Wichtig scheint, dass der Mensch neben der rationalen Sprachebene einen Ausdruck für seine Emotionen findet. „Der Mensch in der Krise versucht, sich auszusprechen, und da seine Krise in seiner Befindlichkeit zum Ausdruck kommt, wird er über seinen Zustand kaum sachlich objektiv argumentierend reden. Diese auf die Sachebene reduzierte Sprache reicht nicht aus für das, was ihn bewegt" (Piper 1993:61).

Begegnen wir einem Menschen, der sich uns gegenüber in einer Symbolsprache mitteilen will, reagieren wir mitunter irritiert. Schnell wird dieser Mensch möglicherweise als *verwirrt* eingestuft. Diese Klassifizierung dient in erster Linie der Beantwortung unserer eigenen Irritation: Was wir nicht verstehen, wehren wir ab und dies gelingt uns am besten, wenn wir den anderen als verwirrt darstellen. Aber eigentlich sind es ja wir, die in diesem Moment verwirrt über das Verhalten des anderen sind.

„Nachträglich erklären Angehörige oft, der Sterbende habe sein Sterben *geahnt*. Aber meist hat niemand diese Ahnung aufgenommen. Auch in dieser Hinsicht sind sterbende Menschen oft isoliert. Die Sprache, die um sie her gesprochen wird, ist die Sprache der Befunde, der medizinischen Technik, der Behandlungsabläufe – die Sprache der Vermeidung. Das Ziel mechanischer Lebensverlängerung verdeckt oft das Gespür für die emotionalen Lebensbedürfnisse.

Auf die Signale der Todesahnung reagiert die Umwelt meist beschwichtigend oder verwehrend" (Lückel 1994⁴:83). Es gilt, die Sprache in ihrer Mehr- und Tiefendimensionalität zu lernen, damit wir Sterbende besser verstehen und die Betroffenen nicht sprachlos, ohne begleitenden Dialogpartner, einsam sterben müssen (Vgl. Piper, 1993:66).

Nicht die Eindeutigkeit des Wortes,
sondern seine Mehrdeutigkeit begründet eine lebendige Sprache.[55]

In der Kranken- und Sterbebegleitung gilt es sowohl mit den Träumen als auch mit den Halluzinationen, die uns Betroffene berichten, sehr einfühlsam und äußerst behutsam im Dialog umzugehen[56]. Holen Sie den Betroffenen nicht notwendigerweise aus seiner Phantasiewelt und vermeiden Sie Illusionen zu korrigieren oder auch zu bestätigen. Sie können dem Betroffenen besser helfen, in dem Sie in Ruhe herausfinden, welche möglichen Gefühle und verborgenen Bedürfnisse seinen Wahrnehmungen als Basis dienen könnten. Wenn Sie seine Gefühle und Bedürfnisse einfühlsam in einem gemeinsamen Dialog mit dem Betroffenen zum Ausdruck bringen können, kann sich dieser angenommen fühlen, und seine Wahrnehmungen werden sich auflösen, da ihnen die Basis fehlt.

Wahrnehmen und Erkennen vom Symbolcharakter einer Rede

In der Symbolsprache ändert sich der Sprachausdruck und ähnelt in seiner Bildhaftigkeit der Poesie oder auch biblischen Gleichnissen. Oft enthalten diese Bilder uns bereits bekannte Symbole. Diese Vertrautheit mit der aus unserer kulturellen Erfahrung stammenden Symbolik kann uns helfen, unsere Gefühle besser zu akzeptieren.[57] „In den Traumsymbolen sind Erfahrungen von Generationen kondensiert. Nicht von ungefähr ist die Sprache der Träume der Sprache

---

[55] In Anlehnung an Martin Buber.
[56] Literatur zum Thema: Gruber (1998), Piper (1993).
[57] Zu *Symbolik in der Abschiedsgestaltung* s. a. Otterstedt (1995:31ff).

von Mythen und Märchen verwandt, in deren Symbolsprache die Lebenserfahrungen von Generationen eingefangen sind." (Lückel 1994⁴:86). Die Inhalte der Bilder bringen beispielsweise Themen wie Furcht, Einsamkeit, Ohnmacht, Hoffnung, Zweifel, Glaube, Ahnung und Ungewissheit zum Ausdruck.

Träume sind verdichtete Emotionen und Erfahrungen, die in einer bildreichen Sprache sich uns mitteilen. Mit Hilfe von Träumen finden wir einen Weg, unsere Kreativität auszudrücken, und mit ihrer Hilfe versuchen wir z. B., Erlebtes und Konflikte zu gestalten, Wünsche und Nicht-Erlebbares zu leben. Träume geben uns die Möglichkeit, schöpferisch zu handeln, Lösungen in Konflikten und Problemen zu finden. Gerade in Situationen des Lebens, wo der Mensch an der Schwelle von einer Lebensphase in eine andere steht (bzw. vom Leben in den Tod), nimmt er in seinen Träumen oft einen anderen Akteur wahr, der für ihn die Problemlösung erlebt. Mit viel schöpferischer Kraft erlaubt uns dieses *traumhafte Rollenspiel*, Lösungsentwürfe durchzuspielen, bevor wir den passenden für unser eigenes Leben annehmen können. Dies kann vor allem dann besonders hilfreich sein, wenn der Mensch, wie in der Sterbephase häufig, so genannte *unerledigte* Lebenssituationen noch einmal durchlebt.

Die Wahrnehmungen in Träumen oder Halluzinationen können für den Betroffenen aus unterschiedlichen Perspektiven erlebt werden, wie z. B. auch der Vogelperspektive oder im veränderten Tempo (z. B. Zeitraffer, Slow-Motion). Oder der Betroffene spürt beispielsweise, wie er seine alten Kräfte wiedererlangt. So erzählte beispielsweise eine Patientin, die seit vielen Jahren an einer schweren chronischen Erkrankung litt und nur mehr eine eingeschränkte Motorik besaß, dass sie in ihren Träumen nicht nur wieder wie früher Skifahren könne, sondern auch in ihren Träumen erstmals Sportarten ausüben würde, welche sie in der Realität nie ausprobieren konnte.

Jeder Mensch hat auf Grund seiner persönlichen Lebenserfahrung immer auch individuelle Träume und eine individuelle Symbolsprache. Und doch erleben wir in der Begleitung von Schwerkranken und vor allem von Sterbenden oft, dass den Betroffenen auch ähnliche Bilder erscheinen. Dies ist unter anderem aus dem gemeinsamen Kulturkreis und seiner Symbolik erklärbar. Im Folgenden finden Sie eine kleine Auswahl von Bildern, denen Sie so oder in einer Variante vor allem in der Begleitung von Sterbenden begegnen können. Wichtig ist jedoch, dass wir daran denken, dass jedes Bild einen individuellen Sinngehalt besitzt, wir also nie sagen können: *„Ach, das kenn ich schon, ich weiß schon, worum es geht . . .!"* Bleiben wir doch ruhig offen für das, was der Betroffene uns möglicherweise in einem vertraulichen Gespräch erzählen mag. Denn nur er wird die Symbolkraft des Bildes für sich entdecken können und uns vielleicht mitteilen.

Sorge um die wirtschaftliche Absicherung

- Ein älterer Patient drückt gegenüber einer Krankenschwester seine große Sorge aus, dass das Geld nicht reichen könnte. Patient zählt Geld nach und ist beruhigt, dass es noch 4 Tage reichen wird. Vier Tage später stirbt er.
- Eine schwerkranke Patientin bittet, entlassen zu werden, da sie Angst hat, dass der Klinikaufenthalt zu teuer wird. Ihre Nichte kann sie beruhigen, dass sie alles Finanzielle regeln wird. Die Patientin stirbt nach einigen Tagen.
- Ein 72-jähriger Patient macht sich große Sorgen, dass die Familie nach seinem Tod finanziell nicht ausreichend versorgt sein könnte. Er ist sehr unruhig und möchte wieder zur Arbeit gehen. Er studiert intensiv die Stellenanzeigen. Nach vielen unruhigen Tagen und Nächten wacht er nach einem ruhigen Mittagsschlaf nicht mehr auf.
- Ein älterer Patient möchte das Krankenhaus verlassen, weil er sich sorgt, dass die Rente nicht weiter bezahlt werden würde. Nach einer Nacht erzählt er beruhigt einer Krankenschwester, die Rente sei ihm ausbezahlt worden. Er stirbt am gleichen Abend.

Weitere mögliche Bilder: Furcht, dass
- der zurückbleibende Ehepartner sich nicht alleine versorgen kann;
- das Geld von Angehörigen o. a. vom Sparbuch, Konto entwendet wird;
- dass der Besitz veräußert wird;
- das Bargeld aus dem Schrank gestohlen wird.

Die Schwierigkeit für den Begleiter besteht gerade auch bei diesen Bildern darin, zu unterscheiden: Hat die Rede einen Symbolcharakter oder besitzt sie einen handlungsnötigen Realitätsbezug? Es gilt, sich einfühlsam und vertraulich zu informieren und in keinem Fall einfach zu denken: *„Ach, das ich ja doch nur so ein Symbol . . ."* Wenn Sie keine realen Gründe für die Äußerung des Betroffenen erkennen können, werden Sie hinter dem geäußerten Bild eine andere Not entdecken.

Nach Hause zurückkehren

- Eine 62-jährige Krebspatientin bittet die Krankenschwester, beim Ordnen der Wäsche im Schrank zu helfen: Sie würde am Nachmittag die Klinik verlassen und nach Hause gehen. Die Krankenschwester ist irritiert und fragt die Stationsschwester, ob diese Patientin schon entlassen wird. Dies wird verneint. Die Schwester verspricht der Patientin, später die Wäsche zu ordnen und setzt sich für ein ruhiges Gespräch zu ihr ans Bett. Die Patientin erzählt ihr, dass sie ihre Blumen und Pflanzen so vermisst. Gemeinsam mit der Krankenschwester hat sie ein schönes Gespräch über ihre Blumen und Pflanzen. Die Krankenschwester versteht es, die Patientin auch ihre Hoffnung entwickeln zu lassen, dass es beim Sterben über eine große schöne Blumenwiese gehen könnte. Am Abend stirbt die Patientin.
- Eine alte Bewohnerin spricht seit drei Tagen sehr bestimmt davon, dass sie aus dem Pflegeheim gehen und nach Hause zurückkehren wird. Sie würde sich dort um ihre Familie und ihre Tiere kümmern müssen. Jeden Morgen fragt sie die Pfleger, ob jetzt der Tag gekommen ist, wo sie heimkehren kann. Einige Tage später *kehrt sie heim* und ist ruhig gestorben.

Das reale Zuhause kann sich im Bild wandeln zu einem so genannten übergeordneten Zuhause, wo man Geborgenheit und Erlösung findet, *ganz* und *heil* werden kann.

Sich auf eine Reise vorbereiten

- Eine ambulant betreute ältere Patientin plant sehr vergnügt eine große Kreuzfahrt. Sie erzählt ihrem Mann, dass sie bereits übermorgen die Reise antreten wird und noch viel besorgen muss. Er könne ja später nachkommen, wenn es ihm jetzt zu schnell ginge.

Sie schreibt eifrig kleine Merkzettel, was sie alles mitnehmen möchte. Zwei Tage später stirbt sie ruhig.

- Ein 46-jähriger Krebspatient, welcher sehr große Angst vor dem Sterben geäußert hatte, erzählt eines Morgens von einer wunderschönen Reise, die er gemacht hat. Er kann viele Einzelheiten von dem Ort erzählen, den er besucht hat und meint, er würde gerne einmal wieder dorthin. In der folgenden Nacht stirbt er.

Weitere mögliche Bilder:
– Koffer packen;
– Rucksack und Proviant packen;
– sich auf eine Wanderung begeben.

Begegnung mit der Natur
- Als am Morgen der Pfleger ihn fragt, wie er geschlafen hätte, erzählte der 81-jährige Patient, dass er gar nicht geschlafen hätte. Er hätte ein wunderschönes Lavendelfeld gesehen und hatte dort eigentlich einige der Blumen pflücken wollen. Aber dann hätte er sie doch stehen gelassen. Er wolle noch einmal dorthin zurückkehren. Der Patient stirbt noch am gleichen Tag.
- Eine junge Patientin erzählt, dass sie die letzten Tage immer wieder einen ähnlichen Traum hatte. Sie hatte versucht, aus einem Wald herauszukommen und eine weite Ebene zu erreichen. Aber immer wieder musste sie in den Wald zurück. In der vorangegangenen Nacht hatte sie in dem Wald eine Lichtung erreicht, wo sie sich ausruhen konnte. Nach einigen weiteren Komplikationen erholte sich die Patientin und konnte das Krankenhaus verlassen.
- Ein 18-jähriger Patient träumte von einem schmalen Heckenweg, der durch die Dünen zum Meer führte. Als er das Meer erreichte, ließ er sich erschöpft in den Sand fallen. Dann habe es Sterne geregnet. Er habe jetzt keine Angst mehr vor dem Sterben, meinte er zu einem Pfleger, aber er wolle gerne noch einmal zum Meer. Seine Eltern bemühten sich, eine Reise zum Meer zu arrangieren. Der junge Mann aber starb ruhig in der folgenden Nacht.
- Als die Ärzte ihm sagten, dass sie nichts mehr für ihn tun könnten, hatte der 46-jährige Patient den Eindruck, dass Pfleger und Ärzte nur noch selten in sein Zimmer kamen. Während eines

Tagschlafes erlebte er, dass er sehr schnell in eine Felsspalte hinabfiel und dabei immer wieder sehr schmerzhaft an die rauen Felswände schlug. Er konnte den Fall nicht aufhalten und sah weit unter sich einen großen Strudel. Ihm wurde übel und er wachte auf. Der Patient malte seinen Traum in der kunsttherapeutischen Begleitung und sprach von dem Gefühl, von Pflegern und Ärzten abgelehnt und allein gelassen zu werden.

- Ein älterer Herr erzählte seiner ihn besuchenden Nichte, er habe in der letzten Nacht versucht, den Fluss zu überbrücken. Seine Nichte dachte zunächst, er sei draußen spazieren gegangen. Ihr Onkel erzählte, dass er gerufen worden sei. Erst habe er gar nicht seinen Namen verstanden, aber als der Wind sich etwas gelegt hatte, habe er ganz deutlich seinen Namen verstanden. Aber es sei keine Brücke da gewesen. Er wolle wieder an den Fluss gehen und schauen, ob nicht doch irgendwo eine Brücke sei. Die Nichte verstand und blieb die Nacht über bei ihrem Onkel. Dieser starb gegen Morgen.

Weitere mögliche Bilder:
- um einen Hügel herumgehen, bis man freie Sicht hat;
- im Gebirge einen Felsen besteigen;
- einen Graben überqueren;
- Wasser, Wellen;
- auf der anderen Seite einer natürlichen Barriere bereits Verstorbene sehen, zu ihnen wollen.

Die Bilder der Natur können sowohl große Herausforderungen darstellen, aber auch Geborgenheit vermitteln.

Ein (Lebens)Weg, der plötzlich abbricht
- Eine ältere Patientin kam mit der Reinemachefrau, die das Klinikzimmer säuberte, ins Gespräch. Als die Reinemachefrau die Schuhe der Patientin wieder ordentlich unter das Bett stellen wollte, meinte die Patientin, die Schuhe würde sie nicht mehr brauchen, ob die Reinemachefrau Interesse an dem Paar Schuhe hätte. Diese versuchte die Patientin zu überreden, dass sie doch bestimmt bald wieder aufstehen könne und dann ihre Schuhe bräuchte. Die Patientin erzählte, dass sie wisse, dass ihr Weg zu Ende sei: Sie habe

in der Nacht dort nichts mehr gesehen, nur Licht. Da sei kein Weg mehr, wo man gehen könne. Sie brauche keine Schuhe mehr. Zwei Tage später starb die Patientin.

Viele Menschen haben inzwischen Kenntnis über die Nahtoderlebnisse anderer Menschen. Einige der Nahtoderlebnisse sind sogar kulturübergreifend. Darunter ist z. B. auch die Wahrnehmung, dass der Mensch beim Sterben durch einen Tunnel, eine Röhre oder einen anderen dunklen Raum schreitet und an dessen Ende von einem hellen Licht empfangen wird. Dieses Bild taucht mitunter auch in den Träumen mancher Patienten auf.

Einladung zum Gehen

- Eine 57-jährige Patientin berichtet der Hospizhelferin, dass in der Nacht ihre verstorbene Schwester zu ihr gekommen sei und erzählt hätte, dass sie sich freut, wenn sie bald komme. Der Patientin hatte diese Begegnung Angst gemacht und sie fragte die Hospizhelferin, ob sie jetzt sterben müsse. Im gemeinsamen Dialog entdeckte die Patientin die Möglichkeit, dass ihre Schwester ihr im Sterben beistehen würde und sie sich so mit dem Gedanken des Sterbens langsam anfreunden könne.
- Eine alte Dame erzählt ihrer Pflegerin, dass ihr Mann sie am Nachmittag wieder besuchen wolle. Der Ehemann war eine Woche zuvor gestorben. Die Pflegerin vermied den realen Tod des Ehemannes erneut zu erwähnen und fragte statt dessen: *Freuen Sie sich schon auf den Besuch Ihres Mannes?* Die alte Dame bejahte und starb am Nachmittag ruhig.
- Eine 38-jährige Patientin hat eine Operation überstanden. Als sie von der Narkose aufwacht, sieht sie am Ende ihres Bettes den *Knochenmann* sitzen. Er sagt nichts. Aber die Patientin entdeckt sofort ihre Wut und weist ihn entschieden ab: *Geh, ich bin noch nicht dran! Hau ab!* Der Knochenmann verschwindet. Die Patientin schläft die nächsten Tage unruhig, aber der Knochenmann erscheint nicht wieder. Die Patientin ist wieder wohlauf, leidet aber daran, dass sie ihre Erfahrung nicht Familie und Freunden mitteilen kann. Sie hat Angst, dass man sie wahrscheinlich für verrückt hält.

- Eine junge Mutter liegt im Krankenhaus im Sterben. Sie kämpft gegen die Krankheit, da sie weiter für ihre kleinen Kinder da sein möchte. Eines Nachts ruft sie in Panik ihren Vater an und sagt: Man würde sie abholen kommen. Sie sei in großer Gefahr und er müsse kommen, sonst würde sie mitgenommen werden. Der Vater und die ganze Familie bleiben abwechselnd bei der jungen Mutter. Als ihr Vater an ihrem Bett ist, fragt sie, ob sie denn mitgehen müsse. Der Vater sagt, sie dürfe gehen, wenn es soweit sei. Ein paar Stunden später stirbt seine Tochter.

Nachlassende Lebenskraft und stummer Zuschauer
Eine Patientin erlebt einen schweren Schwächeanfall. Sie malt später, wie ihre Lebenskraft aus dem Körper geflossen ist. Von außen schaut ein Beobachter zu, bleibt aber untätig. Die sie betreuenden Ärzte und Pfleger waren gegenüber dem Schwächeanfall hilflos gewesen. Auch das Fehlen einer gemeinsamen Sprachebene spiegelt sich in dem Bild der Patientin wider.

Engel
- Eine 44-jährige Zahntechnikerin mit einer schweren chronischen Erkrankung erzählt einem Seelsorger, dass sie seit vielen Jahren sich beschützt und begleitet fühlt. Sie könne den Beschützer nicht sehen, aber manchmal habe sie das Gefühl, beobachtet zu werden und schaue dann zum entsprechenden Hausdach hinauf. Sie fühle sich geborgen und könne sich vorstellen, dass sie von Geistwesen oder Engel begleitet würde. Wenn sie um Hilfe bittet, spüre sie einen geborgenen Halt an ihrem linken Schulterblatt.
- Ein 63-jähriger Krebspatient liegt in der Klinik. Er vertraut sich einer Seelsorgerin an. Ein Engel käme wiederholt in sein Zimmer und würde ihn einladen, mit ihm zu kommen. Er wolle aber nicht. Die Seelsorgerin unterstützt ihn, mit dem Engel zu sprechen. Nach mehreren Tagen und Gesprächen mit dem Engel geht der Patient ruhig mit. Er ist gestorben.

Engel haben traditionell eine große Bedeutung für uns Menschen: Sie sind Boten einer Botschaft, weisen und begleiten uns auf unserem Weg. Engel und Geistwesen vermitteln Geborgenheit, Schutz, Trost

183

und Vertrauen. Ihre Anwesenheit löst weniger Furcht als Ehrfurcht und Achtung aus. Sie begleiten im Leben wie beim Sterben.

Kombination aus verschiedenen Bildern möglich

- Eine 20-jährige Patientin mit einer chronischen Erkrankung träumte einen Traum, in dem sie allen Menschen begegnete, welche ihr im Leben wichtig waren. Plötzlich brach ein Feuer aus und sie war gemeinsam mit vielen Menschen durch das sich ausbreitende Feuer eingeschlossen. Die meisten Menschen versuchten, sich vom Balkon aus zu retten. Einige von ihnen rutschten eine große steinerne Treppenbalustrade herunter. Sie wurden unten von einer kleiner Gruppe Menschen empfangen. Einer aus dieser Gruppe bestimmte nach einer Namensliste, wer von dem Balkon hinabrutschen durfte. Die Patientin selber war überrascht, dass sie rutschen sollte, denn sie war trotz des Feuers nicht auf die Idee gekommen, vor diesem zu flüchten. Sie rutschte auf der Balustrade hinab, vorbei an Szenen und Orten ihres Lebens, wurde unten von lieben Menschen empfangen, die sie zu kennen schienen. Als die Patientin zum Balkon zurückblickte, war dieser sehr weit entfernt. Sie spürte Trauer und Mitgefühl für die, die auf dem Balkon zurückbleiben mussten. Als sie sich umblickte, war sie in einem endlos großen, in blaugrünes Licht getauchten Park. Sie wurde zu weißen Brunnen geführt und entdeckte, dass sie wieder tanzen konnte. Sie spürte ihre ehemaligen Kräfte wiederkommen und genoss dieses sehr. Aber sie vermisste die Menschen um sich herum und der Traum löste sich auf.

Die Patientin entdeckte insbesondere durch diesen Traum, dass gerade in Zeiten, in denen ihr Körper stark entkräftet war, ihre Träume einen besonderen Symbolgehalt hatten. Mit Hilfe dieser Art Träume konnte die Patientin sich ein Stück aus der Last einer chronischen Erkrankung herausnehmen (z. B. Abschied von Schmerzen und körperlichen Einschränkungen, das Genießen der neuen körperlichen Kräfte) und gleichzeitig Entscheidungsprozesse wahrnehmen, die für ihr weiteres Leben wichtig waren (z. B. Sehnsucht, *Mit*mensch zu sein, bewusst gewählte Rückkehr ins Leben).

In der Begleitung von Schwerkranken und Sterbenden kann man bewusst auch Bilderbücher (für Kinder und/oder Erwachsene) mit symbolreicher Sprache anbieten. Auch die symbolreiche Sprache von Gleichnissen (in der Bibel, aber z. B auch in Form von humorigen Texten aus der jüdischen und islamischen Religion) kann als Anregung zur Entwicklung der eigenen Phantasien dienen. Wie immer gilt auch hier: Als Begleiter bieten wir an, der Betroffene darf wählen.

Annehmen und Mitgehen in einem sensiblen Dialog

Um Träume und symbolhafte Wahrnehmungen annehmen und verarbeiten zu können, ist ein Dialogpartner sehr hilfreich:

- als einfühlsamer und vertrauensvoller Gesprächspartner, dem man seine Träume anvertrauen mag;
- als Bestätigung, dass man nicht *verrückt* geworden ist;
- als emotionales und soziales Ventil über das eigene Erschrecken vor der Wahrnehmung und vielleicht Ahnung bezüglich der Botschaft;
- als Resonanz: Ich bin noch real und existiere noch in der Wirklichkeit;
- um Geborgenheit zu geben und das Schutzbedürfnis in dieser sehr verletzungsanfälligen Situation (andere Menschen sprechen vielleicht abfällig über die Wahrnehmungen, bagatellisieren die Träume und kränken den Betroffenen dadurch).

Wenn der Begleiter die Andeutungen des Betroffenen aufnimmt und mit Zeit und Ruhe, vor allem mit wahrhaftigem Interesse ihm zuhören mag, dann kann sich dies zu einem befreienden Gespräch für den Betroffenen entwickeln.

Einige praktische Tipps[58]
- Wenn der Betroffene Sorgen oder Ängste äußert, versuchen Sie nicht, ihm diese auszureden. Da seine Sorgen emotional begründet

---

[58] Hilfreiche Übungen zur Einübung des Dialoges mit Betroffenen bietet auch das Buch Ebert/Godzik 1993.

sind, würde eine Ansprache auf der Sachebene dem Betroffenen nicht weiterhelfen.

- Vermeiden Sie, die Träume, Symbole, Sorgen und Ängste des Betroffenen zu interpretieren. Dem Betroffenen helfen nur seine eigenen Assoziationen.

- Sie können aber dem Betroffenen helfen, in dem Sie ihm Geborgenheit vermitteln, ihn mit seinen Sorgen und Ängsten annehmen, ihn ermuntern, seine Gedanken auszusprechen. Lassen Sie ihm dafür Zeit und unterstützen Sie ihn mitunter durch Wiederholung seiner eigenen Ausdrücke oder Spiegelung seiner Gedanken. Sagen Sie ihm, dass er Ihnen gegenüber alles aussprechen darf.

- Ermuntern Sie den Betroffenen, bei wiederholt auftretenden Träumen mögliche Veränderungen wahrzunehmen (z. B. der Schatten wird heller, sieht nicht mehr so furchterregend aus).

- Vermitteln Sie dem Betroffenen die Phantasie, dass er Geistwesen direkt anschauen, mit ihnen sprechen, seine Gefühle zeigen und Forderungen stellen darf. *(Ich kenne jetzt die Figur. Jetzt habe ich weniger Angst vor dir! Zieh nächstes Mal nicht einen so dunklen Mantel an, das erschrickt mich!)* So kann der Betroffene erleben, dass er nicht nur *vor Furcht gelähmt* sein muss, sondern im direkten Dialog mit den Geistwesen Einfluss auf seine Träume nehmen kann. Träume, welche in einen Dialog einbezogen werden, verändern sich und kehren in dieser Form oder überhaupt nicht wieder.

- Begleiten Sie einen Schlafenden, der von schlimmen Träumen belastet wird, dann haben Sie die Möglichkeit, durch das Summen leiser und ruhiger Melodien (mit aufmunterndem Charakter) dem Betroffenen eine Alternative anzubieten. Die Melodie vermittelt ihm Geborgenheit und Halt, lässt ihn neue phantasievolle Wege im Traum finden. (Eine plötzliche körperliche Berührung könnte hingegen den Betroffenen irritieren und aufwachen lassen.) Sobald der Betroffene ruhiger wird, beenden Sie auch Ihre Melodie.

Als Kranken- und Sterbebegleiter erleben wir immer wieder den Moment, da uns der Betroffene in seiner eigenen Ohnmacht um Antworten bittet. Diese Fragen nach dem Sinn und dem Werden des alten oder versehrten Lebens werden vor allem in Momenten geäußert, wo der Betroffene schwere körperliche oder seelische Not leidet. Es gibt Fragen, auf die wir noch keine Antworten finden. Und gerade auf diese für den Betroffenen so bedeutsamen Fragen wird er eines Tages selber Antworten finden können. Aber als Begleiter können wir dem Betroffenen helfen, Geduld und Zuversicht zu bewahren, ihm eine heilsame Geborgenheit schenken. Vermeiden Sie, eine mögliche Atemlosigkeit des leidenden Betroffenen zu übernehmen. Atmen Sie ruhig und suchen Sie z. B. in der Natur, im Gebet oder in der Meditation Ihre eigene innere Ruhe. Besinnen Sie sich auf Ihre Kraftquelle. Versuchen Sie in sich *stimmig* zu werden, denn Ihre Ruhe wird sich auch auf die Stimmung des Betroffenen übertragen. Dies wird Ihnen besonders gut mit Hilfe einer ruhigen dialogischen Körpersprache (z. B. Hinwendung des Körpers, ruhiger Lidschluss, Ihre Hand trägt die des Betroffenen, Streicheln oder Handauflegen o. ä.) gelingen.

Vielleicht verbinden Sie mit Ihrer Kraftquelle eine spirituelle Kraft, die Sie trägt. Und vielleicht erfahren Sie auch, dass nicht sie allein den Betroffenen begleiten, vielmehr für den Betroffenen wie für den Begleiter und alle anderen beteiligten Menschen gesorgt ist. Wenn Sie in einem besonders nahen Moment mit dem Betroffenen dies *wahrhaftig* empfinden, dann können Sie – mit ruhiger Bestimmtheit und Gelassenheit zugleich – allein die folgenden vier Worte sagen:

Für Sie ist gesorgt.

Literatur

Adams, I.; Struck, V.; Tillmanns-Karus, M. (1998[3]): Kunterbund – Rund um den Mund, Materialsammlung für die mundmotorische Übungsbehandlung, Dortmund.

Anders, W./Weddemar, S. (2001) Häute schon berührt? Körperkontakt und -gefühl im Umgang mit Menschen, Frankfurt.

Balgo, R. (1998): Bewegung und Wahrnehmung als System. Systemisch-konstruktivistische Positionen in der Psychomotorik, Reihe Motorik Bd. 21, Schorndorf.

Bauby, J. D. (1998): Schmetterling und Taucherglocke, München.

Bienstein, C.; Fröhlich, A. (1994): Bewusstlos – Herausforderung für Angehörige, Pflegende und Ärzte, Düsseldorf.

Bienstein, C.; Fröhlich, A. (1995[8]): Basale Stimulation in der Pflege, Düsseldorf.

Brennan, B. A. (1998): Licht-Arbeit, München.

Buber, M. (1995): Ich und Du, Stuttgart.

Claus, A. (2000): Tierbesuch und Tierhaltung im Krankenhaus, München, zu beziehen über den Autor, FAX 0931-700929.

Decker-Voigt, H. H. (1991): Aus der Seele gespielt, Eine Einführung in die Musiktherapie, München.

Doering, W. und W. u. a. (Hrsg.) (1996): Sinn und Sinne im Dialog, Dortmund.

Ebert, A.; Godzik, P. (Hrsg.)(1993): Handbuch zur Begleitung Schwerkranker und Sterbender, Rissen.

Felber, R.; u. a. (2000): Musiktherapie und Gesangtherapie, Anthroposophische Kunsttherapie, Bd. 3, Stuttgart.

Feldenkrais, M. (1978): Bewusstsein durch Bewegung, Der aufrechte Gang, Suhrkamp Verlag 1978.

Fenske-Deml, S. (1998): Mein Gehirn kennt mich nicht mehr, Ganzheitliche Behandlung bei neuropsychologischen Symptomen, Dortmund.

Fischer, E. (1998): Wahrnehmungsförderung, Handeln und sinnliche Erkenntnis bei Kindern und Jugendlichen, Dortmund.

Fröhlich, A. (1998): Basale Stimulation, Das Konzept, Düsseldorf.

GEO Wissen (9/97): Sinne und Wahrnehmung, Hamburg.

Golombek, E. (2000): Plastisch-Therapeutisches Gestalten, Anthroposophische Kunsttherapie, Bd. 1, Stuttgart.

Green, H. (1993): Bevor du liebst, Zürich.

Grossmann-Schnyder, M. (1996[2]): Berühren, Praktischer Leitfaden zur Psychotonik Glaser in Pflege und Therapie, Stuttgart .

Gruber, E. (1998[2]): Bilder in mir, Symbolbetrachtungen, München.

Herzig, E. A. (1993): Das Verbalisieren von Gefühlen, in: Ebert/Godzik (1993:72–73).

Huber, U.; Poeck, K.; Springer, L. (1991): Sprachstörungen, Stuttgart.

Keller, E. (1999): Die Welt der Düfte, Handbuch der Aromatherapie, Weyarn.

Kia, R. A.; Schulze-Schindler, R. (1999[3]): Sonne, Mond und Stimme, Atemtypen in der Stimmentfaltung, Braunschweig.

Kroker, I. (1993[3]): Sprachverlust nach Schlaganfall, Ein Leitfaden für Aphasiker und deren Angehörige, Heidelberg.

Kübler-Ross, E. (1989[10]): Über den Tod und das Leben danach, Melsbach.

Latz, I. (1993): Musik im Leben älterer Menschen, Bonn.

Lotz, M. (2000): Zur Sprache der Angst, Eine Studie zur Interaktion im pflegerischen Aufnahmegespräch, Frankfurt a. M.

Lückel, K. (1994[4]): Begegnung mit Sterbenden, Gütersloh.

Lutz, L. (1996): Das Schweigen verstehen. Über Aphasie, Wien.

Maisch, G.; Wisch, F. H. (1998[7]): Gebärden Lexikon, Deutsche Gesellschaft zur Förderung der Gehörlosen und Schwerhörigen e. V., Hamburg.

Mall, W. (1984): Basale Kommunikation – ein Weg zum andern, Zugang finden zu schwer geistig behinderten Menschen, in: *Geistige Behinderung*, 1/84.

Marbacher Widmer, P. (1991): Bewegen und Malen, Dortmund.

Mees-Christeller, E. (1995[2]): Kunsttherapie in der Praxis, Stuttgart.

Mees-Christeller, E.; u. a. (2000): Therapeutisches Zeichnen und Malen, Anthroposophische Kunsttherapie, Bd. 2, Stuttgart.

Merleau-Ponty, M. (1966): Phänomenologie der Wahrnehmung, Berlin.

Mertens, K. (1996[4]): Körperwahrnehmung und Körpergeschick, Reihe: Psychomotorische Entwicklungsförderung Bd. 4, Dortmund.

Mindell, A. (1999): Schlüssel zum Erwachen, Düsseldorf.

Molcho, S. (1996): Körpersprache, München.

Montaigne, M. de (1999): Für Mediziner und ihre Opfer, Frankfurt a. M.

Morris, D. (1981): Der Mensch mit dem wir leben, Handbuch unseres Verhaltens, München.

Otterstedt, C. (1993): Abschied im Alltag, Grußformen und Abschiedsgestaltung im interkulturellen Vergleich, München.

Otterstedt, C. (1995): Abschiedsbilder, Visualisierung von alltäglichen und herausragenden Abschieden (Manuskript über Autorin erhältlich).

Otterstedt, C.(1999): Leben gestalten bis zuletzt, Kreative und einfühlsame Begleitung sterbender Menschen, Freiburg. (Zu beziehen über IGSL, s. Adresse)

Otterstedt, C. (2000): Vorbereitungen zu einem Tierbesuchsdienst, über *Tiere helfen Menschen* e.V. (s. Adr.)

Otterstedt, C. (2001a): *flute emotion*, Zeitschrift der Spielmusik, Celle.

Otterstedt, C. (2001b): Die heilende Wirkung von Tieren auf Menschen, in: Tiere helfen Menschen e.V. (Hrsg.) (2001), Tagungsbericht *Tiere als therapeutische Begleiter*, Erfurt.

Otterstedt, C. (2001c): Tiere als therapeutische Begleiter, Stuttgart.

Otterstedt, C. (2002): Trauerhefte für Kinder und Jugendliche, (u. a. über IGSL, s. Adresse).

Pantke, K. H. (1999): Locked-in, Frankfurt a.M.

Peinert, D.; Esan, S. (1998): Aus dem Gleichgewicht, Die Geschichte eines Schlaganfalls, Frankfurt a.M.

Piaget, J. (1974): Der Aufbau der Wirklichkeit beim Kind, Stuttgart.

Piper, H. Chr. (1990[4]): Gespräche mit Sterbenden, Göttingen.

Piper, H. Chr. (1993a): Die Sprache der Sterbenden, in: Ebert/Godzik (1993:59–72).

Piper, I. und H. Chr. (1993[6]b): Schwestern reden mit Patienten, Ein Arbeitsbuch für Pflegeberufe im Krankenhaus, Göttingen.

Popper, K. R.; Eccles, J. C. (1997[6]): Das Ich und sein Gehirn, München.

Roß, G.; Häusler, V. (1995): Kinder erleben die Sinne, Augsburg.

Schürholz, J.; Glöckler, M.; Kempenich, R.; Tilze, O. (1999): Für eine neue Medizin, Stuttgart.

Schwabe, M. (1992): Musik spielend erfinden, Improvisieren in der Gruppe für Anfänger und Fortgeschrittene, Kassel.

Spintge, R.; Droh, R. (1992): Musik – Medizin, Physiologische Grundlagen und praktische Anwendungen, Stuttgart.

Spitz, R. A. (1992): Nein und ja, Die Ursprünge der menschlichen Kommunikation, Stuttgart.

Stevens, J. O. (1993[13]): Die Kunst der Wahrnehmung, Übungen der Gestalttherapie, Gütersloh.

Taylor, M. (1981): Mit Aphasikern leben, Information und Hilfen, München.

Teml, H. (1995[5]): Entspannt lernen, Stressabbau, Lernförderung und ganzheitliche Erziehung, Linz.

Thomas, H. (Hrsg.)(1993): Menschlichkeit der Medizin, Herford. (vergriffen)

Tiere helfen Menschen e.V. (Hrsg.)(2001): Tiere als therapeutische Begleiter, Tagungsband Stuttgart 12/2000, Würzburg.

Tropp-Erblad, J. (1994): Katze fängt mit S an, Aphasie oder der Verlust der Wörter, Frankfurt a. Main.

Uexküll, Th. v.; Fuchs, M.; Müller-Braunschweig, H.; Johnen, R. (1994): Subjektive Anatomie, Theorie und Praxis körperbezogener Psychotherapie, Stuttgart.

Vollmar, K. (1992): Farben, ihre natürliche Heilkraft, München.

Wex, M. (1980[2]): *Weibliche* und *männliche* Körpersprache als Folge patriarchalischer Machtverhältnisse, Frankfurt.

Wolf, G. (1996[2]): Das Gehirn, Substanz, die sich selbst begreift, Wiesbaden.

Zieger, A. (1996): Wie viel Gehirn braucht der Mensch – Dialogaufbau mit Menschen im Koma und apallischen Syndrom, in: Doering u. a. (1996:57–93).

Zieger, A. (1999[4]): Informationen und Hinweise für Angehörige von Schädel-Hirn-Verletzten und Menschen im Koma und Wachkoma. Zu beziehen über Dr. habil. med. A. Zieger, Evangelisches Krankenhaus Oldenburg, Steinweg 13-17, 26122 Oldenburg.

Adressen

Bundesverband für die Rehabilitation der Aphasiker e.V.
Robert-Koch-Str. 34, 97080 Würzburg
(weitere hilfreiche Adressen und Informationen in Kroker, 1993.)

Deutscher Blindenverband
Bismarckallee 30, 53173 Bonn (hier auch Informationen zum Tastalphabet nach Hieronymus Lorm)

Deutsche Gesellschaft f. künstlerische Therapieformen und Therapie mit kreativen Medien
Kühlwetterstr. 49, 40239 Düsseldorf (auch Adr. f. Österreich und die Schweiz)

Deutsche Hospiz Stiftung
Hohle Eiche 29, 44229 Dortmund

Deutsche Schmerzliga e.V.
Hainstr. 2, 61476 Kronberg (Informationen und Adressen zum Thema Schmerztherapie)

IGSL (Hospiz-Verein)
Zeppelinstr. 6
55411 Bingen

Institut für soziales Lernen mit Tieren
Am Ibsinger Berg 1, 30900 Wedemark (Das Institut bietet ab 2001 die Möglichkeit einer berufsbegleitenden Weiterbildung zum Thema *Tiergestützte Pädagogik bzw. Therapie.*)

Musiktherapeutische Arbeitsstätte e.V.
u. a. Förderung und Entwicklung der anthroposophischen Musiktherapie, Kladower Damm 221/8a, 14089 Berlin

Tiere helfen Menschen e.V.
Münchner Str. 14, 97204 Höchberg (fördert Tierbesuchsdienste, veranstaltet Seminare u. a. zum Thema *Tier als therapeutische Begleiter*)